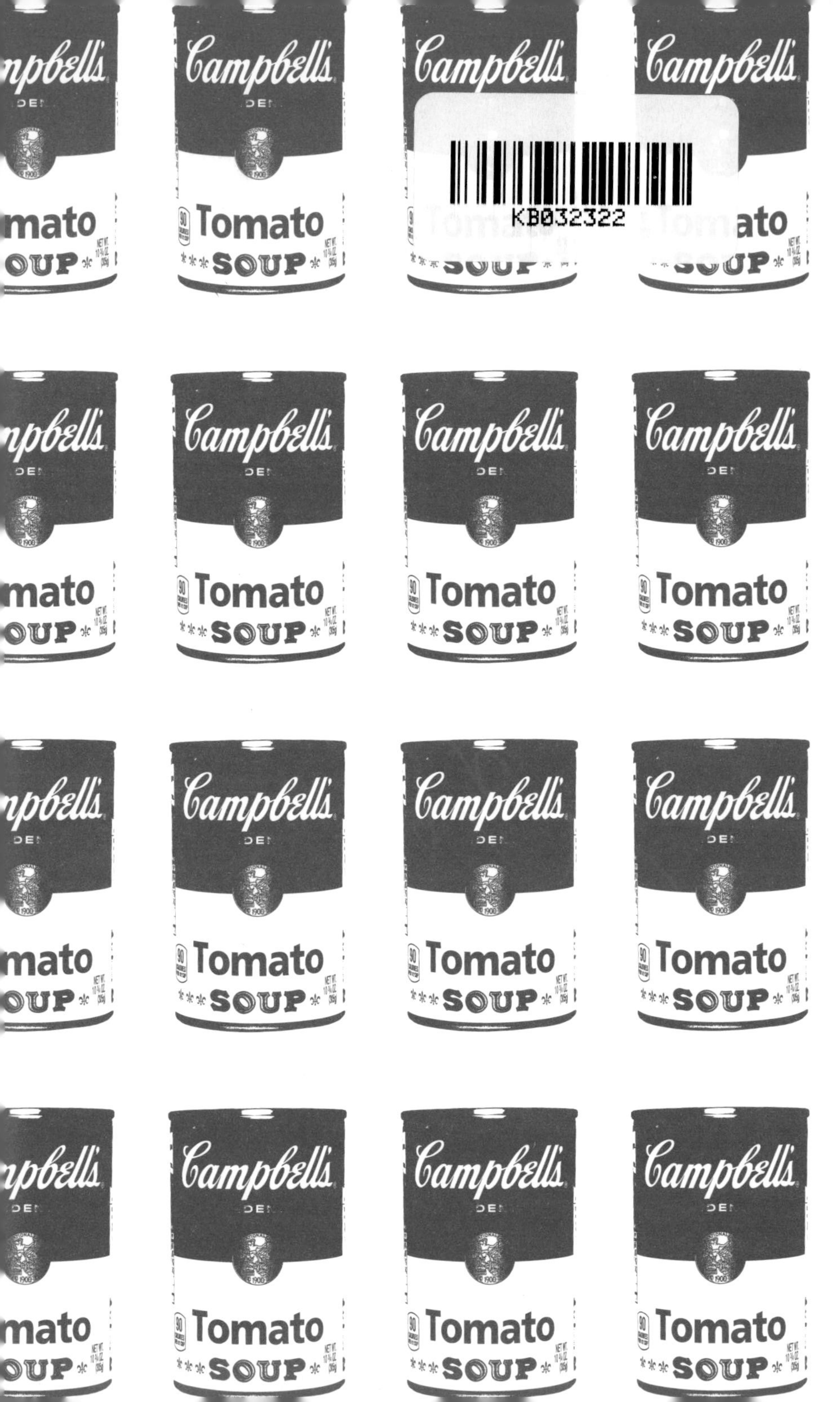
Campbell's
Tomato
SOUP

내가 이렇게 그리는 이유는
기계가 되고 싶기 때문이다.

– 앤디 워홀

Postmodernism

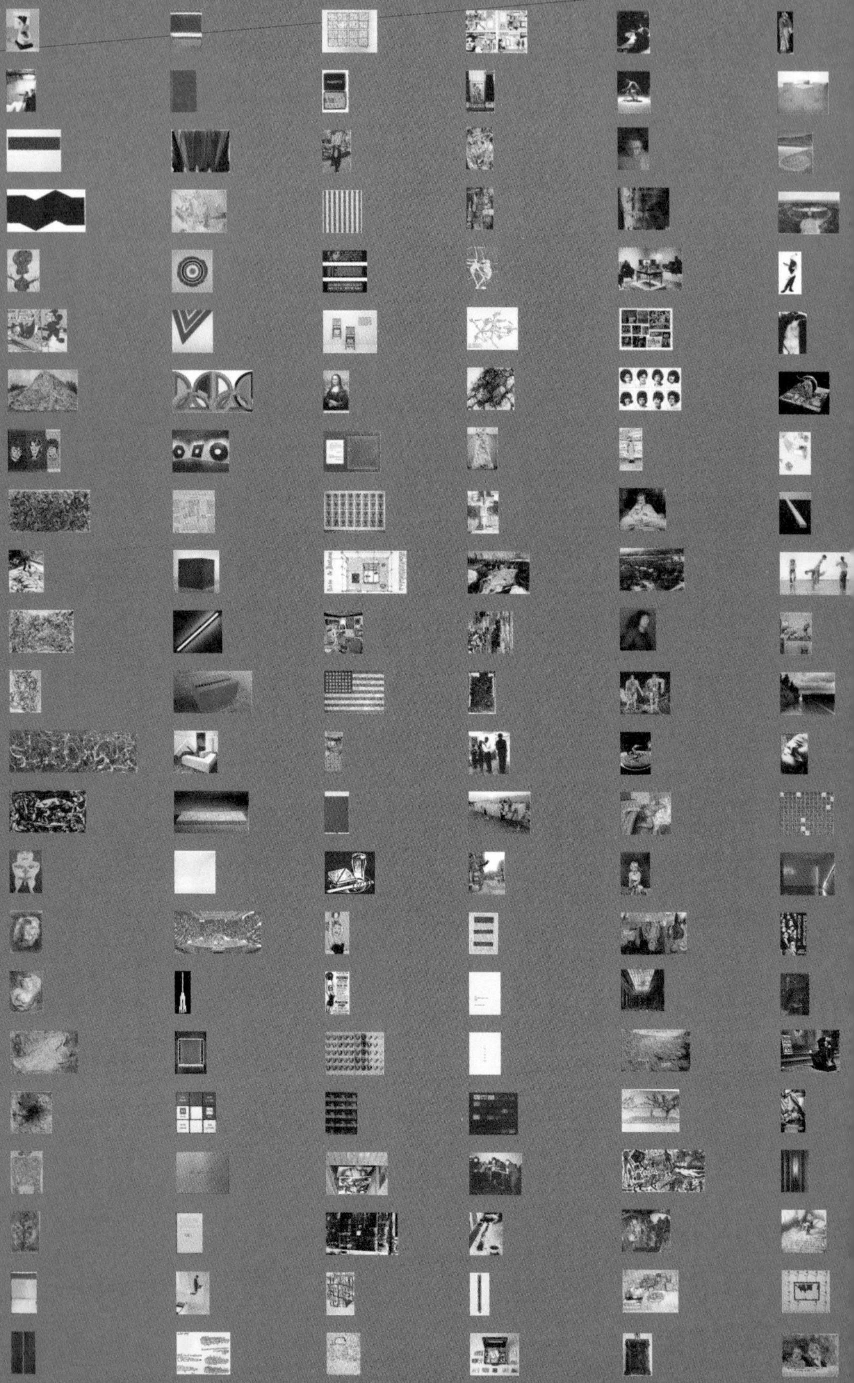

진중권의 서양미술사 | 후기 모더니즘과 포스트모더니즘

Postmodernism

Humanist

| 지은이의 말 |

《진중권의 서양미술사 모더니즘》에서 현대미술의 흐름을 '선언문'을 통해 살펴보았다면, 이 책《진중권의 서양미술사 후기 모더니즘과 포스트모더니즘》에서는 전후(戰後) 현대미술의 흐름을 주로 비평가들의 '평론'을 통해 재구성했다. 미술사에서 20세기 초반은 혁명적 정당의 그것을 연상시키는 요란한 '선언문'의 시대였다. 하지만 기대했던 사회주의가 스탈린주의 독재로 전락하고, 제2차 세계대전을 치른 뒤 '냉전'이라는 이름의 새로운 국제 질서가 들어서면서 전전(戰前)의 혁명적 열기는 차갑게 가라앉았다. '선언문'의 시대는 지났다. 오래전에 지났다. 이 시기에 전전의 모더니즘에서 선언문이 하던 역할을 대신한 것은 비평가들의 평론이었다.

여전히 선언문을 발표하는 작가들도 있었지만, 그들이 '강령'과 '조직'을 갖추어 활동한 것은 아니었다. 상황주의 인터내셔널만이 거기서 유일한 예외일 것이다. 작가들은 개인적 차원에서 활동했고, 전시회를 위해 '그룹'으로 묶인다 하더라도 거기에 구속되지는 않았다. 이를테면, 마키우나스가 제법 정치적 성격의 강령을 발표했지만, 플럭서스 멤버들 중에 그것을 진지하게 따른 이는 거의 없었다. 전전에는 예술가들이 강령과 선언문의 형태로 자신들의 생각을 직접 드러냈다면, 전후에는 예술가들이 하는 작업의 의미를 언어화하는 과제가 비평가에게 돌아갔다.

'비평'은 작품에 대한 사후 평가만을 의미하지 않는다. 오늘날 비평은 작품 자체를 성립시키는 계기가 된다. 현대미술은 '예술의 정의' 자체를 주제화하기 때문이다. "예술이란 무엇인가?"라는 물음은 "언제 예술인가?"로 바뀌었다. 뒤샹이 변기를 미술관에 들여놓은 이후, 예술 작품을 일상의 사물과 구별해주던 물리적 차이는 사실상 폐기되었다. 문제는 하나의 사물이 '언제' 작품이 되는지, 그 사물을 작품으로 만들어주는 조건이 무엇인지 규정하는 것이다. 그 과제는 당연히 비평가의 몫이다. 이를테면, 그린버그가 없었다면 과연 폴록이 존재할 수 있었을까?

전후의 후기 모더니즘에서 그린버그와 폴록은 각별히 중요한 의미를 지닌다. 폴록은 1950년대 이후 등장한 거의 모든 예술운동의 모태가 되었다. 색면추상, 탈회화적 추상, 미니멀리즘, 개념미술, 나아가 카프로의 해프닝 등은 '폴록의 유산' 없이는 존재하지 않았을 것이다. 그에 못지않게 중요한 역할을 한 것은 그린버그의 모더니즘 비평이었다. 폴록 이후 예술은 그린버그의 '평면성의 원리'를 추구하거나, 혹은 거기에 반대하는 과정에서 탄생했다. 적어도 1960년대까지 동시대 미술을 이끈 이들은 모두 그린버그의 자식들, 정확히 말하면 그의 탕아들이었다.

모더니즘에 대한 그린버그의 형식주의적 이해는 다다이즘과 초현실주의를 배제하는 협소한 것이었다. 피카소에서 폴록으로 이어지는 추상운동과 함께 주목해야 할 것은 1960년대를 즈음하여 부활한 다양한 네오 다다의 경향이다. 1960년대에 뒤샹이 다시 주목을 받게 된 것은 이와 관련이 있을 것이다. 뒤샹은 (그린버그의 협소한 형식주의에서 벗어난) 1960년대의 여러 흐름을 전전의 다다이즘과 이어주는 상징적 인물이기 때문이다. 그린버그는 뒤샹에 주목하지 않았지만, 오늘날 뒤샹은 피카소를 제치고 현대 예술에 가장 큰 영향을 끼친 인물로 꼽힌다.

그린버그의 형식주의를 통해 다다이즘이 망각된 것은 포스트모던에 관한 논쟁에 혼선을 가져왔다. 모더니즘에 형식주의만 존재했던 것은 아니다. 다다이즘 역시 역사적 모더니즘에 속한다면, 1960년대에 네오 다다의 경향을 통해 등장한 여러 예술 형태는—비록 그린버그의 형식주의에서는 벗어났다 하더라도—'모던 이후'라기보다는 '또 다른 모던'으로 봐야 하기 때문이다. 여기서 그 흐름들이 '후기 모더니즘'에 속하는지, 아니면 '포스트모더니즘'에 속하는지를 둘러싸고 논란이 벌어진다. 물론 이는 다시 포스트모던이 '모던의 연장이냐, 단절이냐'의 논란으로 이어질 것이다.

이 책은 회화를 중심으로 전후 미술사를 재구성했다. 전후 미술에서 조각의 흐름은 〈나가기〉에서 모던-포스트모던 논쟁과 관련하여 간략히 살펴보았다. 포스트모더니즘과 더불어 예술로 복귀한 대표적인 주제는 페미니즘과 탈식민주의 담론일 것이다. 페미니즘 미술은 간략하게 다루었으나, 탈식민주의는 이름만 언급하고 넘어갈 수밖에 없었다. 포스트모더니즘 비평에서 주도적 역할을 한 것은 후기 구조주의 담론과 라캉을 통해 복귀한 정신분석학이다. 여기서 미처 다루지 못했지만 다다이즘과 함께 망각되었다가 다시 부활한 초현실주의 경향에도 주목할 필요가 있을 것이다.

《진중권의 서양미술사 고전예술》이 발간된 것이 2008년 4월이니 정확히 5년 만에 '서양미술사'의 완간을 보는 셈이다. 세 권의 책 속에 서양미술사 전체를 담는다는 것은 불가능한 일이다. 이 책은 서양미술사 전체에 대한 충실한 조망을 위한 것이 아니다. 준비되지 않은 독자는 시중에 나온 미술사 책들을 읽다가 거대한 미로에 갇혀 길을 잃고 말 것이다. 미로 속에 들어간 이들에게 방향을 알려줄 무언가가 필요하다. 이 책은 서양미술사라는 방대한 미로의 앙상한 골격만 보여줄 뿐, 거기에 살을 붙이는 것은 독자들의 몫이다.

이 책과는 다른 방식으로 미술사를 재구성하는 것도 얼마든지 가능하다. 이 책은 독자들을 지붕에 올려놓는 사다리에 불과하다. 비트겐슈타인의 말대로, 지붕에 올라갔거든 이 사다리를 치워버려라. 이 책을 읽은 후에 독자가 또 다른 독서를 통해 자기 자신만의 미술사를 주체적으로 재구성한다면, 저자에게 그보다 기쁜 일은 없을 것이다.

마지막으로 글을 연재할 지면을 제공해주신 《경향신문》 문화부, 책의 편집과 교열을 맡아 수고해주신 휴머니스트 편집부, 예리한 시각으로 텍스트에 어울리는 도판을 골라주신 강주희 씨께 감사드린다. 그리고 고양이 뒤샹은 가끔 길에서 마주친다.

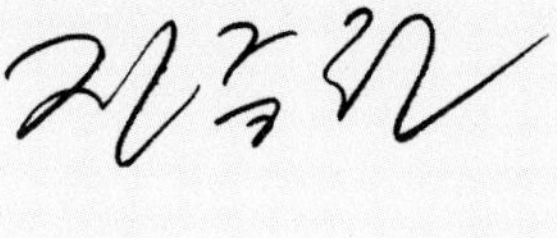

| 차례 |

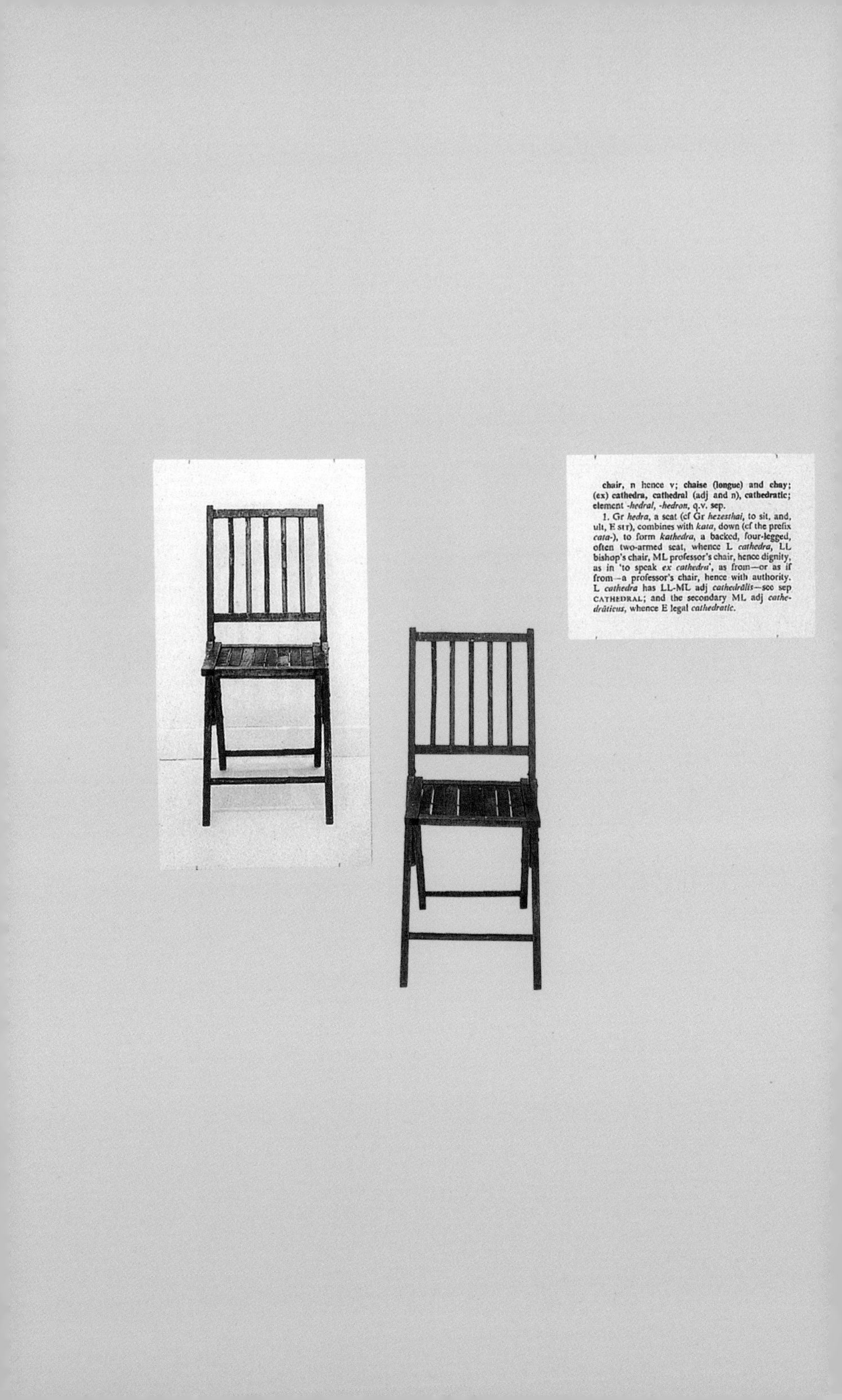
chair, n hence v; chaise (longue) and chay; (ex) cathedra, cathedral (adj and n), cathedratic; element -hedral, -hedron, q.v. sep.
1. Gr hedra, a seat (cf Gr hezesthai, to sit, and, ult, E SIT), combines with kata, down (cf the prefix cata-), to form kathedra, a backed, four-legged, often two-armed seat, whence L cathedra, LL bishop's chair, ML professor's chair, hence dignity, as in 'to speak ex cathedra', as from—or as if from—a professor's chair, hence with authority. L cathedra has LL-ML adj cathedrālis—see sep CATHEDRAL; and the secondary ML adj cathedrāticus, whence E legal cathedratic.

진중권의 서양미술사 | 후기 모더니즘과 포스트모더니즘

Postmodernism

들어가기

후기 모더니즘과 네오 아방가르드

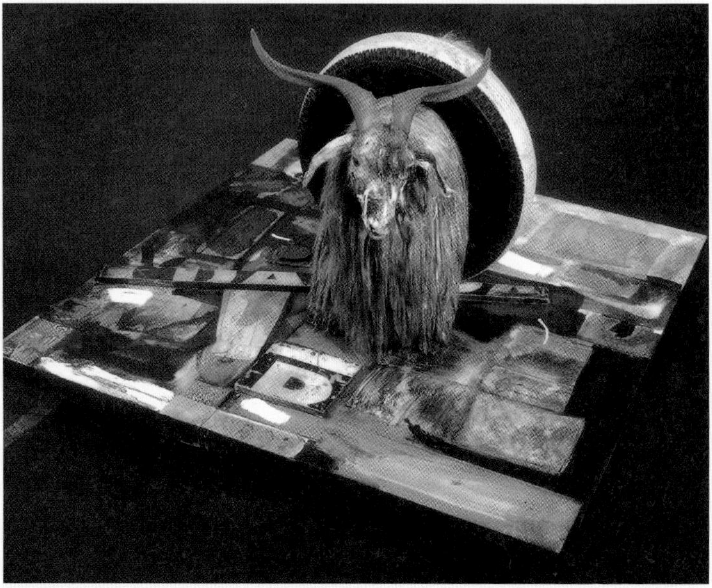

1
〈모노그램〉 로버트 라우센버그, 1955년

종전 후 세계 미술의 주도권은 유럽에서 미국으로 넘어간다. 한때 전 세계 예술가들을 끌어모았던 파리를 제치고 이제 뉴욕이 세계 미술의 수도로 떠오른다. 미국은 파시즘의 위협에서 유럽의 민주주의를 정치적으로 구원했고, 마셜 플랜을 통해 유럽의 경제적 부흥을 도와주었으며, 전쟁 후의 미소 냉전구도 속에서 유럽의 자유주의를 군사적으로 지켜주었다. 전쟁으로 폐허가 된 유럽은 정치적·경제적·군사적 측면에서 미국의 강력한 영향 아래 놓인다. 문화 역시 이 분위기에서 자유로울 수는 없었다. 맥스 코즐로프(Max Kozloff, 1933~)의 말대로,

> 미국 미술의 가장 협력적인 업적은 미국의 세계 지배권에 대한 요구가 급성장하던 것과 정확하게 같은 시기에 일어났다. 이 미학적 강림은 몇 가지 내적 요인들 중에서도 이 정치적 팽창 없이는 생각할 수 없을 것이다.[1]

아방가르드에서 형식주의로

이 과정에서 생긴 가장 중요한 변화는 예술의 탈정치화다. 전전(戰前)의 아방가르드는 혁명운동과 연대했다. 하지만 미국의 현대미술은 "1930년대에 횡행하던 이전까지의 좌익 선동에 대한 지지를 포기하고, 영원한 인간적 자유의 챔피언으로 자기 자신을 선동했다."[2] 예술이 공개적인 사회적 표현을 삼가고, 개인의 자유를 표방하게 된 것이다. 로버트 마더웰(Robert Motherwell, 1915~1991)에 따르면, "현대 예술은 현대 개인의 자유의 문제에 관련된다. 그 때문에 현대 예술의 역사는 특정한 시기에는 현대적 자유의 역사가 되는 경향이 있다." 현대 예술가

들이 이렇게 개인의 자유를 강조하는 것은 물론 "현대 국가의 구체적 성격에서 긍정적 자유를 찾지 못하기 때문"이라고 한다.[3]

〈아방가르드와 키치〉(1939)에서 클레멘트 그린버그(Clement Greenberg, 1909~1994)는 이미 아방가르드를 순수 형식주의적으로 규정한 바 있다.[4] 거기에는 물론 스탈린주의로 전락한 소련의 사회주의에 대한 실망이 깔려 있다. 하지만 이 탈정치화는 다른 한편으로는 미국의 보수적 분위기에 강요된 것이기도 하다. 모더니즘 운동의 주도자들은 대부분 정치적 좌익이었다. 그렇기 때문에 보수적인 미국 사회에 모더니즘을 소개할 때, 뉴욕 현대미술관(MoMa) 관장 알프레드 바(Alfred H. Barr, 1902~1981)는 이 새로운 미술이 정치적으로 전혀 위험하지 않다는 사실을 강조해야 했다. 그 결과 현대미술이 '아방가르드'로서 갖는 정치적 급진성을 희석시키고, 그것을 오로지 '형식의 혁신'으로 규정하는 탈정치적 경향이 전면화[1]하게 된 것이다.

1940~1950년대 미국의 화가들은 아직 유럽 대륙의 정신적 영향 아래 있었기에 프랑스 실존주의자들의 불안과 공포에 정서적으로 공감했다. 하지만 개인적 자유를 늘 정치적 자유와 연관시키는 사르트르의 실존주의와 달리, 미국 화가들의 실존주의는 철저히 개인주의적인 것이었다. 그들은 사르트르의 정치적 실존주의를, "인간은 자유롭도록 저주 받았기에 자신을 창조하는 가운데 자신만의 실존을 획득해야 한다."는 개인주의적 서사로 바꾸어놓았다. 예술가 개인을 실존적 영웅으로 여기는 경향은 특히 잭슨 폴록에 대한 로젠버그의 비평에 잘 나타난다. 그는 잭슨 폴록의 작업을 캔버스라는 투기장 안에서 화가가 행하는 고독한 실존적 '액션'으로 묘사한다.[5]

냉전의 역설

맥스 코즐로프는 미국의 화가들이 자신들의 작업을 영웅화하는 방식이 "미국의 냉전기 수사학을 연상"[6]시킨다고 지적한다. 다시 말하면, 예술가가 부조리한 사회에 처한 실존적 고독 속에서 개인의 '자유'를 지키듯이, 전체주의 체제의 위협에 처한 세계 속에서 오로지 미국만이 고독하게 '자유'를 수호하는 임무를 자임한다는 것이다. 에바 코크로프트(Eva Cockcroft)에 따르면, 코즐로프는 "'미국의 냉전기 수사학'과 많은 추상표현주의 화가들이 자신들의 실존주의적-개인주의적 신조를 정식화한 것 사이의 유사성"을 지적했지만, 그것을 그저 "우연의 일치(coincidence)"로 간주함으로써 "이 중대한 통찰이 갖는 온전한 의미를 검토하는 데에는 실패했다."고 한다.[7]

코크로프트는 1929년에 록펠러 가문에서 설립한 현대미술관의 역할에 주목한다. 특히 2차 세계대전 중에 현대미술관은 전쟁과 관련된 여러 프로그램에 참여하는 가운데 "자신의 자유를 지키려는 자유민들의 심장과 의지를 교육하고 계발하며 강화하는 국가적 방어 무기"로 기능하기 시작한다. 현대미술관이 냉전기 미국의 팽창주의 문화 전략의 기관으로 활동하는 패턴이 만들어진 것도 바로 이 시기였다. 코크로프트에 따르면, "문화적 프로퍼갠더의 측면에서 CIA의 문화적 기구와 현대미술관의 국제 프로그램은 비슷했으며, 사실상 상호 지원하는 관계에 있었다." 냉전기에 미국의 미술을 대표하는 양식으로 호출된 것은 추상표현주의였다.

> 추상표현주의는 이 프로퍼갠더 활동을 위한 이상적 양식이었다. 그것은 사회주의 리얼리즘의 엄격하고 전통적이며 협소한 성격과 완벽한 대조를 이루었다. 그것은 새롭고 신선하며 창의적이었다. 예술적으로 아방가르드이며 독창적이어서 추상표현주의는 미합중국이 파리와의 경쟁에서 문화적으로 현대적임을 과시할 수 있었다.[8]

추상표현주의가 자유 진영을 대표하는 양식이 된 것은 이중의 의미에서 역설이다. 미국의 반공주의자들은 원래 추상표현주의를 포함한 모더니즘 미술을 "조국을 파괴하는 위험한 반(反)체제 예술"로 간주했기 때문이다.[9] 이를테면, 미술계의 매카시로 악명 높았던 조지 돈데로(George A. Dondero, 1883~1968) 의원은 의회 연설에서 "1914년부터 1920년까지 예술은 러시아 혁명의 무기로 사용"되어왔다고 단언하면서, 모더니즘 전체를 파괴적인 공산주의 예술로 낙인찍은 바 있다.

> 큐비즘은 디자인된 무질서로 파괴를 하며, 미래주의는 기계의 신화로 파괴를 하며, 다다이즘은 조롱으로 파괴를 하며, 표현주의는 미개인과 정신병자를 모방함으로써 파괴를 하며, …… 추상주의는 두뇌를 비워냄으로써 파괴를 하며, 초현실주의는 이성을 부정함으로써 파괴를 한다.[10]

돈데로가 생각하는 이상적 미국 미술은 "누구나 이해할 수 있는 단순한 방식으로 아름다운 우리나라를 찬양하는" 예술이었다. 하지만 약간의 예술적 교양을 갖춘 사람이라면, 돈데로의 미적 이상이야말로 전체주의 예술, 즉 나치와 공산주의 예술의 특성이라는 것을 알 것이다.

게다가 당시 미술계에서 이 레드헌트를 주도하던 보수적 작가들의 구상화는 국제적 수준에서 너무 동떨어져 있었다. 그런 수준 떨어지는 관제 예술을 자유 진영의 대표로 내세울 수는 없는 일. 그 때문에 '미국에 침투한 공산주의 예술'로 여겨지던 추상표현주의가 졸지에 자유 진영을 대표하는 양식으로 호출된 것이다. 이것이 추상표현주의의 역설이다.

하지만 더 큰 역설이 있다. "예술을 위한 완전한 자유"는 원래 트로츠키와 앙드레 브르통이 주창한 무정부주의적인 구호로, 소련이 주도하던 사회주의 리얼리즘을 겨냥한 레토릭(rhetoric)이었다. 클레멘트 그린버그는 이를 "규율과 과거와 공적 세계로부터 자유로운" 예술이라는 순수 형식주의 미학으로 발전시켰다. 미국은 냉전 전략의 일환으로 소련에 환멸을 느낀 좌익 예술가들까지 반소(反蘇) 전선에 결집시켰고, 그 결과 무정부주의적 '자유'가 졸지에 자본주의적 '자유'의 상징이 되어버린 것이다. 이렇게 "교훈적 예술에 대한 반발, 예술을 위한 예술, '무기로서의 예술'에 대한 대극으로 발생한 비정치적 예술이 주요한 정치적 무기가 된 것"이야말로 추상표현주의의 가장 비극적인 역설일 것이다.11

비평의 시대

전쟁 전의 모더니즘이 '선언문'의 시대였다면, 전쟁 후의 네오 모더니즘은 '비평'의 시대였다. 이 시기에 화가들 못지않게 활약을 한 것은 그린버그를 비롯한 미국의 평론가들이었다. 이 새로운 시대의 신호탄이 된 것은 그린버그의 에세이 〈아방가르드와 키치〉였다. 이 글에서 그린버그는 히틀러와 스탈린의 예술을 '키치'로 규정하며, 서구 부르주아 사회에서 앞으로 도래할 사회주의를 위해 보존해야 할 유일한 요소는 '아방가르드 문화'라고 주장한다.12 당시 미국 미술계의 맥락에서 그린버그가 말하는 '키치'란 미국 미술을 지배하던 아카데미 예술과, 1930년대 이후 미국 공산당의 지도 아래 있었던 사회주의 리얼리즘 예술을 가리킬 것이다.

그린버그가 자신의 형식주의 비평 원리를 최초로 개진한 것은 이듬해에 쓴 〈더 새로운 라오콘을 향하여〉(1940)에서였다. 제목이 암시하듯이, 여기서 그는 아방가르드의 본질은 회화가 자신의 매체성으로, 말하자면 이차원의 평면으로 돌아가는 데 있다고 본다. 전통적 회화와 구별되는 아방가르드 회화의 특징은 "사실적인 원근법적 공간을 만들기 위해 구멍을 파내려는 노력을 거부"하는 데 있다는 아방가르드 회화에서 중요한 것은 "그림 면 자체가 점점 더 얕아져서 깊이의 효과를 내는 가상의 면들이 실제 캔버스의 표면인 진짜 물질 면 위에서 하나로 만날 때까지 평면화되고 압착된다는 사실"이라는 것이다.13 이것이 그린버그의 '평면성 원리'다.

〈모더니즘 회화〉(1960)에서 그린버그는 칸트를 원용하여 자신의 모더니즘 이론을 철학적 수준으로 끌어올린다. 여기서 그는 자기비판 혹은 자기반성을 '현대성(modernity)'의 기준으로 제시한다. 칸트가 이성을 비판하기 위해 이성을 사용했듯이, "모더니즘의 본질은 어떤 분야 그 자체를 비판하기 위하여 그 분야의 특징적 방법들을 사용하는 데 있다." 그린버그에 따르면, 예술의 영역에서 "자기비판의 과제는 각 예술의 효과들 가운데 다른 예술의 매체로부터 빌려왔다고 여겨지는 효과를 제거"하는 데 있다. "그럼으로써 각각의 예술은 '순수'하게 되며, 그 '순수성'으로 각 예술의 독자성만이 아니라 그 질적 수준도 보장받게 된다."14

아방가르드와 모더니즘

특징적인 것은 이 에세이에서 '아방가르드'라는 표현이 사라졌다는 점이다. 이는 추상표현주의와 함께 시작된 미국 아방가르드 운동에서 정치적 측면이 완전히 탈각되는 것을 의미한다. 전전의 아방가르드는 '전통의 파괴', 즉 과거와의 단절을 운동의 주요한 목표로 삼았다. 하지만 이 에세이에서 그린버그는 "모더니즘은 결코 과거와의 단절과 같은 것을 의미하지 않는다."고 단언한다.

> 우리 시대의 진정한 미술로부터 동떨어진 것은 연속성의 단절이라는 관념일 것이다. 미술은 무엇보다도 연속성이다. 미술의 과거가 없다면, 그리고 과거의 탁월한 수준을 유지하려는 욕망과 강제가 없다면, 모더니즘 미술과 같은 것은 불가능할 것이다.15

그린버그에게 모더니즘은 더 이상 과거와의 단절이 아니라, 마네와 인상주의에서 출발하여 세잔과 입체주의를 거쳐 추상표현주의에 이르는 연속적 운동일 뿐이다. 모더니즘 회화의 '질적 수준'을 평가하는 기준도 회화의 순수성을 향한 이 목적론적 운동의 연장선 위에서 얻어질 것이다. 즉 추상표현주의가 가진 미적 특질은 저 멀리 인상주의에서 시작된 평면성을 향한 회화의 운동에서 가장 급진적인 형태라는 점에 놓여 있을 것이다.

물론 이는 모더니즘에 대한 지극히 일면적인 이해에 불과하다. 그린버그에게 모더니즘은 피카소의 입체주의에서 추상표현주의로 이어지는 순수화, 추상화의 과정일 뿐이다. 하지만 전전의 모더니즘에는 추상운동과 나란히 또 하나의 흐름이, 말하자면 삶과 예술의 경계를 무너뜨리려는 아방가르드의 반(反)미학적 충동이 존재했다. 이 충동을 대변하는 것은 물론 마르셀 뒤샹이리라. 1950년대 미국에서 뒤샹이 재발견되나, 그린버그는 뒤샹의 존재에 끝까지 눈을 감으려 했다. 그린버그는 좋은 작품과 나쁜 작품을 식별하는 미적 기준을 중시하나, 반미학을 지향하는 '레디메이드'는 애초에 '미적 특질(aesthetic quality)'을 따지기에 적합한 대상이 아니기 때문이다.

하지만 그린버그의 의지와 상관없이 현대미술에 내재한 반미학의 충동은 결국 발현될 수밖에 없는 것이었다. 1950년대 말에 미국의 추상운동은 그 정점에 도달한 후, 그린버그의 형식주의 비평이 허용할 수 있는 한계 너머로 발전한다. 그린버그는 끝까지 회화가 회화이기를 원했다. 즉 회화가 회화이려면, 비록 원근법적 가상은 아닐지라도 적어도 미적 가상으로 남아야 한다는 것이다. 하지만 폴록 이후에 미국의 회화는 환영주의를 파괴하고 순수성과 평면성을 향하는 미적 가상의 영역을 벗어나 아예 사물의 영역으로 진입한다. 환영주의를 완전히 떨쳐버리려면, 회화가 미적 가상이기를 포기하고 그 자체가 사물이 되는 수밖에 없었기 때문이다.

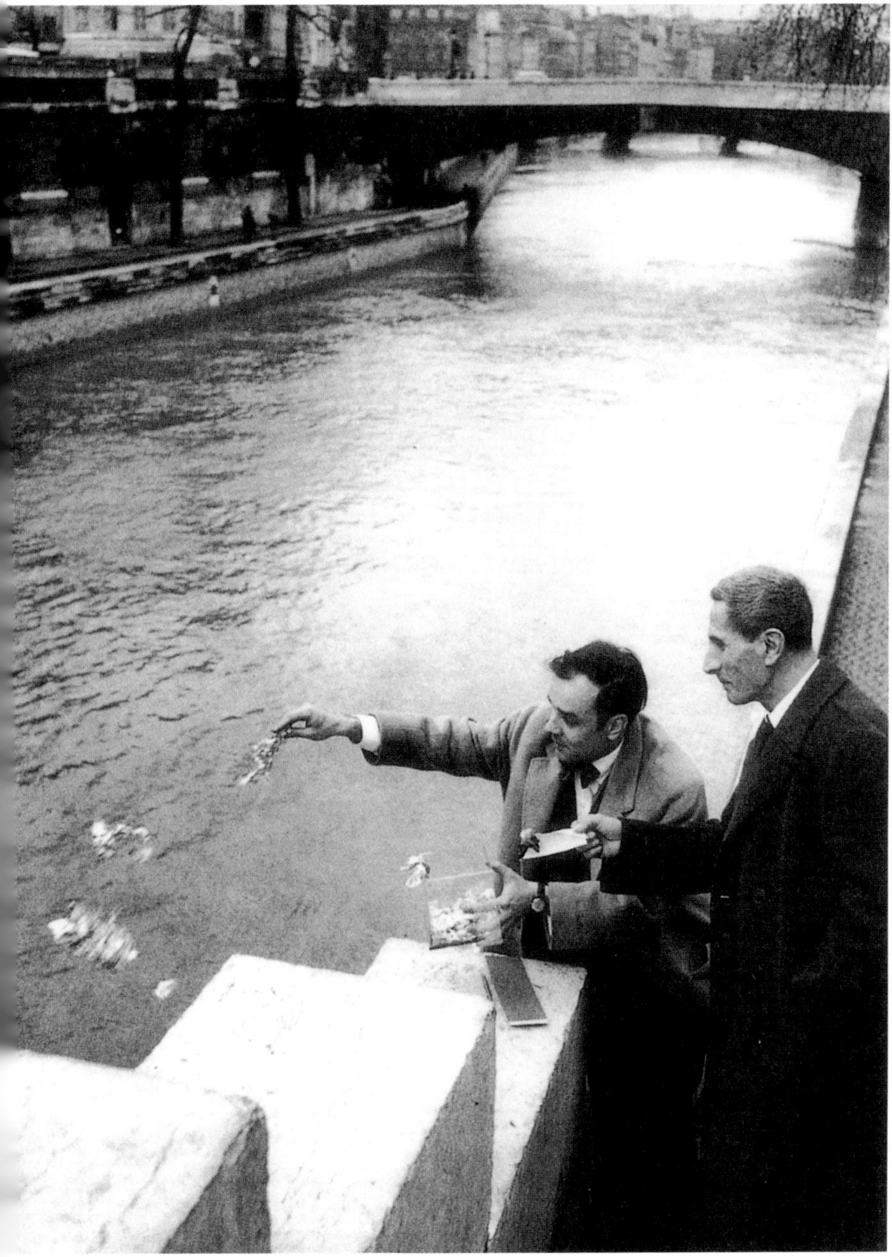

2

〈비물질적 회화 감성대를 위한 의식〉 이브 클랭, 1959년

미술과 사물성

형식주의 비평은 여기저기서 도전을 받고 있었다. 그린버그가 〈모더니즘 회화〉(1960)를 쓴 것도 실은 당시의 미술이 자신이 설정한 테두리를 벗어나고 있다고 느꼈기 때문이다. 한마디로 그것은 모더니즘의 원리를 다시 한 번 명확히 천명해둠으로써 미술이 더 이상 자신이 설정한 테두리 밖으로 벗어나지 않도록 막으려는 제스처였다. 하지만 1960년대에 등장한 미술은 그린버그의 형식주의 비평으로는 더 이상 설명이 불가능한 것이었다. 이를테면, 미니멀리즘은 작품을 사물로 만들었고, 개념미술은 미술을 문학으로 만들었으며, 팝아트는 키치를 예술의 영역으로 끌어들였다. 이 추세를 막을 수는 없었다. 1968년 이후 그린버그는 결국 비평 활동을 사실상 중단하게 된다.

마이클 프리드(Michael Fried, 1939~)의 에세이 〈예술과 사물성〉(1966)은 예술의 사물화 경향에 대한 형식주의 비평의 마지막 반격이라고 할 수 있다. 미니멀리즘 미술은 회화도, 조각도 아닌 '사물성(objecthood)'을 지향한다. 미술이 일종의 사물이 되어 현전(presence)의 효과를 낼 때, 그것은 관객의 참여를 요구하는 연극에 가까워진다.[2] 이는 물론 회화는 회화여야 한다는 그린버그의 모더니즘 강령에 정면으로 배치되는 것이다. 프리드에 따르면, 이렇게 "연극적 조건에 접근할수록 예술은 퇴보한다." 따라서 미술의 성공과 생존은 "연극을 부정할 수 있는 능력"에 달려 있으며, 작품의 "질과 가치"를 따지는 기준도 미술이 미술로 남을 때에만 얻어질 수 있다는 것이다.16

로잘린드 크라우스(Rosalind Krauss, 1941~)는 이 모더니즘의 공격에서 미니멀리즘을 방어한다. 그녀의 접근 방법은 현상학적이다. 즉 형식주의에서는 작품을 지각하는 주체가 순수 관념적 존재로 상정되나, 미니멀리즘의 지각은 신체를 움직여 작품과 상호작용하는 육화된(embodied) 주체를 요청한다. 그리하여 미니멀리즘의 지각에는 필연적으로 시간성이 개입된다. 크라우스는 이 연극적 특성을 아예 모더니즘으로 역(逆)투사하여, 모더니즘 조각의 역사를 아예 "정적이고 관념화된 매체로부터 시간적이고 물질적인 매체로 전환"17하는 과정으로 설명한다. 이 경우 미니멀리즘의 '연극성'은 모더니즘으로부터의 일탈이 아니라 그것의 정상적 진화가 될 것이다.

> 프리드는 연극성이 조각 작품에 손상을 준다고 주장했다. 즉, 유일하게 조각이었던(was) 것의 의미를 흐리게 하고, 조각으로부터 조각으로서의 의미를 빼앗으며, 동시에 진지함을 빼앗는다는 것이다. 그러나 내가 위에서 언급한 조각들은, 조각이었던(was) 것이 이상주의적 신화에 기반한 것이므로 부족하다는 견해에 근거를 두고 있다. 그 작품들은 조각인(is) 것, 또는 조각일 수 있는(can be) 것을 찾아내기 위해 연극과 관람자의 문맥과의 관련성을 파괴와 탐구와 재건의 도구로 사용해왔다.18

사실 그린버그와 프리드의 형식주의는 모더니즘 미술을 설명하기에는 지나치게 협소한 것이었다. 프리드는 〈3인의 미국 화가〉(1965)에서 프랭크 스텔라를 미니멀리즘에서 뉴욕 화파의 모더니즘을 방어하는 최후의 요새로 삼으려 했으나, 정작 스텔라 자신은 '셰이프트 캔버스(shaped canvas)'[3]를 매개로 미니멀리즘 세대의 주요한 작가가 된다.19

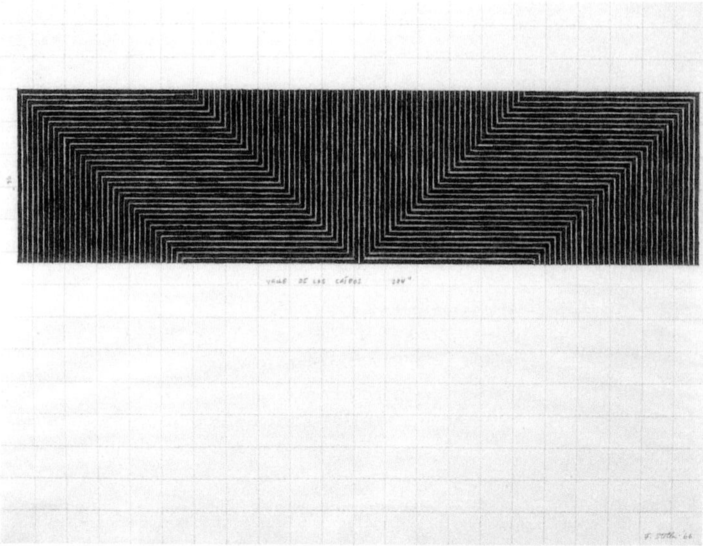

3
〈망자의 계곡〉 도면, 프랭크 스텔라, 1966년

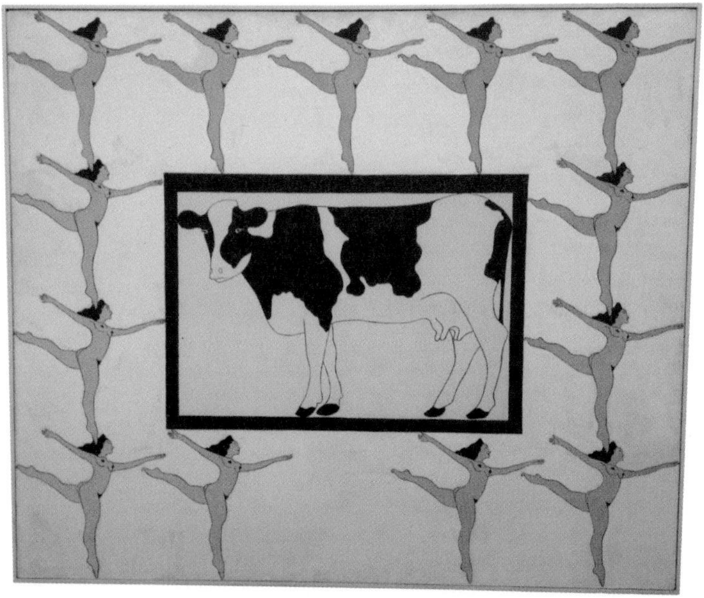

4
〈홀스타인〉 존 웨슬리, 1964년

1960년대 미술의 흐름은 그린버그와 프리드의 노력과는 정반대의 방향으로 전개되었다. 특히 앨런 카프로의 해프닝과 플럭서스 멤버들의 퍼포먼스에서 미술은 글자 그대로 '연극성'을 띠게 된다.

평판화면

그린버그와 프리드의 형식주의에 결정적 타격을 입힌 또 하나의 흐름은 팝아트[4]였다. 1992년 여름, 그린버그는 어느 한 강연에서 미국의 미술계에 "지난 30년간 아무 일도 일어나지 않았다."고 말했다. 그린버그가 이렇게 팝아트를 백안시한 데에는 이유가 있을 것이다. 첫째, 팝아트는 구상회화로, 자신의 바깥에서 제재를 취한다. 이는 회화가 오직 자기 자신만을 탐구해야 한다는 모더니즘의 강령에 위배된다. 둘째, 팝아트는 일상 사물과 시각적으로 잘 구별되지 않는다. 그로써 작품의 미적 수준을 가늠할 비평적 기준이 사라진다. 셋째, 팝아트는 대중문화를 고급문화로 끌어들인다. 그린버그의 눈에 이는 고급예술을 '키치'로 전락시키는 것으로 보였을 것이다.

그린버그에게 회화가 자기 밖에서 제재를 취해 구상으로 돌아가는 것은 곧 '모던' 이전으로 되돌아가는 퇴행을 의미한다. 하지만 〈다른 기준〉(1967)에서 볼 때, 팝아트는 모던 '이전'이 아니라 '이후'의 현상일 수도 있다. 레오 스타인버그(Leo Steinberg, 1920~2011)는 라우센버그의 콤바인, 뒤뷔페의 그래피티 그림[5], 릭턴스타인의 만화 그림[6] 등이 '팝아트'로 이어지는 과정을 설명하기 위해 '평판화면(flatbed picture plane)'의 개념을 도입한다. 팝아트를 주도한 작가들은 디자이너, 일러

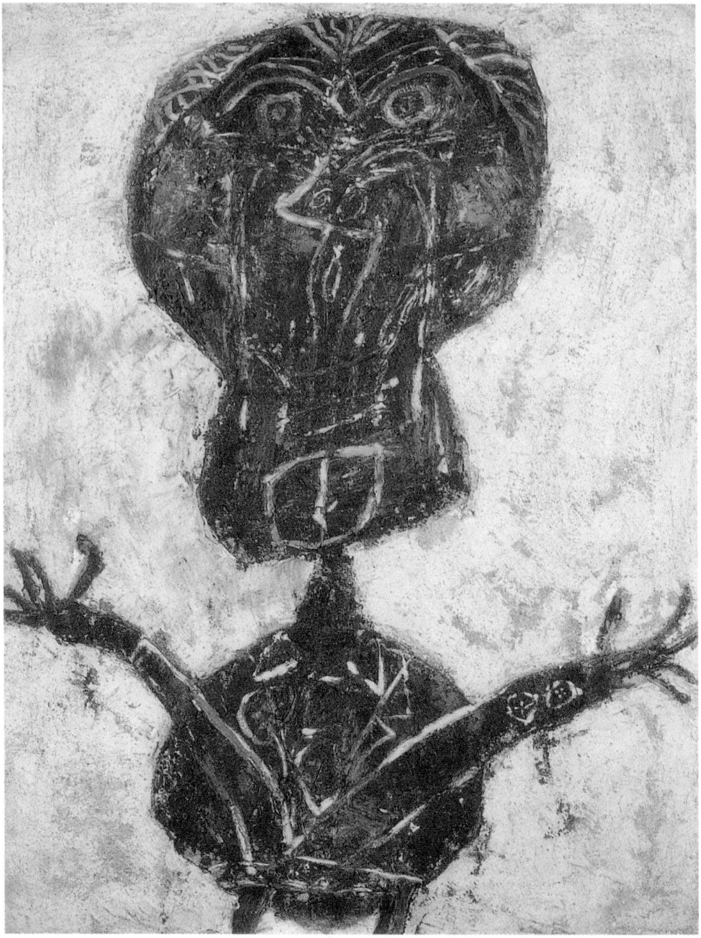

5
〈꽃다발 같은 베르텔레〉
장 뒤뷔페,
1947년

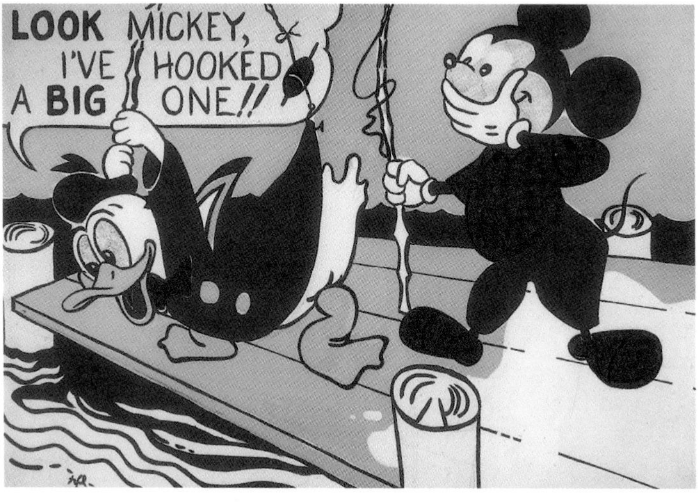

6
〈이것 좀 봐, 미키〉
로이 릭턴스타인,
1961년

스트레이터, 만화가 등 다양한 상업미술의 배경을 갖고 있었다. 수직으로 세운 캔버스 앞에서 작업을 하는 전통적 화가와 달리, 상업미술가들은 수평의 작업대 위에서 작업을 한다. 이것이 '평판화면'이다.

'평판화면'은 원래 인쇄를 위한 활판을 가리킨다. 스타인버그는 이를 "인간의 직립 자세에 대한 각도가 변화된 콘텐츠의 전제조건이 되는 도상적 표면"으로 규정한다. 즉 작업의 각도가 수직에서 수평으로 변한 것 자체가 콘텐츠의 변화를 함축한다는 것이다. 이를테면, "테이블 윗면, 스튜디오 바닥, 게시판과 같은" 평판화면은 "오브제가 배열되거나, 데이터가 기입되거나, 정보가 수신되고 인쇄되고 각인되는 수용기"다. 이처럼 평판화면 위에서 제작되는 이미지는 일종의 메타 코드, 즉 자연의 그림이 아니라 자료(data)와 정보(information)의 그림이다. 스타인버그는 여기서 르네상스 이후 최초로 회화의 주제가 자연에서 문명으로 이행한다고 주장한다.[20]

모더니즘의 종언

케네스 놀런드의 과녁 그림, 재스퍼 존스의 성조기 그림, 앤디 워홀을 비롯한 팝 아티스트들의 이미지는 직접 자연을 그린 것이 아니라, 만화나 사진 등의 시각 정보를 메타코드로 취한 것이다. 스타인버그의 논리에 따르면, 팝아트는 모던 이전으로의 퇴행이 아니라, 르네상스 이후 500년의 미술사에 종지부를 찍은 거대한 '사건'인 셈이다. 그만큼 거창하지는 않지만, 철학자 아서 단토(Arthur Danto, 1924~2013) 역시 팝아트를 '획기적' 사건으로 규정한다. 그에게 모더니즘은 그저 "1860

년경부터 1880년대의 어느 때까지 번성했던 하나의 양식"일 뿐이다. 팝아트는 그 〈예술의 종말〉(1984)을 가져왔다. 종말을 맞은 것은 물론 예술 자체가 아니라 모더니즘의 '내러티브'였다.

모더니즘은 단선적인 '진보'를 상정한다. 그리하여 모더니즘의 내러티브는 회화가 인상주의에서 입체주의, 거기서 추상표현주의로 나아가면서 더욱더 순수해진다고 말한다. 하지만 팝아트는 이 모던의 서사를 무너뜨린다. 동시대 예술은 존재하기 위해서 "이야기 전개 과정상 적절한 다음 단계로 보일 수 있는 모종의 확증적 내러티브에 더 이상 힘입지 않아도 된다."[21] 모더니즘은 '새로움'을 위해 과거와 결별하려 하나, "동시대 미술에는 과거의 미술에 반대하는 지침 같은 것이 없으며, 과거라는 것은 그에 대항해서 해방을 쟁취해야 하는 것이라는 생각도 없고, 심지어 자신이 미술로서 일반적으로 모던 미술과도 다르다는 의식도 전혀 없다."[22]

모더니즘 예술은 "타자들을 배제하는 단일한 내러티브"를 갖고 있어, 저마다 자신만이 진정으로 새롭다고 주장할 수 있었다. 하지만 "선언문의 시대는 끝났다." 오늘날 다른 것을 제치고 자신만이 역사적 위임을 받았다고 주장할 수 있는 예술 형식은 존재할 수 없다. 팝아트 이후에 이렇게 변화한 예술의 상태를 단토는 '탈역사적(post-hostorical)'이라고 부르자고 제안한다. 미술이 취할 수 있는 역사적 방향 같은 것은 더 이상 존재하지 않는다. 그리하여,

> 역사의 짐에서 해방된 예술가들은 자신이 원하는 어떤 방식으로든, 자신이 원하는 그 어떤 목적을 위해서도, 혹은 어떠한 목적도 갖지 않고

자유롭게 예술을 만들게 되었다. 이것이 동시대 미술의 징표다. …… 동시대 양식과 같은 것은 존재하지 않는다.[23]

네오 아방가르드

아서 단토의 관념은 다분히 '포스트모던'이라고 부르는 1980년대의 다원주의적 분위기를 1960년대의 팝아트로 투사한 것으로 보인다. 여기에는 모종의 시대착오가 존재한다. 이를테면, 단토는 동시대 예술의 상황을 "완전한 미적 엔트로피"로 규정한다. 단토가 인용하는 워홀의 언급을 보자.

어떻게 하나의 양식이 다른 것보다 낫다고 말할 수 있는가? 당신은 다음 주면 추상표현주의자나 팝 아티스트, 혹은 사실주의자가 될 수도 있는 것이다. 그것도 무엇인가를 포기했다는 느낌을 받지 않으면서 말이다.[24]

어느 때라도 "추상표현주의나 팝 아티스트, 혹은 사실주의자가 될 수도 있다."는 말은 '카멜레온'이라고 불리는 게르하르트 리히터의 작업 방식을 연상시킨다. 리히터는 양식의 '엔트로피' 상태에서 구상과 추상, 사진과 회화의 경계를 수시로 넘나든다. 그가 '포스트모던'의 작가라고 불리는 것은 그 때문이다. 하지만 워홀을 비롯한 팝 아티스트들에게서는 정작 이런 양식의 다원주의를 찾아볼 수 없다. 그들은 대부분 '팝아트'의 전형적 양식을 끝까지 견지했다.

따라서 팝아트가 그린버그식 모더니즘의 종언일지는 모르나, 그것이

'모더니즘' 일반의 종언이었다고 하기는 어렵다. 팝아트에서 두드러지는 것은 차라리 뒤샹에서 유래하는 네오 다다의 제스처다.[25] 그런 의미에서 팝아트는 입체주의에서 추상표현주의로 이어지는 노선에 가려져 있던 모더니즘의 또 다른 노선, 이른바 '네오 아방가르드'에 속하는 여러 흐름 중 하나로 볼 수 있을 것이다. 1960년대 전후의 예술을 이렇게 '네오 아방가르드'로 규정할 때, 자기 정당화의 문제가 떠오른다. "이미 흘러간 아방가르드를 이 시대에 뒤늦게 반복하는 게 대체 무슨 의미가 있을까?" 그리하여 페터 뷔르거(Peter Bürger, 1936~2017)와 같은 이는 네오 아방가르드의 효용성을 회의한다.[26]

네오 아방가르드는 사실 전전의 아방가르드와는 전혀 다른 맥락에 놓여 있었다. 아방가르드는 부르주아 정치체제와 예술 제도에 대한 이중의 공격이었다. 하지만 1960년대에는 예술이 정치적 연대를 표명할 혁명운동이 더 이상 존재하지 않았고, 미학적 '위반'은 외려 제도예술이 권장하는 예술의 '규칙'이 되어 있었다. 대중문화 역시 고급예술의 전략을 두루 섭렵하여 질적으로 그것을 위협하는 수준에 도달해 있었다. 그런 상황에서는 과거처럼 대중문화의 요소를 취하는 것이 전복적 성격을 갖기 어렵다. 사실 '상황주의'를 제외하면, 전후에 아방가르드라고 불릴 만한 운동은 존재하지 않았는지도 모른다. 팝아트는 체제에 순응적이었고, 플럭서스는 거기에 모호한 태도를 취했다.

할 포스터(Hal Foster, 1955~)는 정신분석의 용어로 네오 아방가르드를 옹호한다. "하나의 외상을 이루기 위해서는 두 가지 외상이 있어야" 하듯이, "하나의 사건은 그것을 기록하는 또 다른 사건을 통해서만 등재"된다는 것이다. 여기서 네오 아방가르드는 억압에 저항하는 반복

강박으로 규정된다. 할 포스터는 네오 아방가르드가 "미술 제도를 변형시켰다기보다는 아방가르드를 제도로 변형"시켰다는 페터 뷔르거의 지적을 인정하나, 그것이 "저항으로서 수용"되었다고 주장한다. 실패한 역사적 아방가르드를 반복함으로써 네오 아방가르드는 비로소 자기 자신에 대한 비판적 분석과 제도의 해체 실험을 본격적으로 실행할 수 있었다는 것이다.

> 따라서 그것은 네오(neo)라기보다는 사후적(nachträglich)이다. 일반적인 아방가르드의 기획은 지연된 작용 속에서 발전한다. 이전에 어느 정도 억압되자, 아방가르드는 복귀했다. 그리고 그것은 계속해서 복귀한다. 그러나 그것은 미래로부터 복귀한다.27

'반복'은 과거로의 복귀가 아니다.

재현의 복귀

1960년대에 복귀한 재현의 여러 흐름 중에서 훗날 '포스트모던'이라고 불릴 만한 경향은 독일에서 일어났다. 이 흐름을 주도한 것이 동독 출신의 화가들이었다는 점은 주목할 만하다. 그들이 처한 조건은 그들로 하여금 동구의 재현회화와 서구의 추상회화를 모두 거부하도록 강요했다. 그 결과 사회주의 리얼리즘이라는 '모던 이전'의 양식과 추상표현주의라는 '모던'의 양식을 지양하는 가운데, 그들의 작업은 자연스레 후에 '포스트모던'이라고 불릴 만한 특징을 갖게 된다. 리얼리즘과 추상주의를 모두 거부했던 동독 출신의 작가들은 크게 두 라인으로 나뉜다. 하나는 게르하르트 리히터와 지그마르 폴케[7, 8], 다른 하나는 게오르크 바젤리츠와 안젤름 키퍼의 라인이다.

바젤리츠-키퍼는 독일 미술의 민족적 정체성을 세우기 위해 전통적 매체인 회화로 독일의 역사와 신화 등 그동안 금기시되었던 주제를 다루려 했다. 이때 그들은 비교적 안전한 전통인 전전의 표현주의로 되돌아갔다. 바젤리츠-키퍼에서 임멘도르프-펭크로 이어지는 '신표현주의'는 주제나 형식의 측면에서 명백히 복고적 성격을 띠고 있었지만, 레이건 시대의 보수적인 분위기에 힘입어 예술 시장에서는 커다란 성공을 거둘 수 있었다. 형상이 빈곤한 미니멀리즘과 개념미술에 지쳐 있던 대중은 화려한 타블로의 복귀에 환호로 응답했다. 하지만 이 신구상 회화는 어쩔 수 없이 미래가 아니라 과거로부터 복귀했다는 느낌을 준다.

이들과 달리 리히터-폴케는 회화보다 사진을 더 신뢰했고, 국제화의 흐름 속에 더 이상 고립된 민족적 양식이란 존재할 수 없다고 믿었다. 리히터와 폴케의 1960년대 작업은 내용이나 형식의 측면에서 이미 '포스트모던'의 특성을 명확히 드러낸다. 두 작가 모두 미학적이든 정치적이든 일체의 신념을 불신하고, 현실의 의미를 온전히 재현할 수 있다는 생각도 거부한다. 이는 최종적 기의, 나아가 모든 기의의 거부라는 포스트모던 사유와 일치한다. 리히터와 폴케는 사진에서 출발하나, 리히터는 '흐리기(blur)'로, 폴케는 '벤-데이 망점(Ben-Day dots)'으로 사진의 지시 기능을 교란시킨다. 그 결과 현실은 영원히 포착되거나 파악될 수 없는 것으로 남는다.

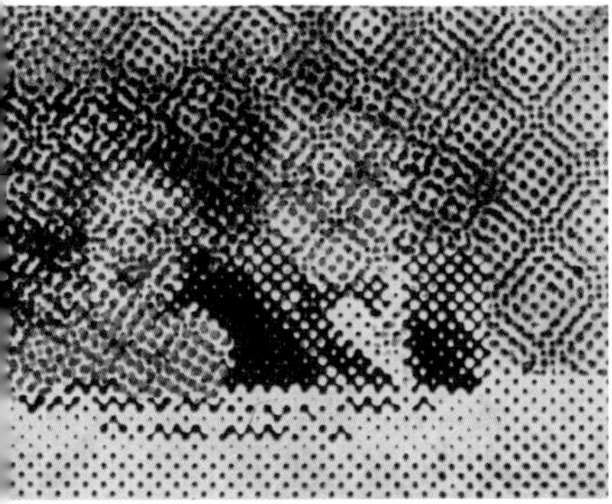

7
〈쌍둥이〉 지그마르 폴케, 1965년

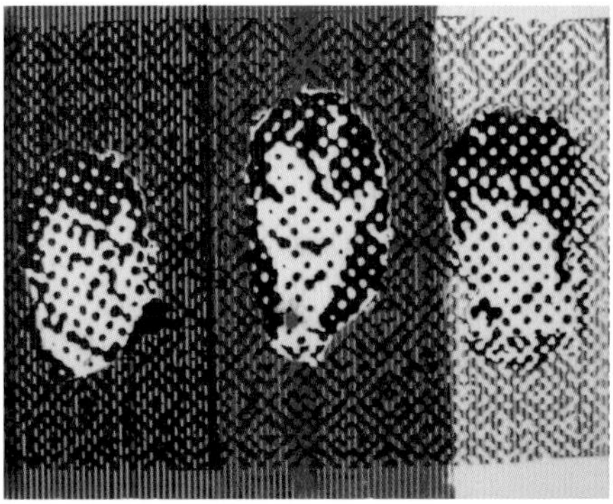

8
〈무제〉 지그마르 폴케, 2007년

리히터가 현실에 냉정한 판단중지를 실천한다면, 폴케는 패러디와 메타패러디를 통해 현실에 반어적 태도를 취한다. 이렇게 "아이러니를 현실에 대한 본질적 태도로 취하고, 콜라주 기법을 세계의 세계화를 위한 가장 편한 언어로 사용"한다는 점에서 폴케의 태도는 단적으로 포스트모던하다.

폴케의 자기 반성적 아이러니는 예술적 의미와 진리에 대한 일상적 요구를 조롱한다. 관객은 자기 앞의 작품을 발명되고 구성된 실체로 봐야 한다. 그는 부조리한 세계에서 현실로 통하는 것이 비참할 정도로 비현실적이며, 그것을 재현하는 게 실은 중요하지 않다고 말하는 듯하다. 폴케는 그 대신에 패러디로 된, 그러나 고도로 상상력이 풍부한 구축을 택한다.28

I 폴록

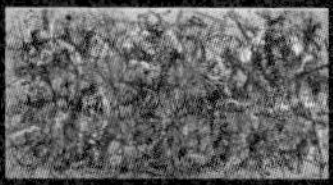

40

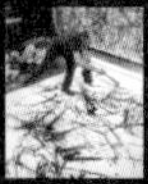

40

43

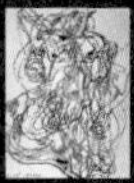

47

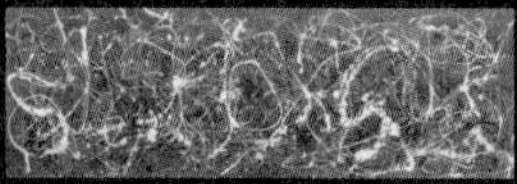

50

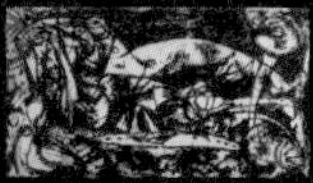

56

캔버스 안의 검투사

전후 미술의 역사는 폴록의 드립 페인팅과 더불어 시작된다. 폴록을 통해 전전의 차가운 기하학적 추상은 뜨거운 표현적 추상으로 변화한다. 하지만 이 온도의 차이보다 중요한 것은 폴록의 전면화(all over)에서는 '형' 자체가 해체되고 형과 배경 사이의 '관계주의'마저 포기된다는 점이리라. 클레멘트 그린버그는 이를 근거로 미국의 회화가 평면성과 순수성을 향한 모더니즘의 기획에 대해 전전의 유럽 미술보다 더 높은 성취를 이루었다고 주장할 수 있었다. 폴록의 작업은 후기 모더니즘의 출발점이자, 이후 미국과 유럽에서 전개될 거의 모든 예술운동의 미학적 준거가 된다.

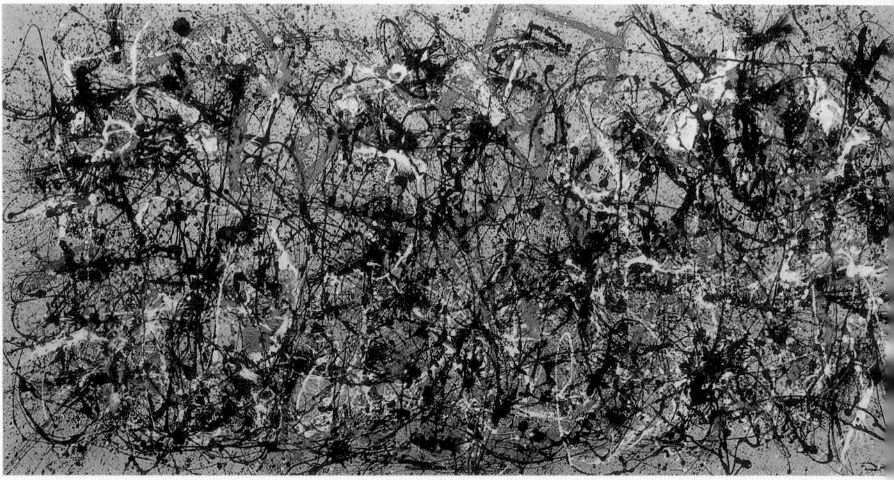

1
〈가을 리듬〉 잭슨 폴록, 1950년

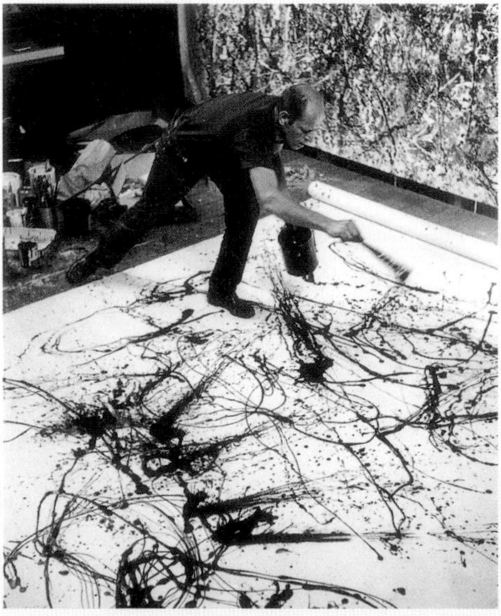

2
〈가을 리듬〉을 그리고 있는 잭슨 폴록, 한스 나무스, 1950년

1947년 1월 어느 날, 잭슨 폴록(Jackson Pollock, 1912~1956)은 이젤의 수직으로 세운 캔버스 위에 토템(=동물) 비슷한 형태를 그리고 있었다. 그러다 무슨 생각에선지 돌연 캔버스를 바닥에 수평으로 눕히고는 그 위로 물감을 들이부었다.[1] 결과는 놀라웠다. 거기서 새로운 조형의 가능성을 본 것이다. 그 후 짧은 실험을 거쳐 그는 새로운 기법을 완성한다. 이를 신화로 만든 것은 한스 나무스(Hans Namuth, 1915~1990)의 영상[2]이리라. 그의 사진 속의 폴록은 물감으로 범벅이 된 작업화를 신고, 페인트 통에 든 물감을 막대로 찍어 바닥에 깔린 캔버스 천 조각 위로 흩뿌린다. 어떤 규범에도 매이지 않고 내면의 기를 발산하는 자유로운 영혼. 이것이 폴록의 이미지다.

잭 더 드리퍼

잊지 말아야 할 것은 나무스의 사진이 "폴록의 작업에 대한 단순한 기록이 아니라 의미심장한 해석"[1]이라는 사실이다. 사실 폴록은 해석이나 논증에는 별 관심이 없었다. 그는 작품으로 말하기를 좋아했기에, 그가 자신의 예술에 대해 직접 작성한 글은 손가락으로 꼽을 정도다. 그중 하나에서 그는 이렇게 말한다.

> 내 그림은 이젤에서 나오지 않는다. 나는 그리기 전에 천을 (프레임에 걸어) 팽팽하게 펴지도 않는다. 펴지도 않은 천을 벽에 걸어놓거나 바닥에 펼쳐놓는다. 내게는 딱딱한 표면의 저항이 필요하다. 바닥에 펼쳐놓는 게 더 편하다. 그 편이 그림에 더 가깝고, 더 그것의 일부가 된 느낌을

준다. 왜냐하면 그 주위를 걸어 다니며 네 귀퉁이 어디에서나 작업할 수 있고, 글자 그대로 그림 '안에(in)' 있을 수 있기 때문이다.2

폴록이 이젤을 사용하지 않은 것은 "현대적 감각의 경향이 벽화(mural)를 지향"한다고 보았기 때문이다. 실제로 그의 작품은 그림이라기보다 차라리 벽지처럼 보인다. 벽지가 화면이자 동시에 벽면이듯이, 그에게서 액자 안('3차원의 환영')과 밖('2차원의 벽면')의 구별은 흐려진다. 물론 그의 작품도 결국 프레임이 씌워진 채로 미술관 벽에 걸릴 것이다. 그 때문에 그는 자신의 작업을 이젤에서 벽화로 이행하는 "과도기의 상태", "미래에 완전히 도달하지 못한 채 미래를 지시하려는 시도"3라고 보았다.

"네 귀퉁이 어디에서나" 작업을 할 때, 이제까지 없었던 새로운 지각의 장이 열린다. 화면에서 전후좌우의 구별이 사라지면, 화면은 마치 무중력 상태처럼 느껴진다. 그의 작품에서는 동일하거나 유사한 요소들이 "눈에 띄는 변화 없이 캔버스의 한쪽 끝에서 다른 끝까지 되풀이" 된다. 그리하여 "시작도, 중간도, 끝도 없는 종류의 그림." 그런 그림을 흔히 '전면화(all over)'라고 부른다.4 한편, 화폭을 바닥에 깔아놓을 때 작업의 공간은 수직에서 수평으로 변하고, 여기서 확보된 중력은 그의 화법의 토대가 된다.[3]

내가 사용하는 물감은 대부분 유체, 즉 흘러내리는 종류의 물감이다. 나의 붓은 붓이라기보다는 차라리 막대기로 사용된다. 붓은 캔버스의 표면에 닿지 않는다. 그것은 바로 그 위에 있다.5

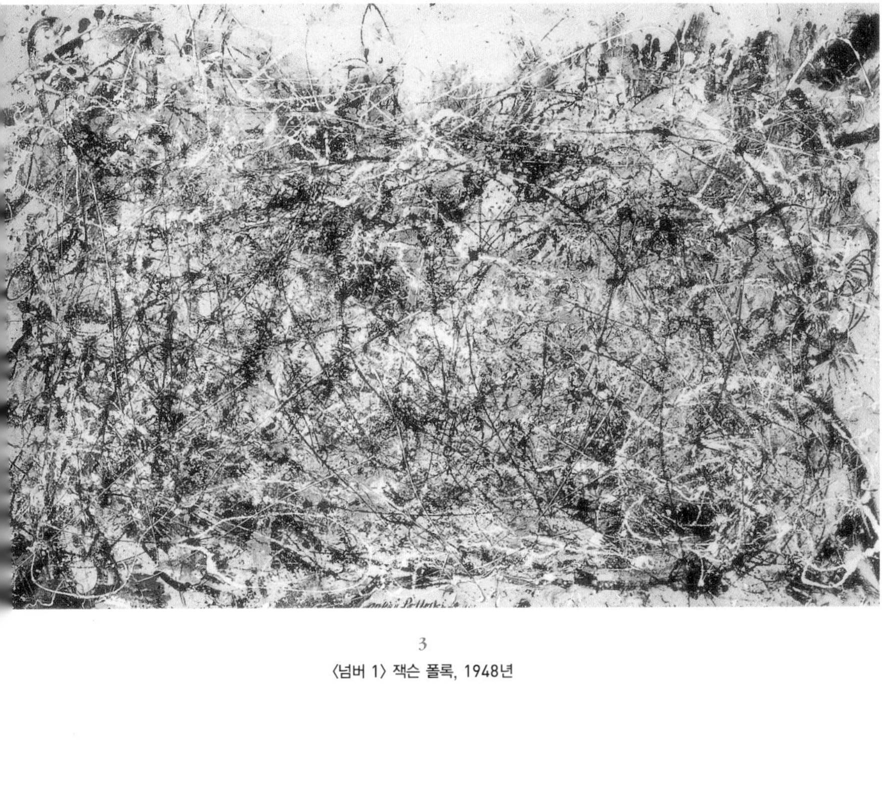

3

〈넘버 1〉 잭슨 폴록, 1948년

막대기처럼 말라붙은 붓으로 그림을 그릴 수는 없는 일. 폴록은 그것을 물감을 찍어 화폭 위로 흘리는 데 사용한다. 때로 그는 염료 깡통에 구멍을 내어 직접 화면에 흘리기도 했다. 이것이 이른바 '드리핑(dripping)' 기법이다. 그에게 '잭 더 드리퍼(Jack the Dripper)'[6]라는 별명을 가져다준 이 기법을, 그는 젊은 시절에 접촉한 멕시코 벽화의 거장들에게서 배웠다. 거의 벽화의 규모에 가까운 대형 포맷에 대한 취향, 그림에 물감 대신 공업용 염료를 사용하고, 거기에 모래나 유리조각을 섞는 것 등도 젊은 시절에 그가 접한 멕시코 벽화운동의 영향이다.[7]

"혼돈은 무슨. 빌어먹을"

1950년 베네치아 비엔날레에 처음 소개되었을 때, 폴록의 작품은 그곳의 평단에서 거의 관심을 끌지 못했다. 오직 한 평론가만이 그의 작품에 혹평을 남겼을 뿐이다. 이 미국 화가의 작품이 온통 혼돈의 상태로만 보였던 모양이다. "그의 모든 그림에서 감지하기 쉬운 것은 이런 것들이다. 혼돈. 조화의 결여. 구조적 조직화의 전적인 결여. 기법의 완벽한 부재. 기법은 흔적조차 없다. 그리고 다시 한 번 혼돈."[8] 〈타임〉지(誌)가 이 말을 인용해 그의 작품을 혹평하는 기사를 내보내자, 이 몰이해에 짜증이 난 폴록은 편집자에게 다소 신경질적인 전문을 보낸다. "혼돈은 무슨. 빌어먹을(No chaos. Damn it)."

언뜻 보기에 폴록의 화면은 우연으로 빚은 혼돈으로 보인다. 하지만 이는 착시에 불과하다. 그의 작품은 결코 우연의 산물이 아니다. "나는 우연을 사용하지 않는다. 왜냐하면 우연을 부정하기 때문이다."[9] 그의 화면에는 우연의 외관 속에 고도의 미적 질서가 존재한다. 외려 "자의적인 것으로 연상되는 것과 감지될 정도로 실재하는 미적 질서 사이의 긴장"[10]에 그의 강점이 있다. 그렇다고 해서 이 질서가 의식적 통제의 산물인 것은 물론 아니다. 그것은 차라리 그의 내적 본성에서 흘러나오는 "영감, 비전, 직관적 결정"의 산물이다.

> 회화 '속에' 있을 때, 나는 무엇을 하는지 의식하지 못한다. 내가 무엇을 했는지 알게 되는 것은 일종의 '익숙해지는 시기'가 지난 후의 일이다. 나는 변화를 일으키고 이미지를 파괴하는 등의 일을 하는 게 두렵지 않다. 회화는 제 고유의 삶을 갖고 있기 때문이다. 나는 그것이 발생하게 내버려둔다. 결과가 엉망이 되는 것은 그림과 접촉을 잃었을 때뿐이다. 그렇지 않으면 순수한 조화, 손쉬운 주고받기가 일어나 아주 좋은 작품이 나온다. 내 그림의 원천은 무의식이다.[11]

여기서 폴록은 하이데거를 연상시키는 어조로 작업 과정을 영매의 접신에 가깝게 묘사한다. "나는 그것이 발생하게 내버려둔다." 접신이 된 영매처럼, 작업을 할 때 그도 의식의 통제를 받지 않고, "제 고유의 삶"을 가진 회화와 접속한다. 여기서 회화는 의식을 가지고 제작하는 작품이 아니라, 무의식으로부터 발생하는 '사건'이 된다.

추상표현주의

폴록이 처음 작품 활동을 시작했을 때, 미국의 미술은 유럽으로부터 입체주의와 초현실주의라는 두 개의 유산을 상속 받은 상태였다. 구대륙에서 물려받은 이 두 가지 유산은 1940~1950년대 미국 화가들의 창작을 이끌어주는 원리이자, 동시에 그들이 만든 작품을 해석하는 준거이기도 했다. 이를테면, 폴록의 작품은 유럽의 입체주의에서 시작된 '추상'의 극한을 보여준다. 거기에는 식별 가능한 대상이 전혀 없기 때문이다. 유럽의 모더니즘에는 그나마 기하학적 형태라도 남아 있었지만, 폴록의 화면에서는 '형태(form)'마저 해체되어 있다.

한편, 폴록의 격렬한 제스처는 초현실주의에서 유래한 '표현'의 요소라고 할 수 있다. 그의 즉흥적 화법은 앙드레 브르통의 '자동기술법'을 연상시킨다. 이를테면, 흘리는 물감의 선으로 그리는 드리핑은 앙드레 마송의 〈자동 드로잉〉[4]과 유사하다. 또 제 그림의 원천이 '무의식'에 있다고 말한 데서 알 수 있듯이, 폴록은 자기가 초현실주의의 연장선 위에 있다고 믿었다. 우울증과 알코올의존증에 시달렸던 그는 한때 융 학파에 속하는 두 명의 정신분석 의사에게 치료를 받은 적이 있고, 그 과정에서 자연스레 정신분석학을 접했을 것으로 추정된다.

이 두 유산이 모순적으로 결합된 이 새로운 회화를 평론가 로버트 코츠(Robert Coates, 1897~1973)는 '추상표현주의'라고 불렀다. 클레멘트 그린버그는 이를 자기가 주도하는 '미국형 회화'의 이름으로 마지못해 받아들였지만, 이 명칭을 썩 좋아하지는 않았다. 입체주의의 추상과 초현실주의의 표현적 제스처. 하나의 이름 속에 다소 무리하게 결합된 이

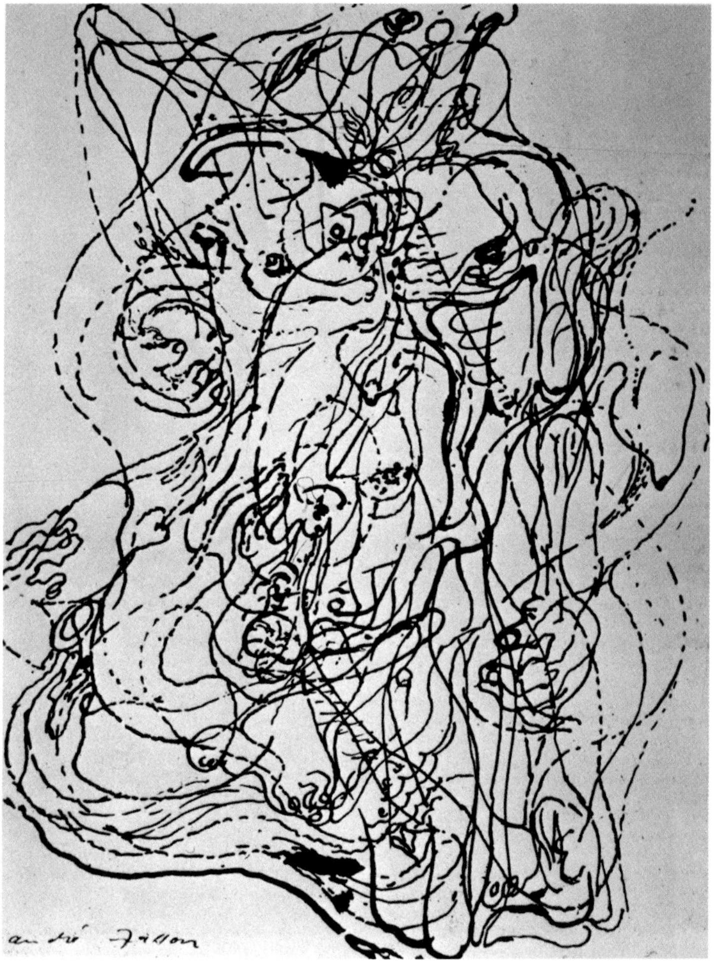

4

〈자동 드로잉〉 앙드레 마송, 1924년

두 개의 유산은 당연히 추상표현주의의 성격에 관해서도 대립되는 두 가지 해석을 낳는다. 즉 이 새로운 미국 회화의 본질은 추상인가, 아니면 표현인가? 거기서 중요한 것은 '작품(work)'인가, 아니면 '과정(process)'인가?

형식주의 비평

이 두 해석 중에서 그린버그는 전자를 대표한다. "추상미술의 역사적 정당성"을 주장한 기념비적 에세이(〈더 새로운 라오콘을 향하여〉, 1940)에서 그는 아방가르드 운동의 두 단계를 지적한다. 그 발전의 첫 단계에서 예술을 오염시키는 관념(subject)을 추방하고, 둘째 단계에서는 다른 장르에서 온 효과마저 배제함으로써 아방가르드 예술은 스스로 '순수'해진다. 여기서 '순수'해진다는 것은 예술이 자기 매체의 고유성으로 돌아간다는 뜻으로, 회화에서라면 화면에서 3차원 공간의 환영이 사라지는 것을 의미한다. 실제로 입체주의 이후 회화는,

> 그림 면 자체가 점점 더 얇아져, 깊이의 효과를 내는 가상의 면들이 실제 캔버스의 표면인 진짜 물질 면 위에서 만나 하나가 될 때까지 평면화되고 한데 압착된다.12

이것이 그 유명한 '평면성(flatness)' 원리다. 이 생각은 〈모더니즘 회화〉(1960)에서도 변함없이 계속된다. 이제 그는 레싱 대신 칸트에 의거하여 모더니티의 요체가 '자기비판'에 있다고 말한다. 자연을 탐구하기

전에 이성으로 이성의 한계부터 비판한 칸트처럼(《순수이성비판》), 회화 역시 자연의 묘사에 앞서 자신의 매체부터 탐구해야 한다. 공간예술인 조각과 달리 회화는 어디까지나 평면의 예술. 그리하여 모더니즘 회화는 "그림 표면의 불가피한 평면성"을 강조하는 가운데 "3차원 대상이 담길 수 있는 공간의 재현"을 단념한다는 것이다.

> 옛 거장들은 그 속으로 걸어 들어가는 것을 상상할 수 있는 공간의 환영을 창조했으나, 모더니스트가 창조한 환영은 관객이 바라볼 수만 있는, 즉 오직 눈으로만 여행할 수 있는 환영이다.13

그린버그가 '추상표현주의'라는 명칭을 못마땅하게 여긴 것은 이 때문이다. 그 말에는 새로운 미국의 화가들이 "러시아와 유대의 표현주의를 모범으로 삼아서 후기 입체주의 추상예술과 결별"14했다는 뜻이 암묵적으로 함축되어 있다는 것이다. 그린버그의 시각에 따르면, 새로운 미국의 화가들은 여전히 프랑스 회화, 특히 후기 입체주의의 노선을 이어가고 있다. 그리고 그 연장선 위에서 추상의 새로운 기원을 연 것이 바로 폴록이라는 것이다.

> 색채로 구성하지는 못한다 하더라도, 폴록은 명암의 대담한 대립에 대한 본능을 갖고 있다. 나아가 그는 캔버스의 직사각형을 결속하여 그 위로 분산된 몇 개의 이미지들을 하나로 집중시킴으로써 그것의 모호한 평면성과 꽤 분명한 형태를 하나의 전체 이미지로 주장하는 능력을 갖고 있다. 이 방향으로 더 깊이 나아감으로써 그는 후기 입체주의를 넘어

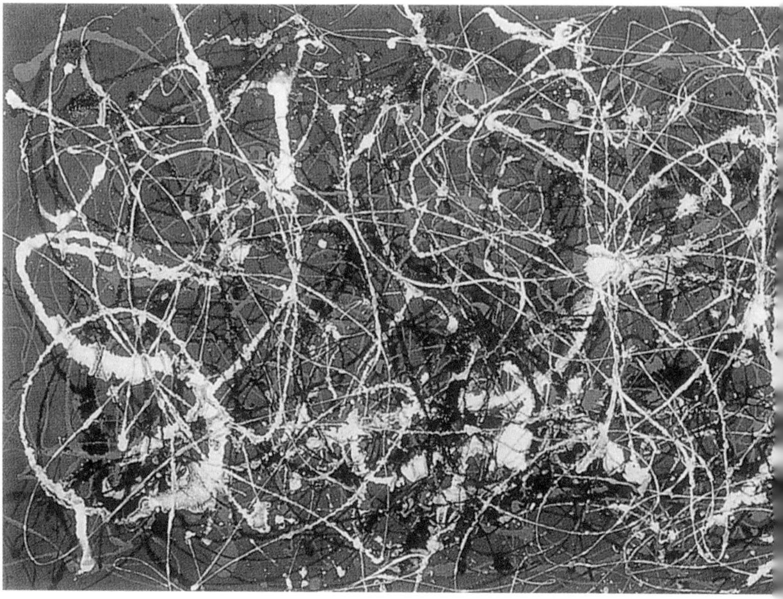

5
〈넘버 13A — 아라베스크〉 잭슨 폴록, 1948년

섰다.15

"후기 입체주의를 넘어섰다."는 것은 폴록에 이르러 추상이 새로운 차원에 도달했다는 뜻이다. 이를테면, 아무리 추상적이더라도 전전의 유럽 모더니즘에는 여전히 형태가 남아 있었다. 또한 그 형태는 화면 안에서 배경과 미적으로 적절한 관계를 맺고 있었다. 폴록의 작품은 어떤가? 거기에서는 선과 면의 구별, 형태와 배경의 대조, 화면 안과 밖의 구획이 무너진다. 형태마저 해체되어 요소들이 화면 전체에 균등히

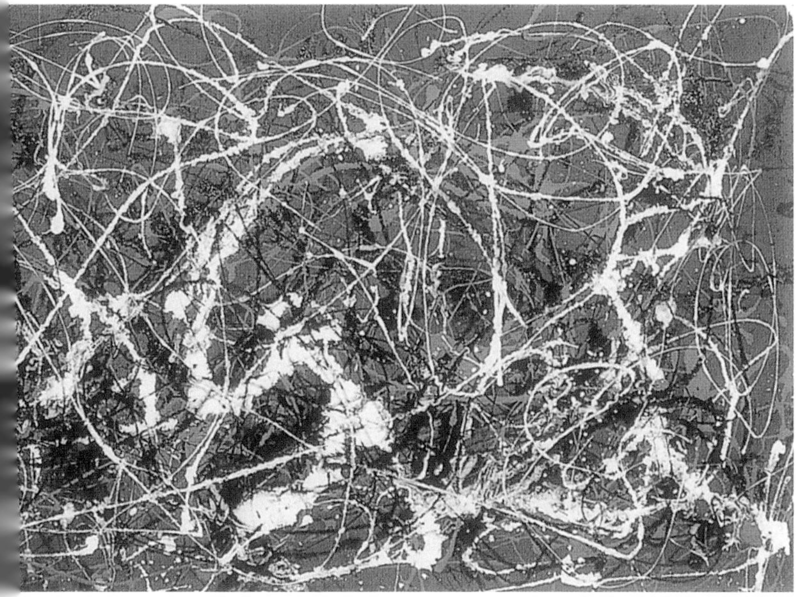

배분된다. 이 엔트로피의 화면, 그것이 폴록의 '올 오버 드립 페인팅(all over drip painting)'이다.[5]

'액션 페인팅'

평론가 해럴드 로젠버그(Harold Rosenberg, 1906~1978) 역시 '추상표현주의'라는 명칭을 좋아하지 않았다. 하지만 그린버그와는 정반대의 이유에서였다. 그는 외려 그 명칭에 '새로운 미국 회화가 입체주의적 추상의 연장'이라는 뜻이 담겨 있다고 보았다. 그가 보기에 이는 전후 미국 회화의 본질을 심각하게 왜곡하는 것이다. 새로운 미국 회화의 요체는 추상이 아니라 행위에 있으며, 거기서 중요한 것은 '작품(=결과)'이 아니라 '과정(=행동)'이기 때문이다. 그리하여 그는 이 새로운 흐름을 '액션 페인팅(action painting)'이라고 부를 것을 제안한다.

폴록의 '작품'만 보면 누구나 그린버그의 '평면성 원리'에 동의할 것이다. 하지만 폴록의 '과정'을 담은 나무스의 사진을 보면 직관적으로 로젠버그의 해석에 끌리게 된다. 그의 사진 중 몇몇은 붓에서 떨어져 나간 물감이 공간에 그리는 궤적까지 보여준다. 사실 폴록 자신도 회화를 어떤 '행동'이 이루어지는 장소("내가 그린 '안'에 있을 때"), 또는 어떤 사태가 벌어지는 '사건'("그것이 발생하게 내버려둔다")으로 묘사한 바 있다. 로젠버그가 가진 폴록의 상은 '캔버스라는 격투기장 안에서 재료와 싸우는 고독한 검투사'에 가깝다.

> 특정 시점에 미국의 예술가들에게는 캔버스가 행동을 하는 격투기장(arena)으로 보이기 시작했다. 그것은 더 이상 실재하는 것이든 상상된 것이든, 대상을 재현하고, 리디자인하고, 분석하고, '표현'하는 공간이 아니었다. 캔버스 위에 나타나야 할 것은 그림이 아니라 사건이다. 화가는 더 이상 심상을 미리 품고 이젤에 다가서지 않는다. 그는 손에 재료(물감—옮긴이)를 들고 제 앞에 선 또 다른 재료(캔버스—옮긴이)에 뭔가를 하기 위해 그것에 다가선다. 이미지는 이 우연한 만남의 결과로 나올 것이다.16

이런 해석은 물론 하이데거, 사르트르, 키르케고르 등 1950년대에 유럽에서 유행하던 실존주의의 영향을 받은 것이다. 거기에 따르면, 회화는 화가의 실존이 본질에 도달하려고 재료와 고투를 벌이는 투기장이다. 그 속에서 화폭에 물감을 바르는 고투를 통해 화가는 진정한 자신을 되찾는다. 회화의 본질이 제작(making)이 아니라 행위(doing)에 있다면, 그려진 그림 자체는 중요하지 않다. 물감 덮인 화면은 순전히 "개인적 제스처의 유아론적 기록", "사건의 무의미한 여파"로 잔존할 뿐이다.

로젠버그는 이렇게 그린버그의 '형식주의적(formalist)' 해석에 자신의 '실존주의적(existentialist)' 해석을 대립시킨다. 그린버그는 추상표현주의를 시각성의 조건으로 돌아가려는 '순수회화'로 보았다. 하지만 로젠버그가 보기에 새로운 미국 회화는 순수하지 않다. 거기에서 대상이 사라진 것은 물론 사실이나, 문제는 "대상을 지워버리는 …… 동기"다. 그가 보기에 추상표현주의가 대상을 지워버린 것은 그린버그가 생각하는 것과 전혀 다른 이유에서였다.

> 새로운 미국의 회화는 '순수한' 예술이 아니다. 거기서 대상이 배제된다면, 그것은 미학을 위해서가 아니기 때문이다. 공간과 색채의 완벽한 관계를 위한 여지를 주기 위해 탁자에서 사과가 사라진 게 아니다. 그것들은 그 어떤 것도 회화의 행위를 방해해서는 안 되기 때문에 사라져야 했다.17

결국 폴록은 고전적 의미의 '추상(abstraction)'이 아니라, 애초에 '비구상(non-objective)'을 추구했다는 얘기다. 게다가 추상표현주의는 순수하지도 않다. 주제(subject)를 갖고 있었기 때문이다. 이를테면, 캔버스라는 투기장 안에서 벌어지는 화가의 실존적 고투, 이 예술적 시시포스가 연출하는 사적 신화의 긴장—이것이 새로운 미국 회화의 주제이며, 또한 그것이 순수 형식으로서 예술보다 더 중요하다는 것이다. 이 대목에서 로젠버그는 거의 반(反)미학의 차원으로 비약한다.

> 재료를 가지고 하는 이 제스처 속에서 미학 역시 종속적인 위치로 떨어졌다. 형태, 색채, 구성, 소묘는 부차적인 것이다. 이 중 어느 것도 필수적인 것은 아니다. 아니, 아무것도 칠하지 않은 캔버스가 보여주듯이 그 모두가 없어도 된다. 중요한 것은 언제나 행위 속에 들어 있는 계시다. 최종적인 효과에서 이미지는—그 안에 뭐가 들어 있든 없든—'긴장(tension)'일 것이다.18

이는 당연히 그린버그의 반격을 받는다. 사실 로젠버그의 것은 회화적 관심이라기보다는 연극적 관심에 가깝다. 그는 추상표현주의를 '회화'에서 한 편의 '연극'으로 바꾸어놓았다. 이는 "다른 장르의 요소를 배제하고 제 매체의 고유성으로 돌아가라."는 그린버그의 모더니즘 강령에 정면으로 배치된다. 게다가 로젠버그의 입장은 반(反)형식주의를 넘어 아예 반(反)미학의 상태에 맞닿아 있다. 게다가 그가 강조하는 화가의 '행동'은 허구(=예술)가 아니라 차라리 현실(=삶)에 속한다. 거기서 비롯되는 난점을 그린버그가 놓칠 리 없다.

로젠버그 씨는 왜 자전적 의미밖에 갖지 못하는 그 '행위'의 잔여물이 작가들에 의해 전시되고, 타인들에 의해 감상되며, 심지어 구입되어야 하는지 설명하지 않았다. 또한 그 칠해진 표면, 즉 어떤 분야의 규준의 지배도 받지 않는 그 순수한 자기표현 행위의 부산물이 …… 임상적 자료의 수준을 넘는 그 어떤 것을 전달할 수 있는지 설명하지도 않았다. 또 로젠버그 씨는 '액션 페인팅'의 부산물 중 어느 하나가 왜 다른 것들보다 더 높이 평가되어야 하는지 설명하지도 않았다. 하긴, 그 부산물들과 그것들을 낳은 행위가 뚜렷이 그 어떤 사회 활동의 영역에도 속하지 않는데, 그것들이 어떻게 질적으로 구별될 수 있겠는가?19

이는 모더니즘의 교황이 로젠버그에게 보내는 파문장이나 다름없었다.

구상으로 회귀

1947~1950년의 전성기를 거친 후 1951~1952년 사이에, 폴록은 갑자기 초기의 흑백 구상으로 돌아간다.[6] 그린버그에게 이는 당혹스럽게 느껴졌을 것이다. 후에 그는 이렇게 술회했다.

그가 뒤로 물러날 차례를 맞이한 것은 1951년이었는데, 그때 폴록은 자신이 이젤 회화와 모종의 이동식 벽화 사이의 중간쯤에 끼어 있다는 것을 발견했던 것이다. 그리고 그 다음 해에 폴록은 예술적 성숙기에 도달한 이후 처음으로 자신에 대해 심각한 회의를 품게 되었다.20

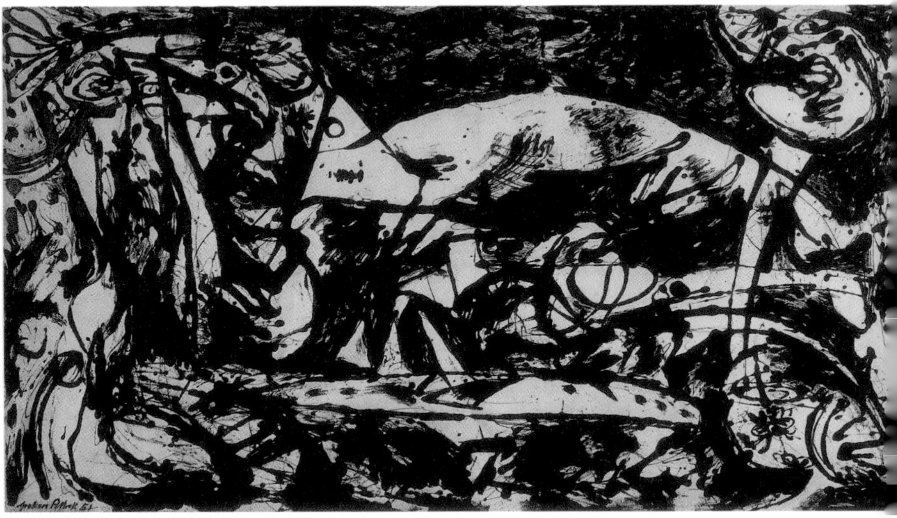

6

〈넘버 14〉 잭슨 폴록, 1951년

왜 구상으로 되돌아갔을까? 어떤 이들은 이 갑작스런 전회를 그 시절 폴록이 토니 스미스와 함께 맡았던 어느 교회의 인테리어 작업과 연관시킨다. 이 경우 그 흑백 형상은 '십자가 책형'과 같은 종교적 제재로 해석될 수 있을 것이다. 로잘린드 크라우스는 이 가능성을 일축한다. 저 흑백의 구상은 "갑작스런 도상학적 프로그램의 강림"이 아니다. 폴록의 작업은 처음부터 "구상/비구상의 이원적 대립 구도"를 가지고 "불특정한 형상을 올 오버 페인팅의 선형적 매트릭스 안에 침투"시키는 데 요체가 있었다는 것이다.[21]

평론가 T. J. 클라크(T. J. Clark, 1943~)는 폴록의 기획 자체에 내재된 모순을 지적한다. "폴록의 회화는 모순적이다. …… 한편으로 추상회화는 자신에게 자연을 무효화하고 사물세계와의 관계를 절연해야 할 과제를 지워야 한다. …… 하지만 회화는 자신이 가진 수단으로는 이것을 달성할 수 없음을 알게 된다. 자연은 그냥 사라지지 않는다. 그것은 그 새로운 글쓰기 위로 제 권리를 다시 주장한다."[22] 한마디로, 그림이 뭔가를 암시하지 못하도록 아무리 대상성을 지워버려도, 암시 효과는 끝없이 화면 위로 회귀할 수밖에 없다는 것이다. 물론 이는 폴록의 것만이 아니라 모든 '형식주의' 회화의 한계이리라.

하지만 크라우스에 따르면, 폴록에게 "형식주의적인 것은 아무것도 없다." 뉴먼이나 로스코 등 다른 추상표현주의자들처럼 폴록도 '주제'를 강조했다는 것이다. 주제가 없는 '그냥 추상'은 한갓 장식으로 전락하기 때문이다. 뉴먼의 말대로 "주제(subject matter)는 대상(object matter)이 아니다." 지시체가 없다고 주제가 없는 것은 아니다. 폴록은 "색 대(對) 선, 면 대 윤곽, 비물질 대 물질의 대립 구조"를 통해 작업을 했다. 그때 "선이 색이 되고, 윤곽이 면이 되고, 물질이 빛이 되면서 잠정적으로 이루어지는 대립물의 통일"23이 나타나는데, 그것이 바로 폴록의 주제라는 것이다.

상징에서 지표로

클라크는 폴록의 작업이 "회화를 일종의 글쓰기로 만들어 우리가 전에 읽어보지 못한 문서를 쓰는 것"이라고 본다. 그것의 기호학적 특성을 상징(symbol)으로 간주하는 셈이다. 반면, 크라우스는 폴록의 작품을 상징이 아니라 지표(index)로 간주한다. 그녀는 지표로서 폴록의 흔적을 "수직에 대한 수평의 저항"으로 해석한다. 폴록은 작품에 못이나 꽁초, 버튼, 모래 등 쓰레기를 집어넣곤 했는데, 이 지저분한 재료의 물질성이 "형상(Gestalt)의 형성에 저항"하면서 그의 작품을 '무정형(formless)'으로 만들어준다는 것이다.

> 지표로서 폴록의 흔적은 그것이 수직에 대한 수평의 저항을 계속해왔음을 의미하며, 이 증거의 물질적 조건—자명하게 수평적인 흔적의 끈적끈적하고 반들반들하고 덕지덕지 붙은 너저분함—이야말로 형상의 형성에 저항하며 작품의 조건을 '무정형'으로 보장해준다는 것을 의미했다.24

폴록의 작업에서 그녀는 형상에서 물질로 회귀하려는 죽음의 충동을 읽는다. 문명은 수직을 지향하나, 자연은 수평을 지향한다. 바닥에 깔린 화포 위를 어슬렁거리는 폴록의 모습은 마치 땅에 코를 박고 돌아다니는 짐승의 모습을 연상시킨다. 이 해석은 폴록을 은연중에 무정형한 물질의 취향을 가진 혐오예술(abject art)의 선구로 만들어버린다.

하지만 이는 과잉 해석으로 보인다. 클라크에 따르면, 수직에서 수평으로 돌아가는 것은 결코 폴록의 의도가 아니었다. 폴록은 자신의 작품이 벽에 수직으로 걸린 상태로 감상되기를 원했기 때문이다. 폴록 자신도 "왜 수평으로 그리느냐?"는 질문에 "동양의 화가들은 예로부터 그림을 바닥에 눕혀놓고 수평으로 그려왔다."고 대수롭지 않게 대답하곤 했다.

폴록 그 이후

평생 우울증과 알코올의존증으로 시달리던 폴록은 1956년 8월 차량 전복사고로 비극적 죽음을 맞는다. 그는 죽었지만, 그와 더불어 미국의 미술은 유럽의 영향에서 벗어나 전 세계를 주도하는 국제적 양식이 될 수 있었다. 동시에 그의 작품은 미국 내에서 수많은 이론적 논쟁의 원천이자 수많은 미술운동의 영감이 되었다. 한마디로, 전후 미국 미술사는 폴록의 유산을 각자 제 나름대로 전유하는 과정이었다고 할 수 있을 것이다.

앨런 카프로(Allan Kaprow, 1927~2006)는 〈잭슨 폴록의 유산〉(1958)이라는 글에서 폴록의 죽음 이후에 "두 개의 대안"이 남아 있다고 지적한다. 하나는 폴록의 작업을 계속하는 것이다. 폴록의 미학을 폐기하거나 더 발전시키지 않고 그저 변형하는 것만으로도 꽤 괜찮은 '근사작'

들이 만들어질 수 있을 것이다. 물론 이 길을 택할 수는 없다.

> 다른 하나는 회화의 제작을 전적으로 중단하는 것이다. 폴록이 거기에 상당히 근접했음은 앞에서 살펴본 바 있다. …… 다른 감각들을 그려서 암시하는 데 만족하지 않고, 우리는 시각, 청각, 운동, 사람, 향기, 촉각의 특정한 물질을 사용할 것이다. …… 젊은 작가들은 더 이상 '나는 화가'라거나 '나는 시인'이라거나 '나는 무용수'라고 말하지 않을 것이다. 그들은 그저 '예술가'일 뿐이다.25

이로써 폴록의 표현적 제스처는 '해프닝(happening)'이라는 행위예술의 선구가 된다. 오늘날 '퍼포먼스'라는 이름으로 화가들이 마치 배우처럼 무대 위에서 연기를 하게 된 것은 이 때문이다. 퍼포먼스는 작품을 남기지 않는다. 그저 어떤 '사건'이 그때, 그 자리에서 발생했다는 기록만 남길 뿐이다. 앨런 카프로의 해석은 물론 폴록의 작업을 '액션 페인팅'이라고 부른 로젠버그의 해석의 연장선 위에 있는 것이다.

다른 이들은 그린버그의 해석을 따라 폴록의 작품에서 회화의 환영주의에 대항하는 고투를 보았다. T. J. 클라크처럼 그들 역시 폴록의 작품이 아무리 추상적이더라도 그것이 벽에 작품으로 걸리는 한 그리로 환영이 되돌아올 수밖에 없다고 느꼈다. 작품이 환영을 불러일으키지 않으려면, 작품은 스스로 사물이 되어야 한다. 여기서 미니멀리즘(minimalism)이 탄생한다. (실제로 폴록도 자신의 작품을 '사물'이라고 부른 바 있다.) 로버트 모리스(Robert Morris, 1931~2018)는 이렇게 말한다.

> 폴록이 과정을 회복시킨 데에는 재료와 만드는 도구 모두의 역할에 대한 깊은 재고(再考)가 담겨 있다. 물감을 떨어뜨리는 막대기는 유체성이라는 물감의 본성을 승인하는 도구다. 다른 도구처럼 그것 역시 여전히 재료(material)를 통제하고 변형한다. 하지만 붓과 달리 그것은 재료에 훨씬 더 많이 공감한다. 왜냐하면 그것은 그 재료에 내재된 경향과 속성을 승인하기 때문이다.26

이를 강변이라도 하듯이, 모리스는 자신의 유명한 작품에서 펠트(felt)에 칼집을 낸 후 벽에 걸어 중력의 힘으로 늘어지게 했다. 폴록은 중력을 이용해 형을 해체했다. 조형(造形)은 수직의 움직임이나, 폴록은 물감을 중력에 내맡김으로써 '수평적 반(反)형태'를 지향했다. 이렇게 형태를 물질로 돌릴 때, 물질 그 자체가 자신을 직접적으로 드러낸다. 그리고 회화는 사물이 되기 시작한다.

2 앵포르멜

무정형한 물질의 충동

포르멜은 추상표현주의에 대한 유럽의 카운터 파트였다. 형 자체를 해체한다는 점에서 앵포르멜 역시 전의 추상에 비해 더 높은 수준에 도달했다고 할 수 있다. 전통적 타블로에 머물러 프레임 자체를 폐기하려 경향은 드러내지 않지만, 재료 자체의 물질성으로 돌아간다는 점에서 그것은 미국의 추상표현주의보다 급진적 해체를 실천한다. 물론 앵포르멜이 재료로 돌아간 것은 해체 그 자체를 위해서가 아니라, 조형의 점으로 돌아가 물질에 잠재된 형상적 가능성을 발굴하기 위해서였다. 그런 의미에서 앵포르멜은 바타유가 하는 탈승화의 충동이 아니라, 또 다른 승화의 형식이었다.

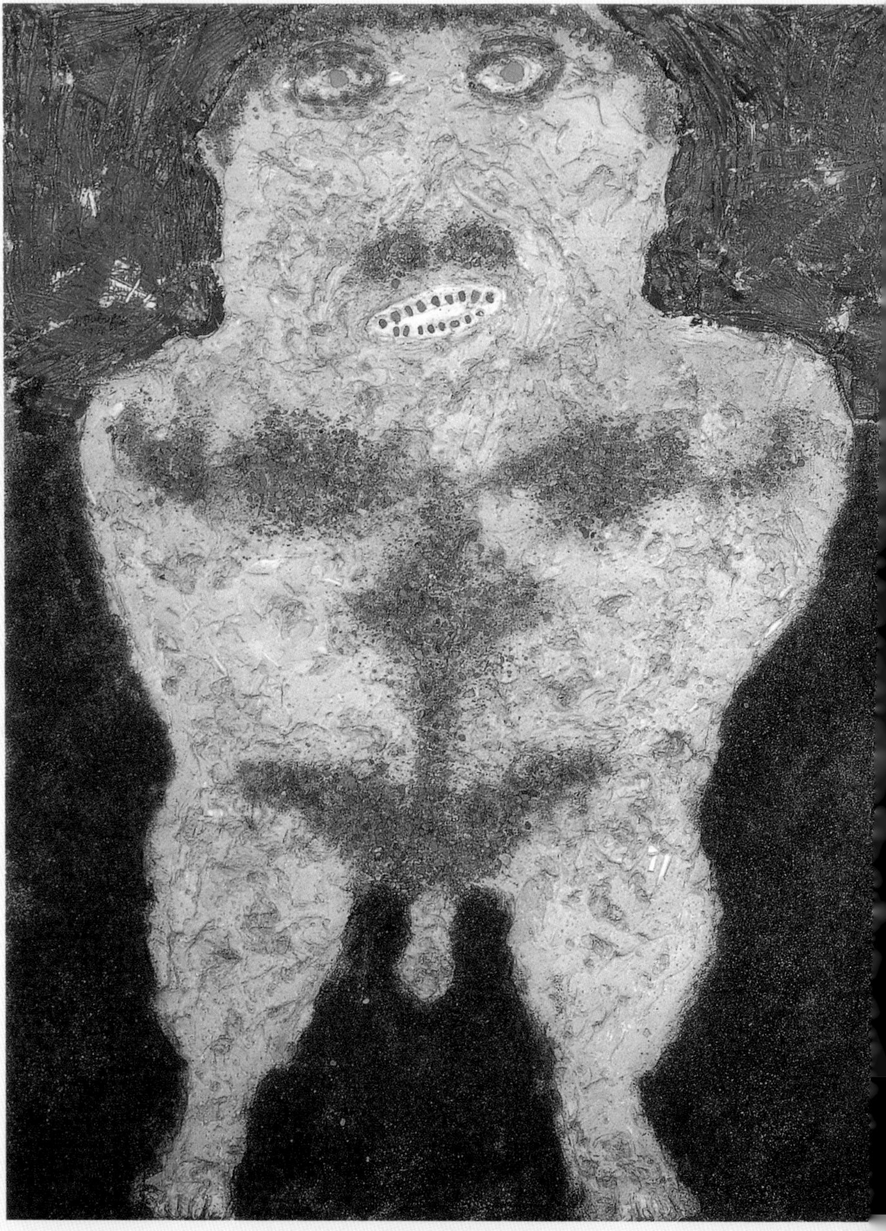

1

〈권력 의지〉 장 뒤뷔페, 1946년

폴록이 미국에서 격렬한 표현적 제스처로 형(形) 자체를 붕괴시키고 있을 때, 유럽에서는 '앵포르멜(informel)'이라는 흐름이 미국 추상표현주의의 카운터파트 역할을 하고 있었다. 형태에 대한 공격, 물질성에 대한 관심, 즉흥적 화법, 표현적 제스처 등은 전전의 기하학적 추상과는 분명히 구별되는 전후 표현적 추상의 특징을 보여준다. 흥미로운 것은 이 두 흐름이 서로 상대의 존재를 알지 못하는 가운데 대서양의 양안에서 동시에 발생했다는 점이다. 이것이 그저 우연의 일치는 아닐 것이다. 전후 추상의 이 두 흐름은 전전의 모더니즘 기획이 더 이상 유효하지 않다는 공통된 인식의 산물로 보인다.

점령의 트라우마

흥미로운 것은 폴록과 장 뒤뷔페(Jean Philippe Arthur Dubuffet, 1901~1985)[1]를 비교한 그린버그의 전시회 리뷰다. 그는 '표면의 평면성(flatness)'과 화면의 '균등성(all over)'이라는 면에서 두 화가가 같은 방향을 지향한다고 본다. 하지만 그의 눈에는 뒤뷔페가 폴록만큼 급진적으로 보이지는 않았던 모양이다. 사실 뒤뷔페는 완전히 구상을 떠나지도 않았고, 여전히 '이젤'이라는 가상의 프레임을 고수했기 때문이다.

나는 폴록이 궁극적으로 할 말이 더 많으며 근본적으로 …… 더 독창적이라고 느낀다. …… 그는 미국인이라서 더 거칠고 더 과격하나, 동시에 더 완벽하다. 어찌 되었든 그는 뒤뷔페보다 덜 보수적이며, 전통적 의미에서 덜 이젤 화가다. 뒤뷔페의 가장 중요한 역사적 성취는 결국 피카소

이후 세대의 화가들을 위해 이젤화를 보존했다는 데 있기 때문이다. 폴록은 이젤화, 즉 운반 가능한 액자화를 넘어 벽화를 지시한다.[1]

이는 물론 형식주의적 오독 내지 편견이다. 미국에서는 정치적 관심에서 벗어나 순수추상을 지향하는 것이 곧 정치적 아방가르드였다.[2] 하지만 프랑스의 앵포르멜은 그와는 전혀 다른 사회적, 정치적 맥락을 갖고 있었다. 프랑스 사회는 종전 후 나치 점령의 상처부터 처리해야 했다. 점령군에 항거한 프랑스는 그 잔인한 탄압의 기억에 고통스러워했고, 점령군에 협조한 프랑스는 그 부끄러운 부역의 기억에 수치스러워했다. 앵포르멜 운동은 이 이중의 역사적 외상에 대한 일종의 심리적 방어로 등장한 것이다. 그린버그의 형식주의적 시각은 앵포르멜 운동이 지닌 이 정치적, 미학적 함의를 제대로 설명하지 못한다.

나치 유산의 '청산(épuration)' 과정에서 떠오른 것은 점령의 조건 하에서 개인의 '실존'에 관한 물음이었다. 프랑스의 지성계는 그 대답을 사르트르의 '실존주의'에서 찾았고, 나아가 앵포르멜에서 그것의 예술적 표현을 보았다. 실제로 포트리에의 작업은 그 자체가 점령군에 의한 고문과 학살이라는 실존적 극한상황의 산물이었다. 수용소 체험을 한 볼스 역시 당시에 "형이상학적 위기를 겪고 존재의 우연성을 증명하려 한 전형적인 실존주의자"[3]로 통했다. 뒤뷔페의 회화와 프랑스 실존주의의 염세적 태도 사이에도 친화성이 존재한다. 다만 그린버그에 따르면, 뒤뷔페의 염세주의는 전쟁이나 비시 정권과 별 관계없이 형성되었다고 한다.[4]

회화의 전환

종전 후 파리의 회화에 새로운 방향을 지시한 것은 르네 드루앵의 화랑에서 열린 장 포트리에(Jean Fautrier, 1898~1964)의 '인질(人質)' 전[2,3](1945)이었다. 포트리에는 독일군의 점령 기간 동안 레지스탕스에 가담한 혐의로 잠시 게슈타포에 체포되었다가 풀려난 후 파리 외곽의 요양원에 숨어 지내던 중, 밤마다 근처의 숲에서 들려오는 처형과 고문의 소리를 듣는다. 전시된 작품들은 "그 소리에 병적으로 영감을 받은" 일련의 두상과 토르소들로 이루어져 있었다. 인간의 신체가 파우더와 같은 물질로 분해되는 모습은 심지어 "변태적으로 에로틱한 효과"를 내기도 한다.[4] 여기서 회화는 "거친 물질성과 무정형의 미학"으로 나아간다.5

같은 화랑에서 한 달 후 독일의 작가 볼스(Alfred Otto Wolfgang Schulze, 1913~1951)[5]의 전시회가 열린다. 볼스는 프랑스가 독일에 선전포고를 한 직후 적성국민으로 분류되어 강제수용소에 수용되나, 1940년 그곳을 탈출하여 마르세유 근처에 숨어 드로잉과 수채화를 그리며 지낸다. 이 시기에 제작된 그의 작품들은 초현실적 분위기 속에서 이미 무정형에 대한 취향을 드러낸다. 그 후 볼스는 화랑의 주인인 르네 드루앵의 권유에 따라 유화를 그리기 시작한다. 1947년 드루앵의 화랑에 전시된 40점의 유화 작품들은 드리핑, 스크래칭 등 전형적인 '앵포르멜'의 특징을 본격적으로 드러내기 시작한다.

'형태'를 허물고 '물질'을 부각시키는 것이 당시로서는 도발이었던 모양이다. 1946년, 같은 화랑에서 열린 뒤뷔페의 전시회는 1905년의

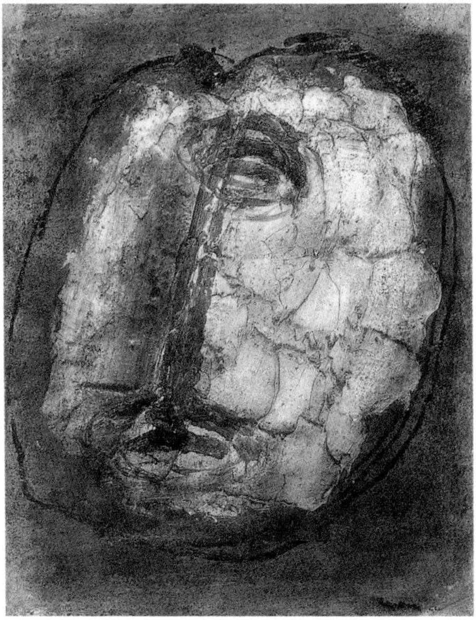

2
〈인질의 머리 14번〉 장 포트리에, 1944년

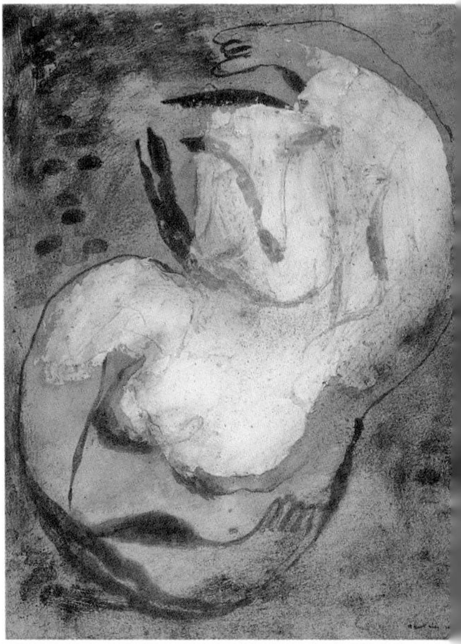

3
〈어여쁜 소녀〉 장 포트리에, 1944년

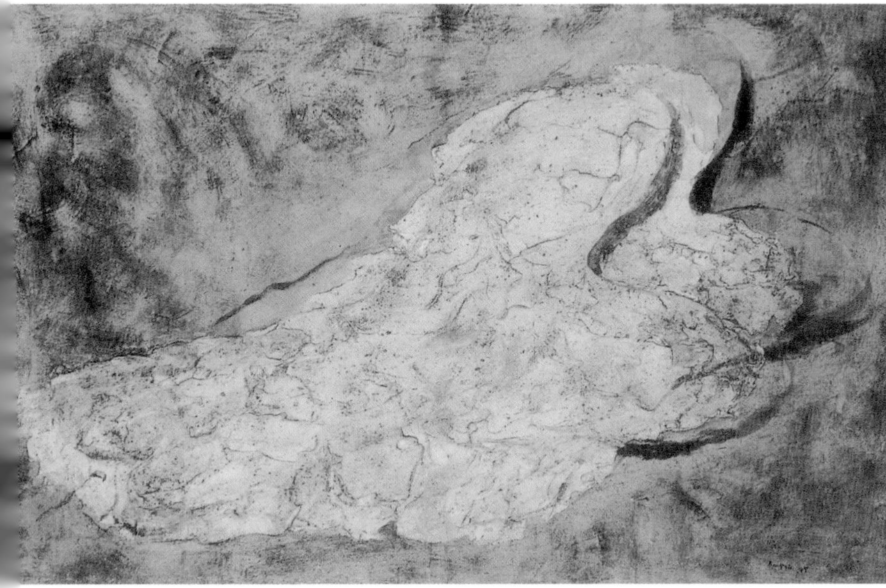

4

〈유대인 여인〉 장 포트리에, 1943년

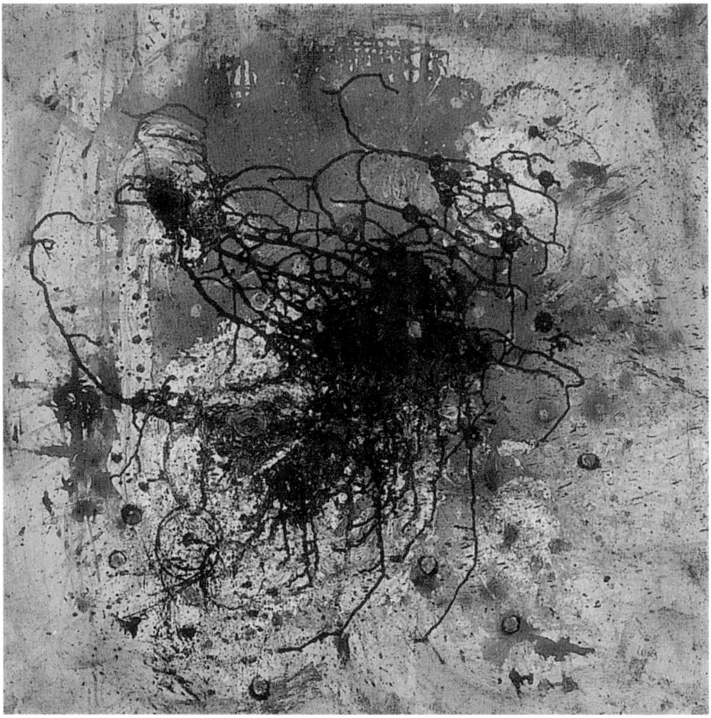

5
〈도시를 뒤덮다〉 볼스, 1947년

야수주의 스캔들에 버금가는 센세이션을 일으켰다. 비평가 앙리 장송(Henri Jeanson, 1900~1970)은 전시회를 보고 어느 잡지에 이렇게 썼다. "다다이즘 다음은 카카이즘이다."6 화면에 두껍게 발라진 물감 층의 물질적 느낌이 그에게 '대변(caca)'을 연상시킨 모양이다. 이듬해에 뉴욕에서 열린 뒤뷔페의 첫 전시회의 반응도 이와 다르지 않았다. 〈라이프〉지(誌)에는 이런 제목의 기사가 실렸다. "예술의 죽음. 어느 프랑스인의 진흙-잡석 회화가 모더니즘을 농담으로 만들다."7

세 화가에게서 공통적으로 나타나는 것은 형태를 해체하고 물질로 돌아가려는 충동이다. 물론 그 충동에는 사회적 배경이 있을 것이다. 이를테면, 2차 세계대전은 그동안 유럽의 문명이 힘겹게 쌓아올린 모든 가치를 일거에 무너뜨렸다. 모던의 기획에 대한 환멸, 문명의 위선에 대한 반발은 자연스레 '문명의 이전', '이성의 타자', '형태의 이전'에 대한 취향으로 이어진다. 이 무정형의 취향에서 앵포르멜을 규정하는 또 하나의 이론이 소환된다. 바로 바타유의 '기저 유물론(base materialism)'이다. 앵포르멜 운동의 본질은 어쩌면 '실존주의적' 내용과 '기저 유물론'의 형식이 작품 속에서 만나는 양상을 통해 설명될 수 있을지도 모른다.

형태에서 물질로

'앵포르멜'과 결부되어 사용되는 몇 가지 명칭들이 있다. 그중 하나는 뒤뷔페가 만들어낸 것이다. 널리 알려진 것처럼, 뒤뷔페는 정신병자나 어린아이들의 그림에 관심이 많았다. 그는 이들의 예술을, 날것 그대로의 거친 예술이라는 뜻에서 '아르 브뤼(Art brut)'라고 불렀다. 뒤뷔페 작품이 종종 숙련이나 솜씨가 없는 아마추어의 그림처럼 보이는 것은, 그 역시 어린아이나 정신병자들의 것처럼 "순수하고, 기본적이며, 창작자 자신의 충동에만 이끌리는 예술"을 지향했기 때문이다. 1949년 뒤뷔페는 드루앵의 화랑에서 아르 브뤼트 전시회를 개최한다.

> 우리 전시회의 많은 작품들(거의 절반)은 정신병원에 수용된 이들의 작품이다. 우리는 그들을 차별할 이유를 보지 못했다. 우리의 친구들과 가졌던 수많은 접촉을 통해 우리는 예술 창작의 메커니즘이 그들과 이른바 정상적인 사람들이 동일하다고 확신하게 되었다. 정상과 비정상의 구별을 우리는 믿지 않는다. 누가 정상인가? 당신이 말하는 정상인은 어디에 있는가? 그를 우리에게 보여달라. 극도의 긴장을 함축하고 고도의 열정을 수반하는 예술 활동이 어디 정상이라고 할 수 있는 것인가?[8]

'아르 브뤼트'로 규정할 경우, 뒤뷔페의 작품은 표현주의나 초현실주의의 전통에 귀속될 것이다. 한편 뒤뷔페나 볼스와 비슷한 경향의 작품을 가리키는 데 '타시즘(tachisme)'이라는 이름이 사용되기도 한다. 이는 얼룩을 의미하는 '타시(tache)'에서 유래한 이름으로, 두꺼운 물감을 덕지덕지 발라 만든 얼룩과 같은 작품이라는 뜻을 담고 있다. 이 명칭은 대개 전후 프랑스의 추상을 미국의 추상표현주의와 비교하는 맥락에서 사용된다. '타시즘'으로 규정될 경우, 그들의 작품은 무엇보다도 일종의 지표로, 말하자면 폴록의 작품처럼 예술가의 손이 지나간 '흔적' 혹은 '자국'으로 간주될 것이다.

미셸 타피에(Michel Tapié, 1909~1987)는 이 새로운 흐름을 '반(反)예술'이 아니라는 의미에서 '다른 예술(un art autre)'이라고 불렀다. 하지만 그 명칭은 전전의 초현실주의, 폴록의 추상표현주의, 뒤뷔페의 아르 브뤼트를 포괄하는 것이어서[9] 변별성이 떨어진다. 적절한 것은 그가 붙인 '앵포르멜(informel)'이라는 명칭이리라. 이 이름에는 형(form)을 부정한다는(in) 뜻이 담겨 있다. 포트리에, 볼스, 뒤뷔페의 화면은 거의 흙손으로 시멘트를 바른 벽면 같은 느낌을 준다. 여기서 안료는 '시각적 환영'보다는 '촉각적 질감'의 효과를 낸다. 이 무정형의 충동이야말로 이들의 작품을 초현실주의는 물론이고, 추상표현주의와도 적절히 구별시켜줄 것이다.

물질의 시학

형태가 무너져 물질로 돌아갈 때 시각 대신 다른 감각이 전면에 나서게 된다. 뒤뷔페는 언젠가 친구에게 이렇게 썼다. "나는 가재에 매료되었어. 너무 좋아. 고마워. 그건 풍부한 음식이야. 거의 과도하게 풍부해. 너무 풍부해. 종종 릴리한테 그녀의 요리가 너무 풍부하다고 말하곤 해. 크림, 버터 등등. 나는 풀이 더 좋아. 아니면 흙이. 그게 나한테 훨씬 더 호화로운 것 같아. 흙을 먹는다면 성찬이 되겠지."[10] 여기서 비릿한 냄새와 느끼한 맛, 날 재료의 질감에 대한 그의 취향을 엿볼 수 있다. 원초적 재료들(matieres primaires)에 대한 취향은 음식에 국한된 것이 아니다. 언젠가 그는 이런 희망을 표명했다.

쇠똥을 사용하면 아주 좋을 것이다. 사하라 지역에서 아랍인들은 뭔가 접합해야 할 것이 있거나 메울 구멍이 있을 경우, 염소 똥에 약간의 모래를 섞어 만든 반죽을 사용한다. 그것이 나를 크게 감동시키는 재료이며, 언젠가 내가 사용하게 되길 고대해 마지않는 재료다.11

뒤뷔페의 작품을 가리켜 '카카이즘'이라고 부른 앙리 장송의 말은 나름 예리한 지적이었던 셈이다. 뒤뷔페의 독특한 재료-물질에 대한 취향은 '앵포르멜'이라는 말 속에 함축된 반(反)형태의 충동과 관련이 있다. '재료'와 '대변' 사이에는 특정한 형태를 가진 '요리'가 존재할 것이다. 재료는 아직 요리라는 이름의 형태를 만들기 이전의 상태이고, 대변은 소화의 과정에서 요리의 형태가 완전히 무너진 이후의 상태다.

"염소 똥에 약간의 모래를 섞어 만든 반죽"은 그가 즐겨 사용하던 재료를 닮았다. 포트리에에 영감을 받아 그는 1945년부터 물감에 타르, 아스팔트, 시멘트, 석고, 바니시, 모래, 자갈, 풀이나 밀짚을 섞기 시작한다.[6] '오트 파트(hautes pates)', 즉 '두꺼운 반죽'으로 범벅이 된 화면은 거의 부조에 가까워진다. 1953년 그는 〈파트 바튀(pates battues)〉 연작을 시작한다. '난타 당한 반죽'이라는 뜻으로, 바탕을 미리 어두운 색으로 두껍게 발라놓고, 그 위로 재빨리 흰색에 가까운 반죽을 불균등하게 덧칠한 후, 물감 개는 나이프로 낙서를 하듯이 난자를 하여 바탕의 어두운 색들이 드러나게 하는 기법이다.

나는 이 회화들 속에서 내게 그토록 날카로운 만족감을 준 것이 무엇인지 제대로 설명할 수가 없다. 아마도 그것은 손바닥만 한 주걱으로 이

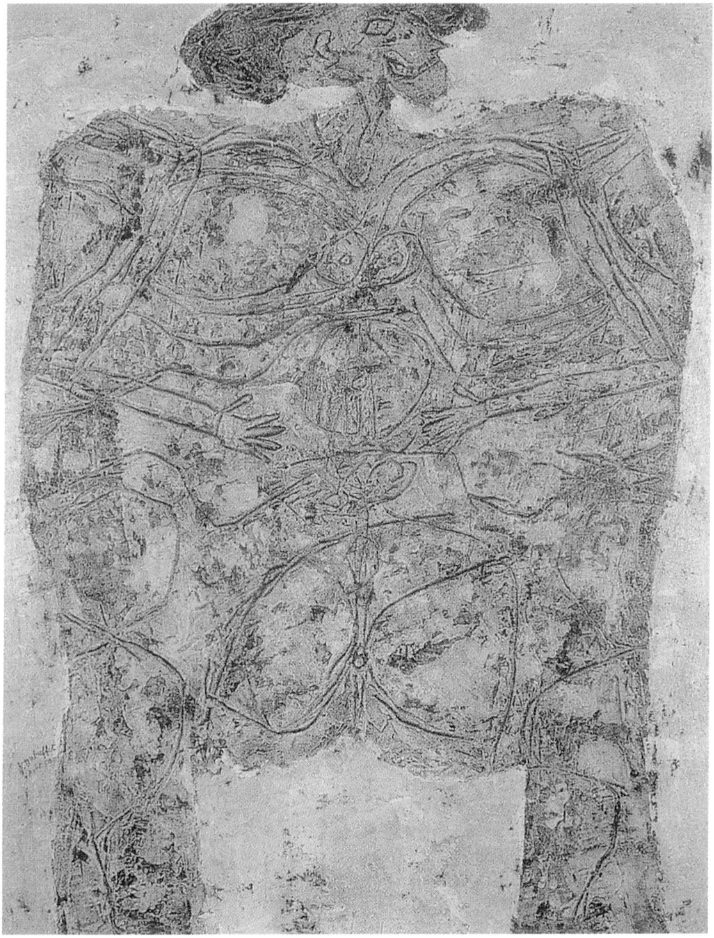

6

〈메타피직스〉 장 뒤뷔페, 1950년

아름다운 반죽을 자유롭게 펼치고, 이어서 긴 칼로 부드러운 반죽 위를 돌아다니며 가볍게 낭랑한 색채들의 낙서를 남기는 데서 오는 육체적 쾌감과 관련이 있을 것이다.12

뒤뷔페가 느낀 '날카로운 만족감'은 자유롭게 그림을 그려 나가는 자유의 '육체적 쾌감'에서 나온다. 뒤뷔페는 종종 작품에 질감학(texturology)이나 재료학(materiology)이라는 제목을 사용하곤 했다. 이는 아직 형태를 갖추지 않은 재료 상태에 대한 그의 취향을 보여준다. "나는 거칠고 덜 된 것에서 만족감을 얻는다."13

기저 유물론

아기들은 온통 진흙으로 뒤범벅이 된 채 놀이를 한다. 잉크나 물감, 혹은 자신의 대변으로 방 안을 온통 난장판으로 만들어놓기도 한다. 그 통제 받지 않은 행동은 아이에게 커다란 만족감을 줄 것이나, 어른들은 당장 그 행위를 제지하고 나선다. 문명은 이 '금기'에서 시작된다. 뒤뷔페가 '아르 브뤼트'에 관심을 가졌던 것은 정신병자나 어린아이들의 예술에 문명 이전의 원초성이 남아 있다고 보았기 때문이리라. '금지된 것과 허용된 것' 혹은 '고상한 것과 저급한 것'의 구별. 뒤뷔페의 작품에는 이 구별 이전으로 돌아가려는 '퇴행'의 충동이 존재한다. 여기서 주목해야 할 것이 바타유의 '기저 유물론'이다.

대부분의 유물론들은, 비록 그것들이 영적 실체를 없애기를 바랐더라도, 종국에는 사물의 질서를 세우고 말았다. 그 질서의 위계적 관계가 그것을 결국 관념론적인 것으로 만들어버린다.[14]

이 위계를 없애기 위해 바타유는 기저 물질(base material)에 주목한다. 앵포르멜의 화면에서 우리는 위계 없는 이 기저 물질로 돌아가려는 충동을 볼 수 있다. 우리는 흔히 사물을 형태(form)와 재료(matter)로 나누곤 한다. 이런 식의 추상을 통해 우리는 형태의 극점에서 신(정신, 이데아, 로고스)이라는 관념에, 재료의 극점에서 물질이라는 관념에 도달한다. 둘의 위계 속에서 물질은 종속적인 위치를 차지하며 뭔가 비천한 것으로 여겨진다. 아이가 대변을 만지는 것을 제지하는 데서 문명과 자연이 갈라지듯이, 허용과 금지, 형태와 재료, 정신과 물질, 고급과 저급을 가르는 것이 문명의 출발점이었을 것이다.

하지만 사물을 통째로 볼 경우에 이런 구별은 매우 "자의적이고 이해 불가능한" 것이다. 바타유는 이 자의적 구별들을 없애고, 그 구별로 세워진 위계들을 무너뜨리고 원래 하나였던 물질의 상태로 돌아가자고 주장한다. 여기서 바타유가 말하는 물질은 "어떤 우월한 원리의 강등", 말하자면 정신에 비해 비천하다는 그 물질이 아니다. 바타유는 처음부터 물질을 "저 자신의 영원한 자율적 존재를 갖는 능동적 원리"로 본다.[15] 즉 물질은 정신으로부터 형태를 빌려 입는 소극적 존재가 아니라, 그 자체가 형태를 산출한 가능성을 내재한 적극적인 힘이다. 앵포르멜의 화면에서 우리는 바로 이 창조적 힘으로서 '물질'을 본다.

거름자리 위의 꽃잎

앵포르멜의 또 다른 대표자 포트리에는 바타유를 읽었고, 그와 친교하며 공동으로 작업을 하기도 했다. 그의 〈인질〉 연작은 독일군이 파리의 민간인들을 고문하고 처형하는 소리를 듣는 청각적 공포를 담은 것이다. 그의 작품에는 형을 알아볼 수 없을 정도로 으깨져 물질의 상태로 돌아간 역겨운 신체가 있다. 하지만 그 신체는 피를 연상시키는 잔혹한 색이 아니라, 분홍색이나 자주색 등 키치에서나 볼 법한 촌스럽게 예쁜 색으로 장식되어 있다. 앙드레 말로는 〈인질〉 연작이 후기로 갈수록 점점 유미화하는 경향을 지적하며 당혹감을 드러낸다. "이 핑크색과 부드러운 녹색이 우리를 성가시게 하지 않는가?"16 시인 프랑시스 퐁주는 이렇게 말한다.

> 에스파냐 순교자들의 비명은 피카소의 작품 〈게르니카〉를 통해 조형적으로 표현되었다. 8년 후에 〈인질〉 연작이 등장했다. 기록 속에서 하나로 결합된 공포와 아름다움.17

'공포와 환희의 결합'은 바타유가 평생 간직했다는 사진을 연상시킨다. 그 사진 속의 중국 사내는 수백 조각으로 살을 베어내는 형을 받으면서도 황홀한 표정을 짓고 있다. 평론가들을 당혹시킨 그 모순, 즉 반죽의 거친 질감과 매혹적인 색채의 대립은 이렇게 설명할 수 있지 않을까? 퐁주에 따르면, "바타유는 마르키 드 사드가 가장 아름다운 장미꽃을 가져오게 한 다음 그 꽃잎을 떼어내어 거름으로 가득 찬 도랑에 던

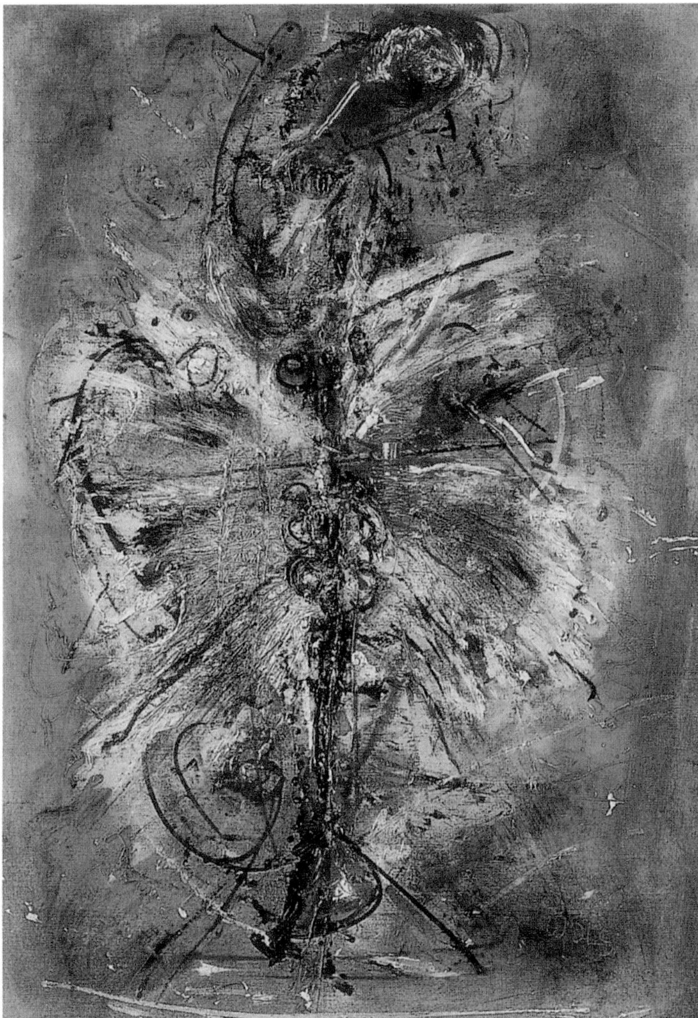

7
〈새〉 볼스, 1949년

져버리는 장면을 떠올린 적이 있었다."18 이 판타지 속에서 가장 아름다운 장미꽃과 똥 거름자리는 하나의 물질이 된다. 높은 것과 낮은 것의 구별도 무너진다. 여기서 포트리에는 '기저 유물론'에 합류한다.

이는 볼스의 경우에도 마찬가지다. 그의 작품 〈새〉[7]는 어떻게 보면 고상한 꽃처럼 보이고, 어떻게 보면 저속한 음부처럼 보인다. 우연의 일치일까? 〈꽃들의 언어〉라는 에세이에서 바타유는 꽃이 고상하다는 관념에 도전한다. 화려한 화관 아래에는 더러운 꽃가루의 흔적과 악마처럼 우아한 수술이 있다. 꽃은 그 아름다운 자태로 우리를 유혹하여 자신이 결국 '털이 난 성기'라는 사실을 잊게 만든다는 것이다.

> 가장 아름다운 꽃도 가운데에는 털이 난 성기 때문에 보기 흉하다. 그리하여 장미의 내면은 외면의 아름다움에 조응하지 않는다. 꽃부리의 꽃잎들을 떼어내면 지저분한 다발만이 남는다.19

형태를 향하여

물론 바타유도 앵포르멜을 온전히 설명할 수 있는 것은 아니다. 사실 '앵포르멜'에는 이제까지 얘기했던 것과는 정반대의 의미도 담겨 있다. 즉 '형태(form)를 집어넣는다(in)'는 뜻이다. 앵포르멜 운동이 바타유가 강조하는 '죽음 충동'의 산물이었다면, 형태 없는 물질은 그 운동의 '종착지'일 게다. 반면 앵포르멜이 그저 새로 출발하기 위해 무전제의 상태로 되돌아가는 것에 불과하다면, 형태 없는 물질은 새로운 조형의 '출발점'일 것이다. 뒤뷔페는 결코 무정형을 목표로 삼지 않았다. 그는 "무정형에서 출발하여" 늘 이미지에서 멈추었다. 작품의 물질성을 강조하는 순간에도 그는 결코 물질 자체에 주목하라고 말하지 않았다. 그가 무정형을 도입한 데에는 다른 이유가 있다.

> 내가 사물을 초보적이고 불확실한 방식으로 재현하는 데 집착하는 것은 그림을 바라보는 이의 상상력이 더 강력하게 기능하게 만들기 위해서다.20

형은 사라지지 않는다. 그것은 보는 이의 상상 속에서 외려 더 강력하게 살아난다. 이는 앵포르멜의 다른 화가들도 마찬가지일 것이다. 앵포르멜은 형을 해체하기 위해 물질로 돌아간 게 아니다. 그저 창작의 한 국면에서 새로운 조형의 출발점으로 무정형을 기용했을 뿐이다. 그런 의미에서 그것은 훗날 등장할 무정형의 역겨운 재료를 사용하는 혐오예술과는 구별된다. 물질로, 죽음으로 돌아가자는 바타유의 기저화(debasement)와 달리, 앵포르멜은 그렇게 도달한 물질을 새로운 조형으로 승화(sublimation)시키려 한다. 앵포르멜은 과거를 조형적으로 '청산'하려는 실존적 고투라고 할 수 있다. 사르트르의 말대로 "실존주의는 휴머니즘이다." 앵포르멜은 여전히 '승화적(sublimatory)'이다.21

3 색면추상

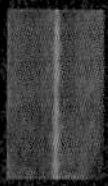

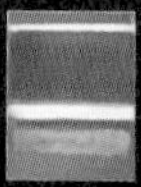

네가 누구 앞에 서 있는지 알라

폴록의 사망 후에 추상표현이 생명력을 다하자, 그린버그는 바넷 뉴먼과 마크 로스코의 색면추상을 전후 모더니즘의 기획을 이어갈 새로운 주자로 부각시킨다. 그의 눈에는 뉴먼의 매끄러운 화면이 폴록의 거칠고 두꺼운 화면보다 더 평면적으로 보였을 것이다. 하지만 뉴먼과 로스코의 작업은 그린버그의 형식주의로는 설명할 수 없는 또 다른 차원을 갖고 있었다. 두 작가는 늘 자신들의 작품이 주제(subject matter)을 갖고 있다고 강조했다. 그 '주제'란 거의 종교에 가까운 '숭고'의 체험이었다. 뉴먼과 로스코의 작품은 한갓 '형식'이 아니라, 관객을 동요시키는 일종의 '동작주(agent)'로 기능했다.

1
〈넘버 10〉 마크 로스코, 1950년

미국의 추상표현주의 운동은 크게 두 유형 혹은 두 국면으로 이루어져 있었다. 하나는 폴록과 윌렘 드 쿠닝(Willem de Kooning, 1904~1997)이 주도하는 뜨거운 표현적 추상이었고, 다른 하나는 바넷 뉴먼(Barnett Newman, 1905~1970)과 마크 로스코(Mark Rothko, 1903~1970)[1]가 이끄는 차가운 색면추상(color-field painting)이었다. 1951~1952년 사이에 폴록은 갑자기 초기의 구상적 이미지로 돌아간다. 그러자 그린버그는 그동안 무관심 속에 방치했던 뉴먼을, 폴록의 뒤를 이어 모더니즘의 기획을 완성시킬 미국적 추상의 새로운 주자로 부각시키기 시작한다.

새로운 평면성

그린버그는 "이젤 회화의 위기"를 모더니즘의 징후로 꼽았다. 1948년까지만 해도 그는 "이젤화의 미래가 대단히 불확실해졌다."며 "폴록 같은 미술가들이 그것을 파괴하고 있기 때문"1이라고 여전히 말할 수 있었다. 하지만 그로부터 3년 후 폴록은 "자신이 이젤 회화와 이동식 벽화의 중간쯤에 끼어 있다는 것을 발견"하고는 결국 화면에 구상을 도입함으로써 이젤화로 돌아간다. 그린버그에 따르면, 뉴먼은 폴록이 좌절한 그 지점에서 앞으로 더 나아갔다.

> 거대하고 어둡게 타오르는 뉴먼의 그림들은 아마도 이젤 회화의 관습에 대한 지금까지의 공격 가운데 가장 직접적인 공격일 것이다.2

사각의 프레임에 수직선으로 구획된 색면들. 뉴먼의 화면은 언뜻 몬드리안이나 말레비치의 추상과 다르지 않아 보인다. 하지만 그것은 실은 전전의 기하학적 추상과는 아무 관계도 없는 것이다. 뉴먼은 제 그림이 "기하학의 원리를 가진 1차 세계대전의 예술과는 아무 연결도 없다."며, "오직 기하학이 없는 예술만이 새로운 출발이 될 수 있다."[3]고 주장한다. "철학적으로 말하자면, 유럽의 회화가 대상의 초월에 관심이 있다면, 미국의 회화는 초월적 체험의 현실에 관심이 있다."[4] 유럽의 회화와 달리 자신의 작품은 대상의 추상이 아니라는 것이다.

뉴먼의 작품은 "추상이 아니며 …… 어떤 재현적 암시도 함축하고 있지 않다."[5] 그의 작품 속의 색면이나 수직선은 대상의 추상을 통해 얻어진 것이 아니다. 거기서 선은 그저 면을 분할하면서 통합할 뿐이며, 면은 한정된 사각의 '형태'가 아니라 사방으로 무한히 뻗어 나가도 무방하다. 거기서 미적 가상의 영역을 조직하는 구조 원리로서 프레임은 사실상 사라진다. 이로써,

> 파괴되는 것은 그림의 가장자리를 한계(confine)로 보는 입체주의의 유구한 사고와 느낌이다. …… 뉴먼의 캔버스를 한정하는 가장자리들은 내부의 선들과 똑같은 역할을 한다. 즉 그것들의 역할은 분할이지, 분리나 포위나 속박이 아니다. 다시 말해 그림의 가장자리들은 범위를 정하는 것(delimit)이지 한계를 짓는 것(limit)이 아니다.[6]

따라서 뉴먼의 작품은 "이젠 회화라고 하기 어렵"고, 차라리 "장(場)이라 불릴 수밖에 없다."는 것이다. 어떤 의미에서 뉴먼은 폴록보다 더

철저하게 환영의 공간을 파괴했다. 그리하여 그린버그는 거기서 폴록의 것과는 다른 "새로운 종류의 평면성, 즉 숨을 쉬고 맥박이 뛰는 평면성"7을 본다.

형식이 아니라 주제

실제로 뉴먼과 로스코의 작품은 '평면적(flat)'이다. 폴록의 작품만 해도 캔버스 표면 위로 두꺼운 물감 층이 존재하나, 이들의 화면은 물감이 발라진 캔버스라기보다는 차라리 염색된 캔버스처럼 보인다. 이것이 평면적인 느낌을 더해준다. 아무것도 재현하지 않는 거대한 '색면'으로 이루어진 화면은 그린버그의 평면성 교리를 충실히 실천하는 것처럼 보인다. 실제로 작가들 자신도 공동으로 평면성에 대한 신앙을 고백한 바 있다.

> 우리는 회화의 표면을 재확인하려 한다. 우리는 평면적 형태들에 찬성한다. 그것들은 환영을 파괴하고 진리를 계시하기 때문이다.8

그린버그는 뉴먼과 로스코의 작품에서 3차원 공간의 환영을 완전히 폐기한 형식주의 회화, 즉 아무 내용도 없는 순수한 형식만을 보려 한다. 하지만 이는 뉴먼과 로스코에 대한 일면적 이해에 불과할 것이다. 왜냐하면 이 두 사람은 "대상의 초월", 즉 현실의 추상이 아니라 "초월적 체험의 현실", 어떤 초월의 체험을 실현하는 데 있었기 때문이다. 위의 언급에 덧붙여 두 화가는 이렇게 말한다.

잘 그리기만 하면 무엇을 그리든 상관없다는 생각이 화가들 사이에 널리 퍼져 있다. 이것이 관학주의의 본질이다. 아무것도 말하지 않는 좋은 회화란 있을 수 없다. 우리는 주제가 결정적이며, 비극적이고 영원한 주제만이 타당하다고 단언한다. 그것이 우리가 원시나 태고의 예술과 영적 혈연관계를 맺고 있다고 고백하는 이유다.9

뉴먼과 로스코에게 중요한 것은 형식이 아니라 "원시나 태고의 예술과 영적 혈연관계"를 맺고 있는 "비극적이고 영원한" 주제였다. 그렇다면 남은 것은 이런 물음이다. "무슨 주제인가?"

무로부터의 창조

뉴먼이 우리가 아는 그만의 스타일을 확립한 것은 1948년의 일이었다. 그의 친구이자 비평가였던 토머스 헤스(Thomas Hess)는 뉴먼의 창작에 일대 전환점이 되어준 그 사건을 이렇게 전한다.

그의 생일이었던 1948년 1월 29일, 그(=뉴먼)는 짙은 카드뮴 레드로 바탕을 칠한 캔버스 한가운데에 수직으로 테이프를 붙였다. 이어서 색깔을 테스트하기 위해 그 테이프 위로 재빨리 옅은 카드뮴 레드를 입혔다. 그는 그 그림을 오랫동안 바라보았다. 그는 그것을 정말로 약 8개월 동안 연구했다. 그러고는 탐색을 끝마쳤다.10

그림은 기묘한 느낌을 주었다. 이 느낌의 정체를 파악하려고 그는 거의 그림을 끼고 살았다고 한다. 그렇게 8개월을 침잠한 끝에 마침내 그는 그 효과가 어디에서 나오는지 깨닫고, 비로소 자신이 의미 있는 예술적 진술을 만들었다고 확신한다. "탐색을 끝마쳤다."는 것은 결국 '주제'의 탐색을 마쳤다는 뜻이리라.11 뉴먼은 이 작품을 자신이 고민해왔던 '주제'의 문제에 대한 최초의 적절한 해결로 여겼다.12

〈하나임 I(Onement I)〉[2]은 그렇게 탄생되었다. 후에 그는 이 그림이 "나의 현재 삶의 출발"이었다고 술회한다. 그림은 적고동색 화면에 달랑 수직선 하나로 이루어져 있다. 거대한 단색의 색면을 가로지르는 수직선. 이것이 그 후 뉴먼의 작품의 전형적 징표가 된다. 그 수직선을 그는 '지퍼(zip)'라고 불렀다. 뉴먼은 이 그림 앞에서 "처음으로 그림의 제작이란 존재하지 않는다고 느꼈다."13 그는 그림을 그린 게 아니었다. 그것은 제작된 그림이 아니라, 마치 일어난 사건이었다. 관객에게 전달할 주제가 있다면, 그것은 바로 이 사건의 체험이다.

유대교 회당에는 '마콤(makom)'이라는 성소(聖所)가 있다. 뉴먼과 같은 유대인들에게 성소는 일상적 공간(space)이 아니라 각별한 장소(place)다. 아울러 성소에 머무는 동안 우리는 바깥의 세속적 공간에서와는 다른 공간성을 체험한다. 그가 창조한 것은—그 옛날 모세가 호렙 산의 불타오르는 나무 앞에서 신을 벗고 야훼를 만났던 것과 같은—각별한 장소의 체험이다.

> 유대교 회당의 의식에서 객관적인 것은 발생하지 않는다. 거기에는 자신이 고양되는 것(exalted)을 느끼는 주관적 체험만이 있을 뿐이다. 율법에는 이렇게 쓰여 있다. "네가 누구 앞에 서 있는지 알라." …… 그것은

2
〈하나임 I〉 바넷 뉴먼, 1948년

장소, 마콤이다.14

뉴먼은 '장소'를 창조했다. 자신의 작품 앞에서 느낀 이 기묘한 감정, 거의 종교적 열광에 가까운 이 신성한 감정을, 당연히 관객들도 느껴야 할 것이다. 바로 이것이 그가 작품을 통해 전달하려는 '주제'였다. 장소에서 느끼는 고양된 느낌을 그는 '숭고'라고 불렀다.

숭고는 지금

〈하나임 I〉을 제작한 그해에 뉴먼은 〈숭고는 지금〉(1948년)이라는 에세이를 쓴다. 들뢰즈의 말대로 모든 위대한 예술가는 예술사를 요약하는 자기 고유의 방식이 있다. 이 에세이에서 뉴먼은 서구의 미술사를 '미(美)와 숭고(崇高)의 대립'으로 요약한다. 뉴먼에 따르면, 유럽인들은 오랫동안 미와 숭고를 혼동해왔다. 그 결과 유럽의 미술에서는 숭고에 대한 열망이 미의 감옥 속에 갇혀버렸다. 오랫동안 유럽 미술의 전범이 된 그리스의 신상들은 숭고하기보다는 차라리 아름답다. 그리스 신들의 신성은 이렇게 아름다움 속에 갇혀 있다.

아름다움은 '형태'에서 온다. 형태는 윤곽이고, 윤곽은 유한하다. 하지만 신성의 본질은 무한함에 있기에 아름다움에 갇힌 것은 온전한 신성일 수 없다. 유대의 신이 제 형상을 만드는 것을 금한 것은 그 때문이다. 하지만 유럽 미술은 "감각의 현실 내에 머물면서 순수한 조형성의 프레임 안에서 미술을 구축하려는 맹목적 욕망 때문"에 숭고에 도달하는 데 실패했다. 뉴먼은 오직 "유럽 문화의 질곡에서 자유로운" 미국의 화가들만이 오늘날 숭고를 표현할 수 있다고 본다. 그런 의미에서 그의 것은 철저한 미국형 회화라고 할 수 있다.

문제는 역시 "숭고하다고 불릴 만한 전설이나 신화가 사라진 시대에 …… 어떻게 숭고한 예술을 만들어낼 수 있는가." 하는 것이었다. 이 새로운 유형의 숭고를 뉴먼은 이렇게 특징짓는다.

> 우리는 고양된 것, 즉 절대적 감정에 대한 우리의 관계에 관심을 갖고자 하는 인간의 자연스런 열망을 다시 확증하고 있다. 우리는 시대에 뒤떨어진 오랜 전설이라는 낡은 소품을 필요로 하지 않는다. 우리가 창조하고 있는 이미지들은 그것의 현실성이 자명한 이미지들, 숭고든 미든, 시대에 뒤떨어진 이미지들을 연상시키는 소품이나 목발이 없는 이미지들이다. 우리는 우리 자신으로부터 서유럽 회화의 장치 노릇을 해왔던 기억, 연상, 향수, 전설, 신화와 같은 장애물들을 비워내고 있다. 예수, 인간, 삶으로부터 성전을 짓는 대신에 우리는 우리 자신으로부터, 우리 자신의 느낌으로부터 성전을 짓고 있다. 우리가 생산하는 이미지는 자명한 계시의 이미지로, 그것은 역사에 대한 향수의 안경 없이 그것을 바라보는 누구에게나 이해될 수 있을 것이다.15

뉴먼은 숭고한 '제재'를 이용하지 않는다. 그의 숭고는 전체성의 효과를 통해 얻어진다. 숭고에 도달하려면 전통적인 아름다움의 전략을 파괴해야 한다. 이를테면, 고전 회화에는 풍경, 인물, 정물의 아름다움이 있다. 추상회화의 경우에도 형태와 형태 사이에, 형태와 배경 사이에 적절한 미적 관계가 존재한다. 이를 '관계주의'라고 부른다. 반면,

뉴먼의 것은 어떤가? 그것은 부분과 부분, 부분과 전체의 '관계' 없이 하나의 전체적 효과로 다가온다. 이제 '하나임(Onement)'이라는 제목이 무엇을 의미하는지 이해가 갈 것이다.

뉴먼의 작품은 대부분 규모가 거대하여 관객을 그대로 덮쳐버린다. 관객은 미를 보는 데에는 익숙해도 숭고를 보는 데에는 익숙하지 않다. 그리하여 큰 그림을 보면 무의식중에 뒷걸음을 쳐 작품에서 떨어지려 한다. 그래야 그것이 적당한 크기로 보이고, 또 그래야 아름다운 형태로 지각되기 때문이다. 물론 이는 뉴먼이 원하는 게 아니다. 이를 막기 위해 그는 관객에게 제 작품을 바로 앞에서 보라고 명한다. "큰 그림은 떨어져서 보는 경향이 있다. 이 전시회의 큰 그림들은 가까운 거리에서 보도록 의도된 것이다."[16]

예술로 숭고를 표현한다는 것 자체가 이미 모순이다. 매체는 유한하나, 숭고는 무한하기 때문이다. 철학자 리오타르(Jean-François Lyotard, 1924~1998)는 뉴먼의 방식을 '숭고의 부정적 묘사'라고 부른다. 즉 뭔가를 묘사하기를 포기함으로써 뭔가 묘사할 수 없는 것이 있음을 드러내는 방식이라는 것이다. 이를테면, 어떤 이가 자신이 겪은 일을 차마 말로 표현하지 못할 때, 우리는 그가 정말로 엄청난 일을 겪었음을 알게 된다. 뉴먼의 텅 빈 캔버스도 마찬가지다. "회화가 묘사 불가능한 것일 때, 회화가 증언하는 것은 바로 그 사건 혹은 사건 그 자체다."[17]

그것은 살아 숨 쉰다

로스코도 뉴먼과 같은 해인 1948년에 그전까지의 초현실주의적 화풍에서 벗어나 자기 고유의 스타일을 확립한다. 뉴먼의 것과 달리 로스코의 작품에는 뭔가 규정되지 않은 배경 위에 덩그마니 색 덩어리가 떠돈다.[3] 그의 화면에는 "색채 간의 화음이라는 한결 같은 창의성"과 "형상과 배경 간의 관계에 대한 수수께끼"가 존재한다.18 당시에 몇몇 비평가들은 그를 색채주의자로 간주했다. 로스코 스스로도 자신의 회화의 색채 효과에 대해 언급하기도 했지만, 그에게 중요한 것은 저 색 덩어리들의 미적 효과가 아니었다. 어느 인터뷰에서 그는 이렇게 말했다.

> 나는 추상주의자가 아니다. 나는 색채와 형태, 혹은 그 밖의 어떤 것과의 관계 따위에는 관심이 없다. 내가 관심을 가진 것은 오직 비극, 엑스터시, 운명 등 기본적인 인간의 감정을 표현하는 것이다. …… 그러므로 당신이 내 작품의 색채 관계에만 감동을 받는다면, 그것은 요점이 빗나간 것이다.19

그에게 색채는 그저 '분위기의 날카로움(poignancy of mood)'을 위한 도구였을 뿐이다. 하지만 당시의 비평가들은 뉴먼과 로스코의 작품을 오해하고 있었다. 그들은 뉴먼과 로스코를 여전히 '미'의 관점에서 분석하려 했다. 뉴먼은 자신을 오해한 비평가들과 악명이 높을 정도로 집요하게 논전을 벌였다. 로스코는 오해에 지친 나머지 1950년 이후에는 아예 제 작품에 대한 설명을 포기해버린다. 그는 "침묵이야말로 정확하다."며, 말은 그저 관객의 정신을 '마비'시킬 뿐이라고 덧붙였다.20 숭고는 차라리 침묵을 통해 더 전달되는 법이다.

뉴먼처럼 로스코 역시 자신의 작품을 보는 이상적 거리는 45센티미

3
〈넘버 3〉 마크 로스코, 1943년

터라고 잘라 말했다. 작품의 바로 앞에 서면 색채들의 관계는 사라지고, 경계가 무너진 채 하나로 뭉개진 색 덩어리가 관객을 엄습하며, 관객은 그 전체적 효과 속으로 빨려 들어갈 것이다. 1953년 친구인 알프레드 젠슨과의 대화에서 로스코는 이렇게 말했다.

> 당신은 내 회화에 두 개의 특징이 존재하는 것을 알아챘을 것이다. 표면이 팽창하여 모든 방면에서 밖으로 뻗어 나가거나, 아니면 표면이 수축되어 모든 방면에서 안으로 몰려 들어오는 것이다. 이 두 극단 사이에서 당신은 내가 말하고자 하는 모든 것을 발견할 수 있을 것이다.[21]

이 체험을 '현상학적'이라고 부를 수 있을지 모르겠다. 하지만 로스코는 결코 색채주의자가 아니다. 로스코는 관객이, 마치 보석의 영롱한 빛에 몽롱하게 침잠해 들어가듯이, 그렇게 자신의 작품을 보기를 원하지 않는다. 그의 작품은 그림이 아니라, 차라리 하나의 물건이다. 그것은 미적 지각의 '대상(object)'이 아니라, 차라리 관객의 감정을 발동시키는 '행동주(agent)'다. "내 예술은 추상적이지 않다. 그것은 살아서 숨쉰다."[22]

열광의 감정

1940년대의 잭슨 폴록을 이어 뉴먼과 로스코의 회화는 1950년대의 추상표현주의 운동을 주도했다. 그들의 작품은 훗날 그린버그가 '탈회화적 추상(post-painterly abstract)'이라고 부르게 될 1960년대의 추상에 영향을 끼친다. 1962년부터 그린버그는 뉴먼과 로스코, 그리고 스틸이 "색채를 중시하는 비전을 위해 …… 추상표현주의와 결부된 회화성(painterliness)을 폐기해왔다."며, 그들이 "추상표현주의로부터 약간 떨어져 있다."고 평가하기 시작한다.[23] 결국 그들이 추상표현주의의 거친 화면으로부터 탈회화적 추상의 매끈한 화면으로 넘어가는 과도기의 역할을 했다는 얘기다.

주목해야 할 것은 뉴먼과 로스코가 자신들의 작품을 미적으로 지각해야 할 '그림'이라기보다는 정서적으로 작동하는 '사물'로 간주했다는 점이다. 이는 물론 미니멀리즘 운동에 중요한 단서를 제공해주었다. 종종 5미터를 넘는 뉴먼의 거대한 화면은 모더니즘의 핵심적 가치인 정적 관조와 충돌한다. 뉴먼과 로스코의 작품은 관객에게 신체적 움직임을—뉴먼은 1미터, 로스코는 45센티미터의 거리를—강요하기 때문이다. 게다가 두 사람의 작품은 "회화의 순전한 물질적 현전, 준건축적 기념비성"에 근접한다.[24]

뉴먼과 로스코는 자신들의 작품 앞에서 관객이 숭고를 체험하기를 원했다. 자기들이 작품을 제작할 때 느꼈던 거의 종교적 체험에 가까운 그 열광의 감정(feeling of exaltation)을, 관객들도 갖기를 기대한 것이다. 믿기 어렵겠지만, 많은 사람들이 로스코의 작품 앞에서 실제로 감정에 북받쳐 울음을 터뜨렸다고 한다. 이것으로 보아 그들의 주장이 그저 형이상학적 망상에 불과한 건 아니었던 모양이다. 어느 인터뷰에서 로스코는 이렇게 말했다.

많은 사람들이 내 그림과 맞닥뜨린 후 무너져 내려 울음을 터뜨린다는

4

〈누가 빨강, 노랑, 파랑을 두려워하는가?〉 바넷 뉴먼, 1966년 사실은 내가 기본적인 인간의 감정을 전달할 수 있음을 보여준다. 내 그림 앞에서 울음을 터뜨리는 이 사람들은 내가 그 그림들을 그릴 때 가졌던 것과 똑같은 종교적 느낌을 받은 것이다.25

뉴먼의 경우에는 이보다 더 극적이다. 1966년과 1968년 사이에 그는 모두 네 점으로 이루어진 연작 〈누가 빨강, 노랑, 파랑을 두려워하는가?〉[4]를 제작한다. 그런데 이 중 두 점이 반달리즘의 대상이 되었다고 한다. 누군가 그의 작품에 덤벼들어 칼질을 해댄 것이다. 그중에서 세 번째 작품이 피해가 가장 컸다. 세 번이나 공격을 당했기 때문이다. 대체 저 텅 빈 화면에 뭐가 있기에 난도질을 한 것일까? 이 사건에 대해 《1900년 이후의 미술사》의 저자들은 이렇게 말한다.

이런 재난이 그저 미친 사람의 소행으로 간과되어서는 안 될 것이다. 뉴먼의 그림이 빈번한 반달리즘의 위험을 넘겨왔기에 더욱 그렇다. 이렇게 노골적인 우상 파괴적 행위가 부분적으로는 그 작품 자체에 의해 부추겨진 것은 아닌지 궁금하다.26

4 탈회화적 추상

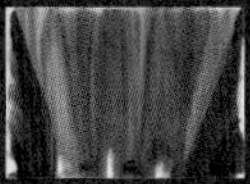

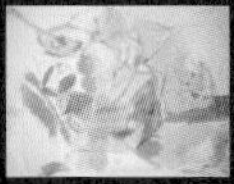

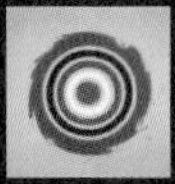

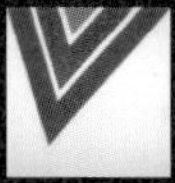

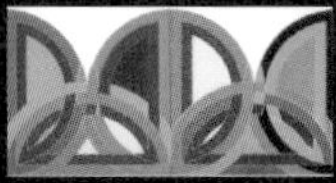

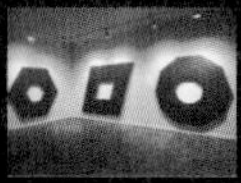

뜨거운 추상에서 차가운 추상으로

960년대 초 추상표현주의가 이미 관학적 예술언어로 전락했을 때 예술에 새로운 기운을 불어넣은 것은 외
ㅕ '팝아트'라는 이름의 구상회화였다. 여기에 맞서려면 폴록과 뉴먼, 로스코의 뒤를 이을 작가들이 필요했
ㅏ. 1964년 그린버그는 일군의 작가들을 모아 '탈회화적 추상'이라는 전시회를 조직한다. '회화성'을 잃은
l국의 미술은 폴록의 뜨거운 추상에서 차가운 기하학적 추상으로 돌아간다. 폴록은 이 새로운 작가들의 '평
성'을 강조했지만, 평면성을 향한 그들의 작업은 이미 그린버그가 용인할 수 있는 수준을 넘어서고 있었
ㅏ. 스텔라의 셰이프트 캔버스(shaped canvas)를 통해 회화는 사물의 상태에 접근한다.

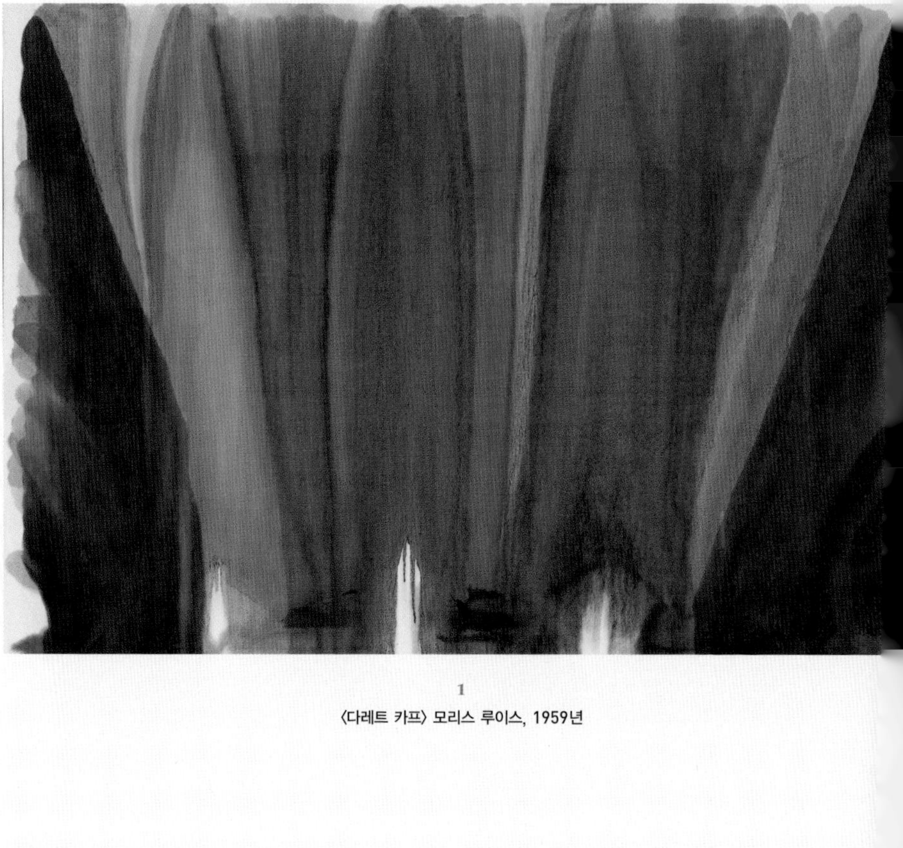

1

〈다레트 카프〉 모리스 루이스, 1959년

추상표현주의는 특정한 예술 스타일이었고, 지금도 그렇다. 다른 예술 스타일들처럼 거기에도 상승기가 있었고, 몰락기가 있었다. 주된 중요성을 갖는 예술을 생산한 후, 그것은 하나의 화파가 되고, 하나의 화법이 되더니, 결국 일련의 매너리즘에 빠져버렸다. 추상표현주의의 리더들은 많은 모방자를 끌어모았고, 그들 중 많은 이들이, 그리고 그 리더들 중 몇몇은 자신을 모방하게까지 되었다. 회화적 추상은 유행이 되었다가, 이제는 한물갔다.[1]

이것이 클레멘트 그린버그가 묘사하는 1960년대 초반 미국 미술계의 상황이다. 이미 1950년대 말에 추상표현주의는 초기의 급진성을 잃어버리고 미술대학에서까지 가르치는 화랑가의 유행이 되었다. 이 혁신 없는 모방자들의 기법을 그린버그는 냉소적으로 '10번가 양식'이라고 불렀다. 이 매너리즘에서 벗어나려면 박제로 전락한 추상표현주의를 대체할 새로운 예술적 동력이 필요했다.

두 개의 대안

사실 1960년대 초에는 이미 추상표현주의의 대안이 될 만한 새로운 흐름이 존재했다. 바로 앤디 워홀의 팝아트다. 하지만 팝아트를 바라보는 그린버그의 시선은 곱지 않았다. 그에게 팝아트는 매너리즘에 빠져 유행으로 전락한 추상표현주의 못지않게 피상적인 "또 다른 유행"일 뿐이었다.

팝아트는 하나의 기분 전환에 불과하다. 나는 그것이 진정으로 새롭다고 생각하지 않는다. 그것은 매우 피상적인 차원에서만 취향에 대한 도전이다. …… 아무리 팝아트가 재미있어도, 내가 보기에 그것은 그렇게 참신하지 않다. 피상적인 수준 이상으로 취향에 도전하는 것도 아니다. 아직까지 그것은 취향의 역사에서 새로운 에피소드일지는 몰라도, 현대미술의 진화에서 진정으로 새로운 에피소드는 아니다.[2]

그가 팝아트를 못마땅하게 여긴 데에는 당연히 이유가 있다. 모더니즘에 대한 그린버그의 관념에 따르면, 회화에서 '현대성'은 회화가 자기 자신의 조건을 반성적으로 탐구하는 것을 통해 도달된다. 하지만 팝아트에서 회화는 자기 자신을 주제화하지 않고 자기 바깥에서 제재를 취한다. 팝아트의 화면에는 먼로가 있고, 엘비스가 있고, 재클린이 있으며, 또한 캠벨 수프 깡통과 브릴로 세제 박스가 있다. 모더니스트의 눈에는 이렇게 회화에 구상을 도입하는 것이 당연히 모던의 성취를 뒤엎고 '모던 이전(premodern)'으로 퇴행하는 것으로 비칠 수밖에 없었다.

그린버그에게는 추상표현주의의 대안 역시 추상예술이어야 했다. 그리하여 1964년 그는 뉴욕에서 '탈(脫)회화적 추상'이라는 제목의 전시회를 기획한다. 이는 강력한 적수로 떠오른 팝아트를 견제하기 위한 모더니즘의 반격이었다. 전시회에는 프랭크 스텔라(Frank Stella, 1936~), 모리스 루이스(Morris Louis, 1912~1962)[1], 케네스 놀런드(Kenneth Noland, 1924~2010), 헬렌 프랑켄탈러(Helen Frankenthaler, 1928~2011) 등 당시 미국과 캐나다에서 막 떠오르는 31명의 작가들이 참여했다. 그린버그는 이들의 작품이야말로 팝아트와 달리 "진정으로 새로운 것"이라고 보았다.

회화 이후의 추상

탈회화적 추상은 추상표현주의와는 "급진적으로 다른 감성"3을 보여준다. 폴록이나 드 쿠닝의 추상이 열정과 강렬한 감정을 전달한다면, 새로운 추상은 차갑고 냉담한 이성을 강조하기 때문이다. 이 차이를 그린버그는 '선적인(linear)' 것과 '회화적인(malerisch)' 것의 대조로 개념화한다. 스위스의 미술사가 하인리히 뵐플린(Heinrich Wölfflin, 1864~1945)은 이 개념 쌍으로 르네상스와 바로크 미술의 차이를 특징지은 바 있다. 르네상스의 미술은 선적이어서 윤곽이 뚜렷한 반면, 바로크의 미술은 회화적 효과를 위해 윤곽의 명료함을 포기한다. '회화적' 그림이 거친 붓질로 인해 혼란스럽다면, '선적' 그림은 윤곽선이 뚜렷하며 색채 또한 명료하다.

폴록의 추상표현주의가 '회화적(painterly)'이라면, 색면 사이의 경계가 뚜렷하고 색채가 명료한 새로운 선적 추상은 '탈회화적(post painterly)'이다. 폴록이나 뒤뷔페는 물질성이 드러날 정도로 두껍게 발라진 임파스토를 사용하지만, 프랑켄탈러는 덧칠이 되지 않은 화포에 직접 묽게 희석한 물감을 칠한다.[2] '회화'가 화면에 물감을 칠하는 행위(painting)라면, 탈회화적 추상은 화포에 희석한 물감을 들이는 행위(staining)에 가깝다. 물론 그렇게 완성된 그림은 화가의 인격이 느껴지는 터치(touch)를 통해 감동을 주는(touch) 작품이 아니라, 차라리 간판이나 인쇄물 같은 익명적, 비인격적 제작물로 느껴진다.

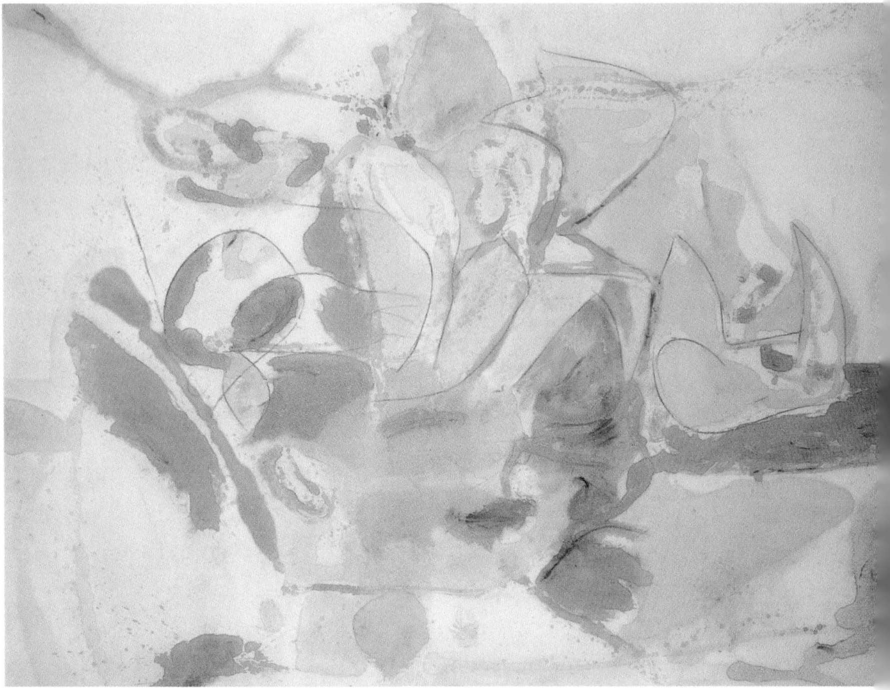

2

〈산과 바다〉 헬렌 프랑켄탈러, 1952년

그린버그의 말대로, 회화가 아무리 평면성을 지향해도 "표면 위에 칠해진 최초의 흔적은 그 표면의 평면성을 실질적으로 파괴"하게 마련이다. 하지만 탈회화적 추상은 아크릴을 얇고 평평하게 바르거나 묽게 희석한 물감을 흘림으로써 화면을 순수 '시각적' 평면으로 돌린다. 스테이닝(staining)은 원래 폴록이 작품의 초벌 작업에 사용하던 기법인데, 탈회화적 추상에서는 그것이 하나의 완결된 기법으로 사용된다. 희석된 물감이 화포에 스며들 때 물질적 표면과 암시적 층위의 구별은 사라진다. 그로써 물감의 암시력은 약화되고 표면의 평면성이 강화되어, 그린버그가 지적한 모더니즘의 특징이 극한에 도달한다.

> 그림 면 자체가 점점 더 얇아져 깊이의 효과를 내는 가상의 면들이 캔버스의 표면인 진짜 물질 면 위에서 하나로 만날 때까지 평면화되고 한데 압착된다.[4]

그린버그의 말대로 "모더니즘 회화가 지향하는 평면성은 결코 전적인 평면성일 수 없다." "조각적 환영이나 눈속임 회화는 허용되지 않을지 모르지만" 거기서도 "시각적 환영은 허용되고, 또 허용되어야 한다."[5] 그리하여 몬드리안의 철저한 추상적 구성조차 여전히 "3차원 환영 같은 것을 암시"한다. 몬드리안보다 더 철저히 평면성을 지향했지만, 폴록의 화면에도 여전히 공간의 환영 같은 것이 존재한다. 스텔라와 놀런드는 이 최소한의 환영마저 지우려고 동일한 모티프를 규칙적으로 반복한다. 이때 화면은 암시의 공간이기를 그치고 문양이나 사물에 가까워진다.

연속과 단절

그린버그는 1960년대 탈회화적 추상의 특징으로 '선적 명료성'과 '물리적 개방성'을 꼽는다. 이 두 특징은 물론 그에 선행한 회화적 추상의 특성과 관련이 있다. 〈추상표현주의 이후〉(1962)라는 글에서 그린버그는 추상표현주의의 특징을 두 가지로 요약한다.

> 그에 앞선 수많은 회화적 추상처럼 추상표현주의 역시 결국 색채의 역할을 줄이는 쪽으로 작업을 해왔다. 물감의 불균등한 밀도는 너무나 많은 명암의 차이를 낳고, 그것들이 색채로부터 순수함과 충만함을 박탈한다. 동시에 그것은 진정한 개방성에 반대하는 쪽으로 작업을 해왔는데, 이는 또 하나의 본질적으로 회화적인 목표로 추정된다. 되는 대로 아무렇게나 칠한 물감으로 가득 찬 화면은 결국 조밀한 집합(compact jumble)이 된다. 그것은, 드 쿠닝과 그의 추종자들에게서 볼 수 있듯이, 관학적으로 입체주의적인 조밀함의 또 다른 버전이다.[6]

결국 그린버그가 탈회화적 추상의 특성으로 꼽은 '선적 명료성'과 '물리적 개방성'은 회화적 추상의 이 두 가지 특성에 대한 안티테제였던 셈이다. 추상표현주의의 색채가 혼란스럽다는 것은 쉽게 이해가 갈 것이다. 하지만 추상표현주의가 '진정한 개방성'에 반대한다는 말에는 약간의 보충 설명이 필요할 것이다.

그린버그는 회화성 자체가 구상과 본질적으로 연결된다고 보는 듯하다. 드 쿠닝은 물론이고, 폴록마저 결국 구상으로 돌아간 것은 회화적 추상의 필연적 결과라는 것이다. 로잘린드 크라우스는 폴록이 늘 "구상/비구상의 이원적 대립 구도"를 가지고 작업했다고 주장한다. 마이클 프리드 역시 "1947~1950년 사이에도 구상에 대한 폴록의 개입은 완전히 그친 게 아니"[7]라고 지적한다. 그의 말대로 재현적(representational)이지 않은 회화도 구상적(figurative)일 수 있다. 그리하여 폴록의 올 오버 속에도 여전히 입체주의적 조밀함의 흔적이 남아 있다. 탈회화적 추상은 그 흔적마저 없애려 한다.

회화적 추상과 탈회화적 추상 사이에는 이렇게 '단절'이 존재한다. 하지만 그린버그의 말대로, "미술은 그 무엇보다도 연속성이다."[8] 그린버그에 따르면, 모더니즘의 가장 근본적인 특징은 "그림 표면의 불가피한 평면성의 강조"다. 탈회화적 추상 역시 큰 틀에서는 이 평면성을 향한 모더니즘 운동의 연장선 위에 있다. 그것은 추상표현주의보다 더 급진적으로 공간의 환영을 제거하며, 화면 자체도 추상표현주의의 그것보다 본질적으로 얇다. 탈회화적 추상은 양식이나 화파로서 회화적 추상 자체에 반대한 것이 아니다. 그저 특정한 태도, 즉 그것을 표준화하는 매너리즘에 반대했을 뿐이다.

부드러움에서 딱딱함을

탈회화적 추상은 회화적 추상과 단절되면서도 동시에 연속되어 있다. 그린버그에게 필요한 것은 결국 생명력이 다한 추상표현주의를 대신하여 모더니즘을 계속 추동할 대안이었다. 그 대안은 추상표현주의와 확연히 단절하면서("진정으로 새로운 에피소드"), 동시에 추상표현주의의 뒤를 이어 모더니즘의 기획을 더 높은 단계로 끌어올려야 한다("현대미술의 진화"). 탈회화적 추상은 이 두 조건을 만족시켜준다. 그린버그가 그것을 "현대미술의 진화에서 진정으로 새로운 에피소드"라고 말한 것은 그 때문이다.

돌이켜보면 세계대전 이전에는 '추상'이라고 하면 주로 종합적 입체주의에서 갈려 나온 기하학적 추상을 가리켰다. 깔끔한 드로잉, 부드러운 색칠, 명료한 윤곽, 평면적이고 명확한 색채. 이것이 추상의 일반적 특징이었다. 하지만 폴록과 뒤뷔페는 임파스토, 드리핑과 거친 브러시워크로 추상을 '회화'적 효과와 결합시켰다. 당대인의 눈에 이런 결합은 모순으로 여겨졌다. 그런 의미에서 추상표현주의는 회화의 혁명이었다. 하지만 1960년대에는 이미 상황이 달랐다. 작가 진 데이비스(Gene Davis, 1920~1985)의 회상이다.

> 1957, 1958년 추상표현주의와 회화적 추상은 도처에서 지배적이었다. 모든 예술대학이 드 쿠닝과 폴록, 클라인의 것과 같은 작품들을 대량으로 찍어냈다. 그런 분위기에서는 추상표현주의가 관학적으로(academic) 보였다. 추상표현주의는 제 몫을 다했고, 우리는 어디론가 가야 했다. 그 반대 방향으로 가기 위해서는 회화성에서 벗어나 깔끔해져야 했다.9

하지만 이것이 전쟁 전 유럽의 기하학적 추상으로 돌아가는 것을 의미하는 것은 아니다. 탈회화적 추상은 몬드리안, 말레비치, 혹은 바우하우스에서 나온 게 아니다. 탈회화적 추상의 작가들은 대부분 추상표현주의로부터 회화를 배웠기 때문이다. 그린버그에 따르면, 탈회화적 추상은 "회화적 추상 자체 내에서, 즉 뉴먼, 로스코, …… 심지어 폴록의 작품 내에서 시작되었다." 특히 뉴먼과 로스코와 스틸은 "색채에 우선권을 주는 시각을 위해 회화성 자체를, 아니면 최소한 추상표현주의와 연결된 그런 회화성을 포기"[10] 했다는 것이다.

특히 뉴먼과 로스코가 회화적 추상과 탈회화적 추상을 잇는 가교 역할을 했을 것이다. 뜨거운 열광을 추구한다는 점에서 이 두 작가는 아직 추상표현주의의 틀 내에 있으나, 정작 그들의 화면은 기하학적 추상처럼 차갑다. 그린버그가 '물리적 개방성'이라고 부른 특성도 이미 폴록의 올 오버에서 시작하여 뉴먼에게서 완성된 것이리라. 뉴먼의 화면은 사방으로 무한히 뻗어 나가도 될 것 같은 느낌을 준다. 탈회화적 추상 역시 어떤 거대한 패턴의 일부를 뭉텅 잘라낸 것처럼 보인다. 여기서도 그림은 프레임 안에서 완결되지 않고 프레임 밖으로 무한히 연장될 것처럼 느껴진다.

하드에지와 색면추상

'탈회화적 추상'이라고 불리는 흐름에는 크게 세 가지 경향이 뒤섞여 있었다. 그중 하나가 바로 '하드에지(hard-edge)'다. 탈회화적 추상은 추상표현주의의 부드러움에서 딱딱함을 배웠다. 가령, 비행기의 연착륙과 경착륙을 떠올려보라. 추상표현주의의 화면은 전체가 균등하여 한 곳에서 다른 곳으로 이행이 점진적으로 이루어진다. 반면 케네스 놀런드의 화면을 보라.[3, 4] 하나의 색면이 경계선을 사이에 두고 다른 색면들과 거의 면도날처럼 날카로운 색채 대비를 이룬다. 하드에지의 경향

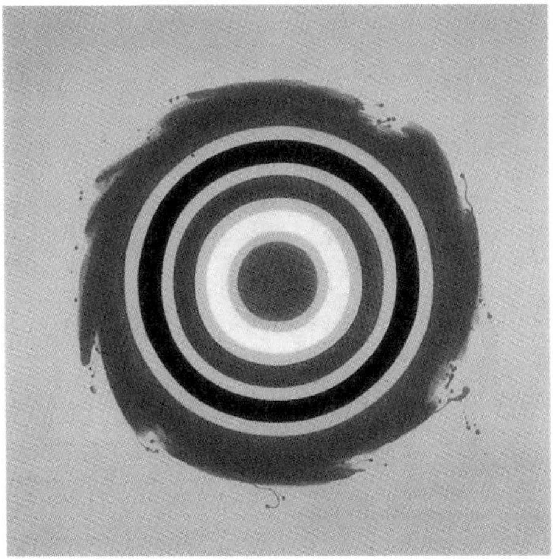

3
〈소용돌이〉 케네스 놀런드, 1960년

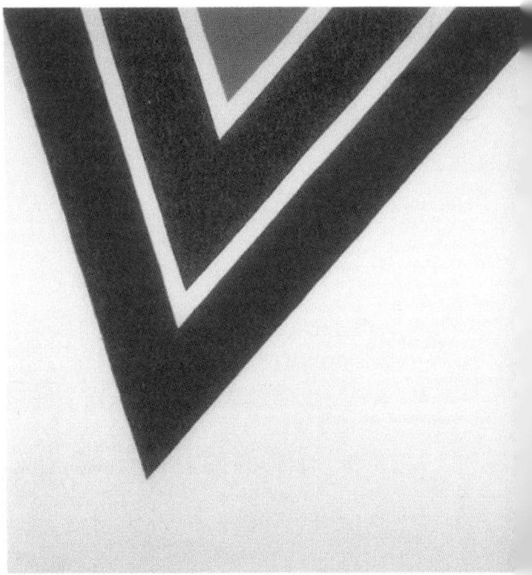

4
〈사라의 도달〉 케네스 놀런드, 1964년

은 물론 '지퍼'라는 이름의 수직선으로 화면을 명확히 분할한 뉴먼과 관련이 있을 것이다.

다른 하나는 '색면추상(color field painting)'이다. 하드에지에서는 색면들이 날카롭게 충돌한다면, 프랑켄탈러의 화면에서는 색채가 화포 위로 부드럽게 번져 나간다. 그녀가 폴록의 아틀리에서 보고 배운 이 기법을 모리스는 새로 발명된 아크릴을 이용해 스테이닝 기법으로 완성시킨다. 색면추상의 기원은 뉴먼과 로스코다. 순수 형식적 관점에서 수직선으로 명확히 분할되는 뉴먼의 화면은 하드에지에 가깝고, 그것의 부드러운 효과에 영향을 준 것은 로스코로 보인다. 다만 뉴먼과 로스코의 색면추상이 열광(exaltation)의 효과를 노렸다면, 탈회화적 추상의 색면추상은 차가운 형식적 고려에 종속된다.11

마지막은 후에 '미니멀리즘'으로 나아가는 사물화의 경향이다. 마이클 프리드는 그린버그의 환원주의가 결국 회화를 사물로 만드는 경향을 부추긴다고 지적한다.12 이를테면, 모리스 루이스는 색면추상의 화가로 분류되지만, 그의 작업에는 또 다른 경향이 숨어 있었다. 그의 스테이닝 기법은 화폭에 물감을 칠한다기보다는 차라리 화포를 염색하는 것에 가깝다. 이 경우 화포의 거친 텍스추어가 그대로 드러나 작품이 그림이라기보다는 하나의 사물처럼 느껴지게 된다. 프리드의 지적처럼 회화적 평면에서 환영주의를 완전히 폐기할 경우 작품은 회화가 아니라 사물이 된다.

미니멀리즘과 팝아트

이 맥락에서 주목해야 할 것은 프랭크 스텔라다. 이 '범례적인 탈회화적 화가'는 회화를 그림이 아니라 '오브제(object)'로 간주한다. 탈회화적 추상의 화가들은 뉴먼과 로스코의 "규정하기 힘든 숭고에 대한 시적 강조"에 반대하여, 합리적 축어주의(rational literalism)를 주창했다. 글자 그대로, "당신이 보는 것은 당신이 보는 것이다."13 이 스텔라의 구호에서 우리는 노골적인 미니멀리즘의 경향을 본다. 그가 그림을 사물로 간주하는 것은 물론 회화에서 환영주의를 피하기 위해서다. 그림이 그림인 한, 아무리 추상적이어도 거기에는 모종의 공간감이 남는다. 이를 피하려면 그림은 아예 사물이 될 수밖에 없다.

사실 텅 빈 배경에 달랑 붉은 삼각형과 하얀 동그라미만 그려 넣어도, 우리는 거기서 공간을 느낀다. 이를 피하려면 형태만 남기고 배경을 없애거나, 아니면 배경만 남기고 형태를 없애야 한다. 이 두 가지를 동시에 하는 방법은 바로 형태와 배경을 일치시키는 것이다. 이를 위해 스텔라는 캔버스를 형태와 똑같은 모양으로 잘라낸다.[5, 6] 이를 '셰이프트 캔버스'라고 부른다. 스텔라 외에도 케네스 놀런드 등 몇몇 탈회화적 추상화가들이 셰이프트 캔버스를 사용하곤 했다. 캔버스 안쪽으로는 회화라는 인상을 피하기 위해 동일한 모티프가 기계적으로 반복된다.

그린버그는 점점 막강해지는 팝아트의 위력에 탈회화적 추상으로 맞서려 했다. 하지만 탈회화 추상과 팝아트 사이에도 실은 유사성이 존재한다.14 이를테면, 화가의 제스처를 지우고 생산의 익명성을 지향한다는 점, 인쇄한 것처럼 매끈한 표면을 가졌다는 점, 공간의 깊이를 지우

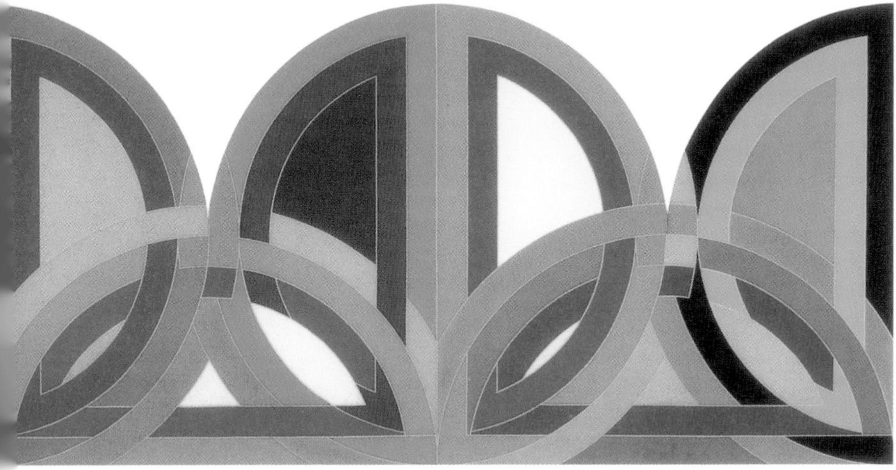

5
〈탁티 슐레이만〉 프랭크 스텔라, 1967년

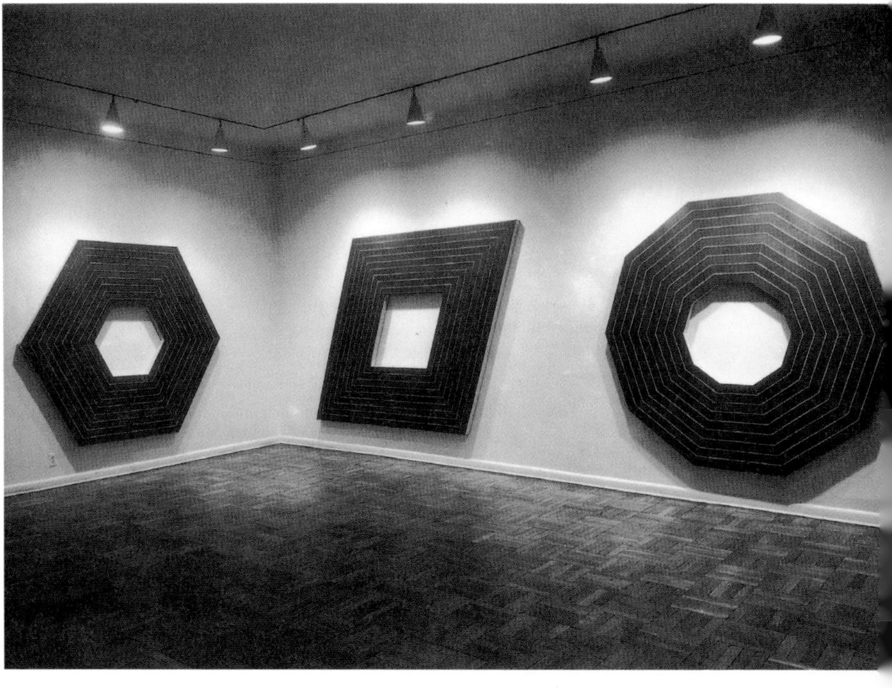

6
〈초상화〉 연작, 프랭크 스텔라, 1963년

기 위해 평면성을 지향한다는 점(팝아트는 아예 평면적 사물, 즉 사진이나 만화를 그렸다), 스텔라의 경우처럼 종종 시리얼한 제작 방식을 채택했다는 점(시리얼 제작은 수공업과 다른 공업 생산의 특징이다). 이는 탈회화적 추상이 팝아트와 공유하는 특성이다.

비록 추상은 아니지만 어떤 의미에서 팝아트도 탈회화적이었다. 이 시기의 예술은 후에 마이클 프리드가 '대상성(objecthood)'이라고 부른 것을 지향하고 있었다. 그것이 구상과 추상을 아우르는 1960년대의 시대정신일 것이다.

5 미니멀리즘

네가 보는 것은
네가 보는 것이다

공간의 환영은 구상회화에만 있는 게 아니다. 아무리 추상적이더라도, 그림이 그림으로 벽에 걸려 있는 한
환영'의 공간으로 지각되게 마련이다. 어떻게 이 딜레마에서 벗어날 수 있을까? 여기서 미니멀리스트들은
그러려면 그림이 더 이상 그림이 아니어야 한다."는 결론을 내리고 자신들의 작품을 아예 '사물'로 만들기
한다. 작품이 사물과 물리적으로 구별이 안 된다면, 혹은 구별하기 힘들다면, 그것을 예술로 만들어주는
은 관객의 체험일 것이다. 하지만 이는 그린버그가 생각하는 모더니즘의 강령에 배치된다. 작품의 성립에
객을 요청하는 것은 회화가 아닌 연극의 특성이기 때문이다.

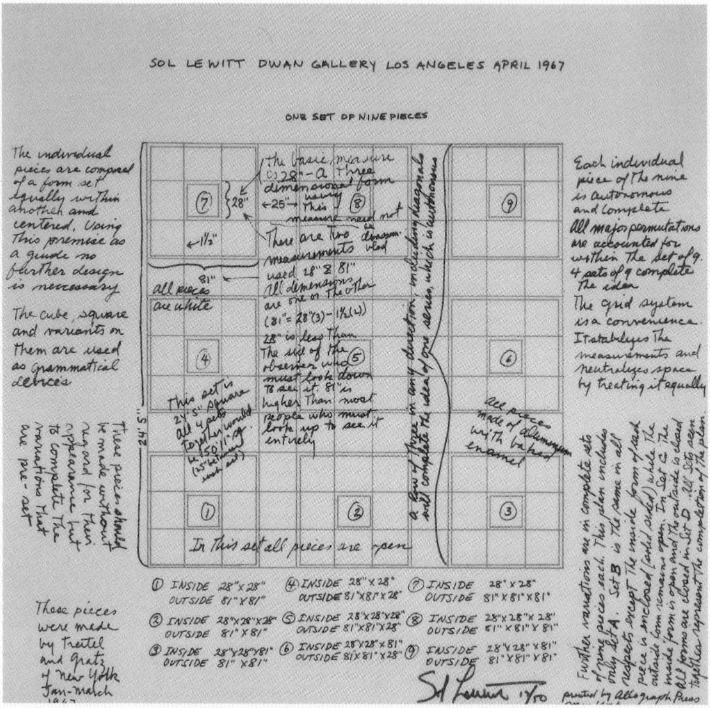

1

1967년 4월 LA 드완 미술관의 설치 도면, 솔 르윗, 1967년

미니멀리즘은 도처에 있다. 백화점에서는 상품의 디자인이며, 거실에서는 인테리어의 원리이며, 건축에서 그것은 구축의 원리다. 우리는 이미 미니멀리즘의 '심플한 디자인'에서 미적 매력을 느낀다. "더 적은 것이 더 많은 것이다(less is more)." 건축가 반 데어 로에(Ludwig Mies van der Rohe, 1886~1969)의 슬로건은 오늘날 미니멀리즘을 대표하는 구호로 통한다. 하지만 이는 사실 미니멀리즘이 설정한 예술적 목표와는 별 관계가 없다. 미니멀리즘은 추상표현주의에서 출발한 미국 모더니즘 운동이 낳은 특정한 미학적 문제의 해결책으로 출현했기 때문이다.

환영과의 고투

미국형 모더니즘의 가장 큰 문제는, 그림이 그림으로 벽에 걸리는 한 필연적으로 따라다니는 환영주의였다. 모더니즘은 화면에서 원근법적 공간을 몰아냈으나, 그 자리에 새로운 시각적 유형의 환영을 만들어낼 수밖에 없었다. 물론 그 환영은 옛 거장들의 것처럼 "관객이 그 속으로 들어가는 것을 상상할 수 있는 공간의 환영"이 아니라, "관객이 바라볼 수만 있는, 즉 오직 눈으로만 여행할 수 있는 환영"이다.[1] 추상적인 화면에도 환영의 효과는 끈덕지게 들러붙는다. 추상표현주의의 작품들, 심지어 폴록의 '올 오버(all over)'조차 여전히 모종의 공간감을 암시한다.

이 최소한의 환영 효과마저 배제하려 한 탈회화적 추상에서는 이미 "사물의 근본적 속성으로서의 모양과 회화의 매체로서의 모양 사이의 충돌이 나타난다."[2] 거기서 '모양(shape)'은 사물의 속성인지, 아니면 환영의 속성인지 불분명하다. (이를테면, 스텔라의 셰이프트 캔버스의 '모양'은 캔버스라는 물리적 기저에 속하는가? 아니면 그려진 이미지의 환영에 속하는가?) 이 '충돌'에서 과감히 사물성의 영역으로 진입할 때, 미니멀리즘이 탄생한다. 그린버그는 미니멀 아트가 더 이상 '예술'이 아닌 '사물'의 상태에 근접했다고 지적한다.

> 미니멀 작품은 오늘날 거의 모든 것—문, 책상, 한 장의 백지를 포함하여—이 그러하듯이 예술로 읽힐 수 있다. …… 하지만 현재 비(非)예술의 조건에 더 가까운, 그런 종류의 예술은 구상되거나 생각될 수 없을 것으로 보인다.[3]

환영을 쫓아내려는 엑소시즘(exorcism)은 결국 예술을 사물로 만들어버리는 경향이 있다. 프리드가 '미니멀 아트'를 '축어적 예술(literal art)'이라고 부르는 것은 이 때문이다. 회화의 환영주의는 관객이 물감을 물감이 아닌 다른 어떤 것으로 지각할 때 탄생한다. 하지만 미니멀 아트에는 그런 환영이 존재하지 않는다. 여기서는 글자 그대로(literllay) "네가 보는 것은 네가 보는 것이다." 이런 유형의 예술을 수식하는 데에는, 프리드의 말대로, '미니멀'보다는 '리터럴'이라는 표현이 더 적절할지도 모르겠다.

하나의 유일한 사물

이 예술의 트레이드마크로 통하는 '미니멀'한 특성은, 사실 회화적 환영을 불러일으키는 관계주의를 추방하는 과정에서 결과적으로 갖게 된 속성에 불과하다. 미니멀 아트는 관계주의적 예술 작품, 즉 "부분과 부분을 더하는 방식으로 구성"하는 작품, 즉 "전체와 구별되는 특정한 요소들을 결합해 작품 내에서 관계들을 설정하는" 작품에 반대한다. 부분과 부분, 부분과 전체의 관계를 통해 재료를 구성하는 물질적 요소들은 더 이상 그 물리적 속성으로 환원되지 않는 미적 환영으로 전화하기 때문이다.

화면에서 환영을 쫓아내려면 요소들의 '관계'부터 해체해야 한다. 그러려면 작품을 부분이 없는 통짜의 사물로, 즉 도널드 저드(Donald Judd, 1928~1994)가 '독특한 대상(specific object)'이라고 부른 "하나의 유일한 사물"로 만드는 수밖에 없다. '전체성(wholeness), 단일성(singleness), 불가분성(indivisibility)'이라는 미니멀의 미학은 여기서 비롯된다.[4] 이른바 '심플한' 디자인은 미니멀 아트의 자기 목적이 아니었다. 그것은 작품을 통짜의 사물에 가깝게 만들기 위해 구조를 최소화하는(minimize) 과정에서 미니멀 아트가 결과적으로 갖게 된 특성에 불과하다.

또 하나의 방법은 공업용 모듈을 도입하는 것이다.[1] 동일한 요소들이 기계적으로 반복될 때, 대상은 작가의 손을 거친 '작품'이 아니라 공업의 '산물'처럼 보이게 된다. 1960년대에 처음 등장했을 때만 해도 미니멀 아트는 그 '비인격성' 때문에 대중으로부터 널리 외면당했다. 대중

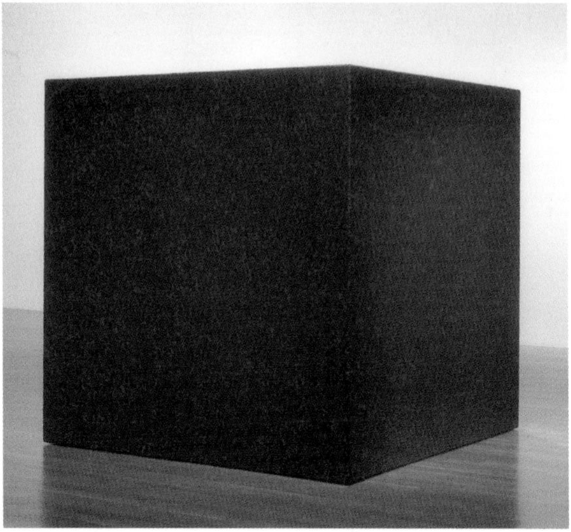

2
〈죽다〉 토니 스미스, 1962년

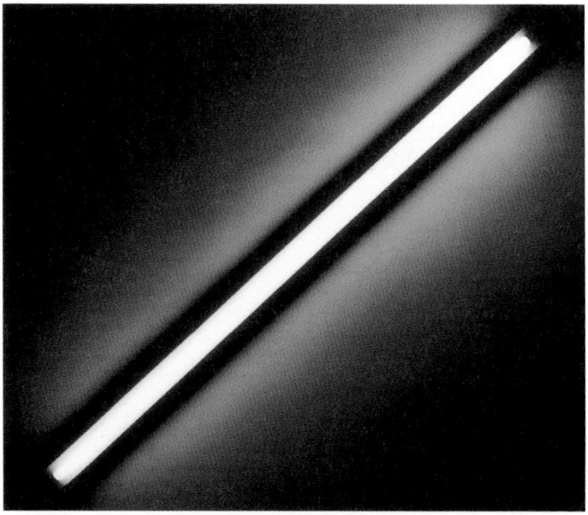

3
〈5월 25일의 대각선〉, 댄 플래빈, 1963년

은 예술에서 서정을 기대한다. 그들은 폴록의 작품에서 여전히 작가의 내면을 읽을 수 있었다. 하지만 미니멀리즘에서 그들이 보는 것은 공장에서 기계로 뽑은 듯이 보이는 물건뿐이다. 작가의 개입이 배제된 익명성, 기하학적 형태의 반복성, 모듈로 진행하는 연쇄성은 대중에게 지루하고 단조로울 뿐이었다.

환영과 더불어 사라지는 것은 작가의 인격이다. 이를테면, 토니 스미스(Tony Smith, 1912~1980)가 〈죽다〉[2]를 제작할 때 한 일이라곤 철공소에 전화를 걸어 "철판으로 커다란 주사위 모양의 조형물을 만들어 미술관 마당에 설치해달라."고 지시를 내린 것뿐이었다. 〈5월 25일의 대각선〉[3]을 제작하기 위해 댄 플래빈(Dan Flavin, 1933~1996)은 그저 시장에서 산 형광등을 전시장 벽에 비스듬히 걸어놓았을 뿐이다. 칼 안드레(Carl Andre, 1935~)는 여러 장의 벽돌을 사다가 바닥에 깔아놓고, 전시가 끝나면 그것들을 다시 해체해 트럭으로 실어 나르곤 했다.

반관계주의 미니멀리즘

도널드 저드는 미니멀리즘의 대표적 작가이자 이론가로, "그를 전면에 내세우지 않으면 미니멀리즘에 대한 설명은 완전할 수 없을 것이다."[5] 저드는 환영주의를 추방하려는 모더니즘의 기획에서 출발했다. 이 점에서 그는 그린버그의 강령에 충실하나 그의 반(反)환영주의는 그린버그의 것보다 더 철저했다. 그는 아예 '회화'의 조건 자체를 문제 삼는다.

> 회화에서 주요한 오류는 그것이 평평하게 벽에 걸리는 직사각형의 평면이라는 것이다. 직사각형은 그 자체가 모양이다. 그것은 분명히 전체의 모양이다. 그것이 그 위나 안에 있는 것들의 배열을 결정하고 제어한다.6

모더니즘은 공간의 환영을 파괴하여 평면으로 돌아가려 했다. 하지만 사각의 프레임이 존재하는 한, 회화의 표면에 있는 것은 그 어떤 것이든 자기 뒤로 공간을 갖게 마련이다. 이를테면, 폴록의 물감 자국은 제 주변에 공간의 환영을 만들어낸다. 로스코의 둥근 사각의 색 덩어리는 "거의 전통적으로 환영주의적"이다. 라인하트의 검은 모노크롬 캔버스는 "평면적이나, 그러면서도 무한히 깊다." 저드가 보기에 '환영의 공간'을 피하는 유일한 길은 작품이 아예 '실제의 공간' 속으로 들어가는 것이다.[4]

> 3차원은 실제의 공간이다. 그것은 환영주의의 문제와, 자국과 색채 속과 그 주변의 공간의 문제를 제거한다. 유럽 예술의 중요하고 가장 반대해야 할 유물 중 하나를 제거하는 것이다. 회화의 몇 가지 한계는 더 이상 존재하지 않게 된다. …… 실제의 공간은 평평한 표면에 칠한 물감보다 본질적으로 더 강력하고 더 독특하다.7

그렇다고 회화가 조각이 되어서도 안 된다. 조각에도 환영의 공간이 존재하기 때문이다. 조각 역시 회화처럼 "부분에 부분을 더하여 구성되는 식으로 만들어진다." 거기에는 부분들의 관계가 존재하며, 그것들은 다시 전체와의 관계 속에서 '위계'를 이룬다. 이 관계주의는 필연

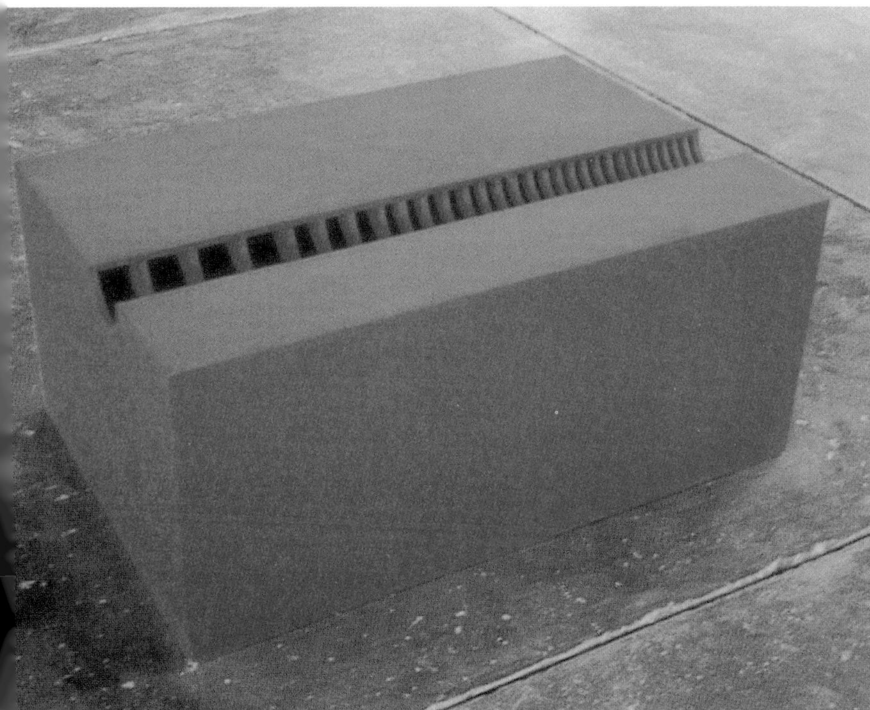

4
〈무제 — 홈 파인 상자〉 도널드 저드, 1963년

적으로 재료의 물리적 속성을 넘어서는 어떤 미적 환영을 만들어낸다. 이 환영 효과를 피하려면 당연히 구성 자체, 즉 부분을 조직하는 것 자체를 포기하고 통짜의 사물을 만들어야 한다. "전체로서 사물, 전체로서 그것의 특질. 그것이 흥미로운 것이다."8

작품은 액자나 받침대로 구획되는 허구의 공간을 떠나 실제의 공간 속에서 "회화도 아니고 조각도 아닌" 사물이 되어야 한다. 그 '사물'을 저드는 '특정한 객체(specific object)'라고 부른다. 이 객체는 "분명히 조각을 더 닮았으나" 실은 "회화에 더 가까운 것이다." 과거에 우리는 물감에서 풍경을 보고, 돌덩이에서 인체를 보았다. 하지만 미니멀리즘에서 우리가 보는 것은 덩그마니 놓인 하나의 사물뿐이다. "당신이 보는 것은 당신이 보는 것이다." 여기서 모더니즘의 '자기 지시성'은 극한에 도달한다. 이 순수한 사물의 '현전(presence)'이 미니멀리즘의 특성이다.

현상학적 미니멀리즘

저드가 회화를 환영주의로부터 구하려 한다면, 로버트 모리스(Robert Morris, 1931~2018)의 관심은 조각을 환영주의에서 해방시키는 데 있었다. '유럽의 유물'과 단절하려 했던 저드와 달리, 모리스는 자신의 작업을 유럽의 전통, 특히 러시아 구축주의와 연결시킨다. 그는 타틀린의 카운터 릴리프(counter relief)에서 미니멀리즘의 선구를 본다. 건축도 조각도 아니며, 아무것도 재현하거나 암시하지 않는 순수 조형물이라는 점에서다.

타틀린은 아마도 조각을 재현에서 해방시켜, 그것을 자율적 형태로 확립한 최초의 인물이었으리라. 그와 로드첸코, 그리고 다른 구축주의자들은 "그것의 요소들이 더 이상 자연에서 정당화를 찾지 못할 때, 하나의 구조는 조각이 아니라 건축이 된다."는 아폴리네르의 관찰을 반박했다. 최소한 타틀린과 다른 구축주의자들의 초기 작품은 형상을 지시하지도 건축을 지시하지도 않는다.9

저드의 '특정한 객체'가 회화도 아니고 조각도 아니듯이, 모리스의 '3차원 작품'은 조각도 아니고 건축도 아닌 어떤 것이다. 이 맥락에서 모리스는 토니 스미스를 인용한다. 72인치의 강철 입방체로 이루어진 〈죽다〉에 관한 인터뷰어의 질문에 토니 스미스는 이렇게 답변했다고 한다.

> 문: 당신은 왜 관객들을 엄습하도록 더 크게 만들지 않았습니까?
> 답: 나는 기념물을 만든 게 아닙니다.
> 문: 그렇다면 당신은 왜 관객들이 그 위를 굽어볼 수 있도록 더 작게 만들지 않았습니까?
> 답: 나는 오브제를 만든 게 아닙니다.10

모리스는 미니멀 아트에 가장 적합한 형태로 간단한 다면체(simple polyhedron)를 제안한다. 복잡하지 않은 다면체는 부분과 부분의 관계주의적 지각을 넘어, 그것을 하나의 전체로 파악하는 게슈탈트(gestalt) 지각을 가능하게 한다는 것이다. 그렇게 전체적 지각을 허락하는 간단

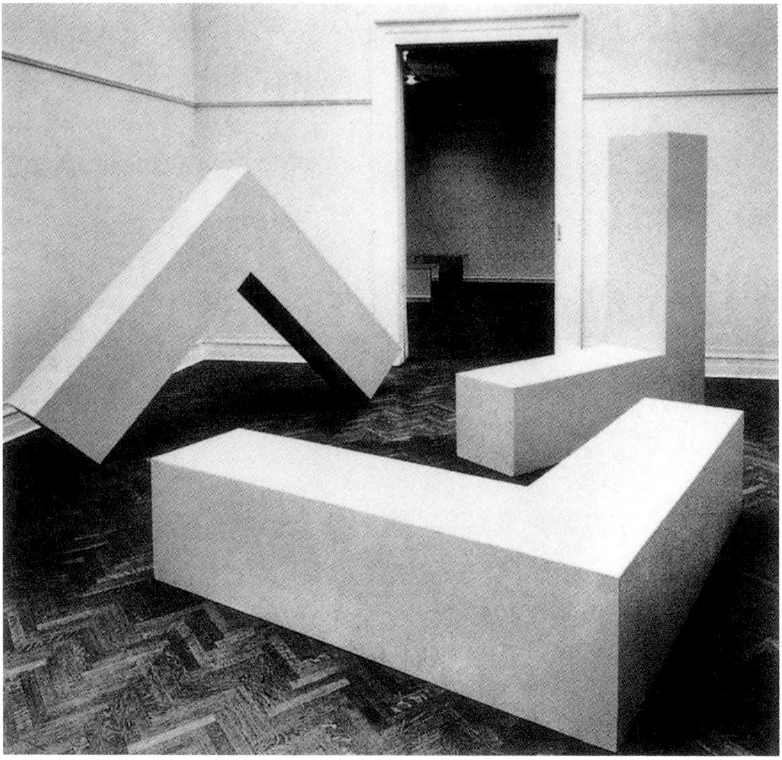

5

〈무제 — 3개의 L자형 빔〉 로버트 모리스, 1965~1966년

한 다면체를 모리스는 '단일한 형태(unitary form)'라고 부른다. 주목해야 할 것은, '단일성, 전체성, 불가분성'이라는 미니멀 아트의 효과가 여기서는 '지각'과의 차원에서 언급된다는 점이다. 모리스는 이를 입체주의적 지각에 대립시킨다.

> 작품의 체험은 필연적으로 시간 속에 있다. 그 의도는 하나의 평면 위에서 동시에 여러 개의 관점을 갖는 데 관심을 가진 입체주의에 정면으로 대립된다.11

'사물'에 집착했던 저드와 달리 모리스는 '지각'을 강조한다. 그가 설치한 L자(字) 모양의 철제 빔들은 정확히 같은 모양을 하고 있지만, 놓인 위치나 자세에 따라 모양이 사뭇 달라 보인다.[5] 이성은 세 개의 빔이 같다고 말하나, 지각은 서로 다르다고 말한다. 이 중 세계가 주어지는 근원적 방식은 어느 것일까? 근원적인 것은 지각이다. 모리스의 미니멀리즘은 이 원초적 지각의 현전, 최초 지각의 직접성을 확보하려 한다. 이는 물론 메를로퐁티(Maurice Merleau-Ponty, 1908~1961)의 영향을 받은 것이다. 그의 '지각의 현상학'은 '신체'의 움직임을 강조한다. 그리하여 모리스의 작품 역시 '신체의 참여'를 요구한다.

"상대적 크기를 지각할 때 인간의 신체는 자신을 규모의 상수로 설정하게 된다." 객체가 너무 크면 우리는 뒤로 물러나고, 너무 작으면 앞으로 다가선다. 모리스에 따르면 "객체와 주체 사이의 이 거리가 더 확장된 상황을 만들어낸다." 몸을 움직여 "객체를 다양한 위치, 변화하는 조명의 조건 및 공간적 맥락에서 감상할 때, 사람들은 저 자신이 직접

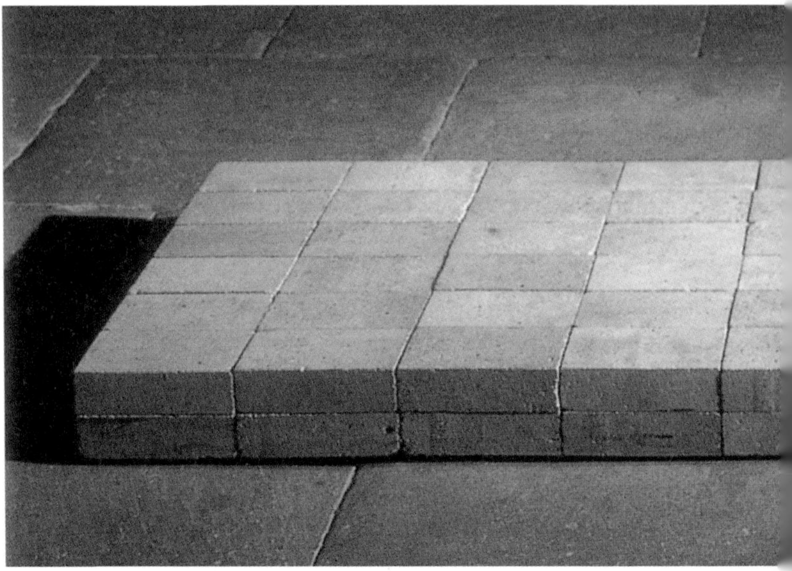

6
〈등가 VIII〉 칼 안드레, 1966년

(작품과) 관계를 설정하고 있음을 전보다 더 잘 의식"하기 때문이다. 단순하기 짝이 없는 저 물건들에서 체험할 게 얼마나 되겠느냐고 물을지 모르겠다. 모리스에 따르면, 객체가 단순할수록 체험은 외려 복잡해진다.

> 형태의 단순함을 경험의 단순함과 동일시해서는 안 된다. 단일한 형태는 (작품에 대한 관객의) 관계들을 축소시키는 것이 아니다. 외려 그것들을 주문한다.12

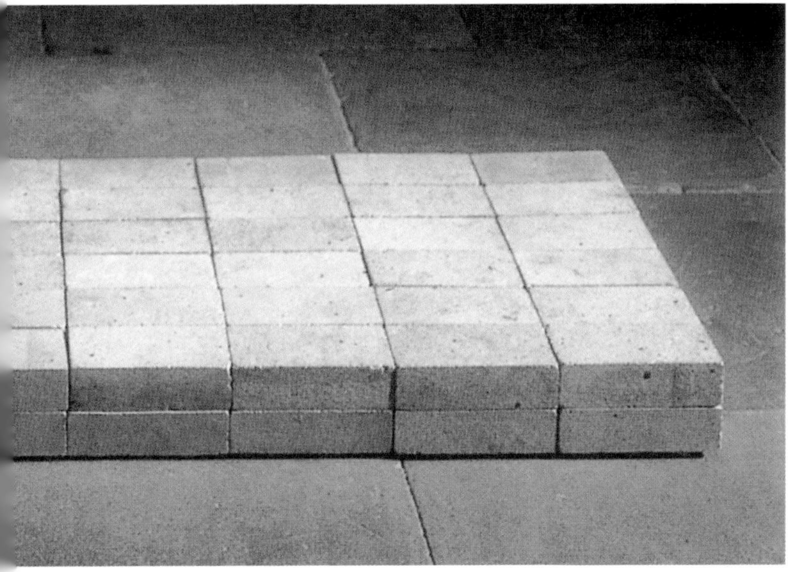

유물론적 미니멀리즘

저드가 반(反)관계주의적이고, 모리스가 현상학적이라면, 칼 안드레는 유물론적이다. 안드레는 조각을 수평으로 만든 최초의 작가일 것이다.[6] 그는 조각을 수직으로 선 남근에 비유한다. "내 작품에서 남근은 바닥에 있다."[13] 초기에 그는 나무를, 다음에는 벽돌을, 그다음에는 정방형의 금속판을 바닥에 깔았다. 작품과 관객을 등질의 공간에 넣는 미니멀리즘의 전략은 여기서 극한에 도달한다. 그는 관객들로 하여금 작품을 밟고 지나가게 함으로써 금속이 가진 물성(物性), 그것의 촉감과 무게를 직접 느끼게 만들었다. 물리적 속성에서 비롯되는 감각의 현전을 강조했던 것이다.

안드레는 자신의 작품이 결코 '개념적'이지 않으며, 그것이 언제나 실제의 사물, 물질의 현실성에 관한 것이라고 강조한다. "물질성, 세계 속에서 조각 작품의 현전 …… 나는 이런 종류의 본질적 사물에 관심이 있다."[14] 하지만 물질에 대한 그의 관심은 뒤뷔페과 같은 앵포르멜의 작가들이 주장한 '물질의 시학'과는 관계가 없다. 그는 물질을 그 자체로서 사용할 뿐, 그것으로써 다른 어떤 것을 환기시키려 하지 않기 때문이다. 그런 의미에서 그는 철저한 미니멀리스트, 아니 리터럴리스트다. 그는 제 작품을 이렇게 특징짓는다.

> 내 작품은 무신론적이고 유물론적이며 공산주의적이다. 그것은 무신론적이다. 왜냐하면 그것은 초월적 형태도 없고, 영적이거나 지적인 특질도 없기 때문이다. 그것은 유물론적이다. 왜냐하면 그것은 다른 재료인 척함이 없이 그 자신의 재료로 만들어지기 때문이다. 그리고 그것은 공산주의적이다. 왜냐하면 그 형태는 모든 사람에게 똑같이 접근 가능하기 때문이다.[15]

칼 안드레는 누구나 살 수 있는 재료로, 누구나 할 수 있는 형태로 배열된 자신의 작품이 '평등주의'를 구현한다고 믿었다. 그는 조각의 발전 과정을 이렇게 요약한다. "발전의 경로. 형태로서 조각. 구조로서 조각. 장소로서 조각."[16] 조각이 이미 장소라면, 그것은 더 이상 공간을 차지하는 오브제일 수가 없다. 안드레의 미니멀리즘은 이렇게 대지예술(land art)이나 장소 특정적(site specific) 설치예술로 확장된다. 그는 언젠가 이렇게 말했다. "나의 이상적 작품은 길이다."[17]

개념적 미니멀리즘

안드레의 작업이 유물론적이라면, 솔 르윗(Sol LeWitt, 1928~2007)의 작품은 탈(脫)물질적이다. '개념적'이기를 거부한 안드레와 달리, 솔 르윗은 '개념(concept)'을 지향한다. '벽 드로잉(wall drawing)'을 제작할 때, 그는 작업의 공식만 제공하고, 공식에 따라 벽에 드로잉을 하는 작업은 직공들의 손에 맡겼다.[7] 모듈을 수학적으로 반복한다는 점에서 그의 작업은 '미니멀'하다.[8] '전체의 통일성'이나 '감정적으로 건조한' 효과를 강조하는 것 역시 미니멀리즘의 특징이라고 할 수 있다. 하지만 그는 미니멀 아트의 사물성을 물질성으로 이해하는 것을 거부한다.

솔 르윗에 따르면, 예술에서 가장 중요한 것은 아이디어 혹은 개념이다.[18] 하지만 "몇몇 예술가는 새로운 재료(materials)를 새로운 아이디어로 혼동한다."[19] 하지만 "관객으로 하여금 물리적 성격(physicality)에 주목하게 하는 것은 그 어떤 것이든 아이디어의 이해를 방해하게 된다."[20] 이 발언은 마치 물질성을 강조하는 칼 안드레를 겨냥한 것처럼 들린다. 이렇게 예술의 개념적(conceptual) 측면을 강조한다는 점에서 솔 르윗은 작품의 지각적(perceptual) 측면에 집착하는 모리스의 미니멀리즘과도 충돌한다. 여기서 그는 미니멀리즘을 넘어 개념예술로 나아간다.

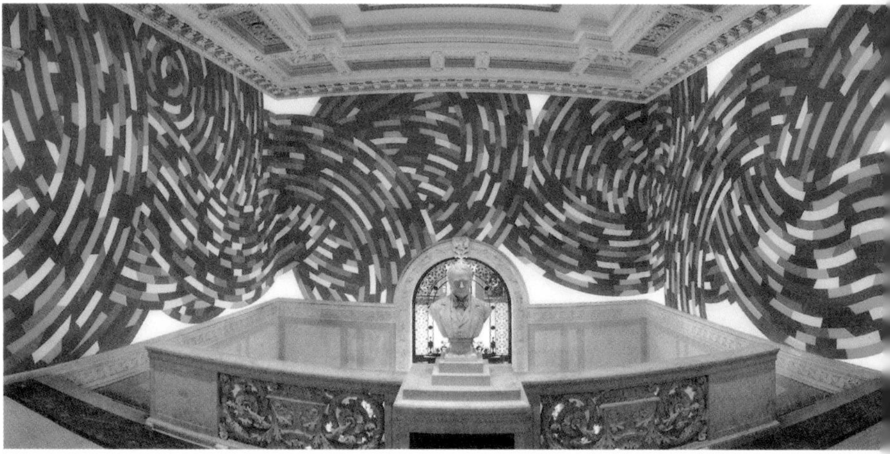

7

〈벽 드로잉 1131번 — 빙글빙글〉 솔 르윗, 2004년

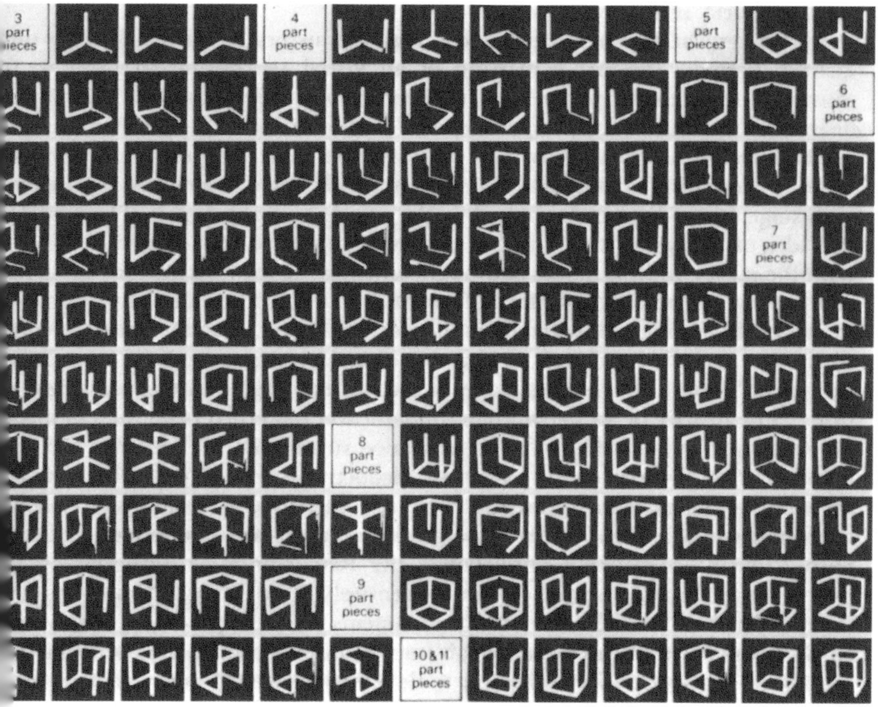

8

〈122개의 열린 입방체〉 솔 르윗, 1974년

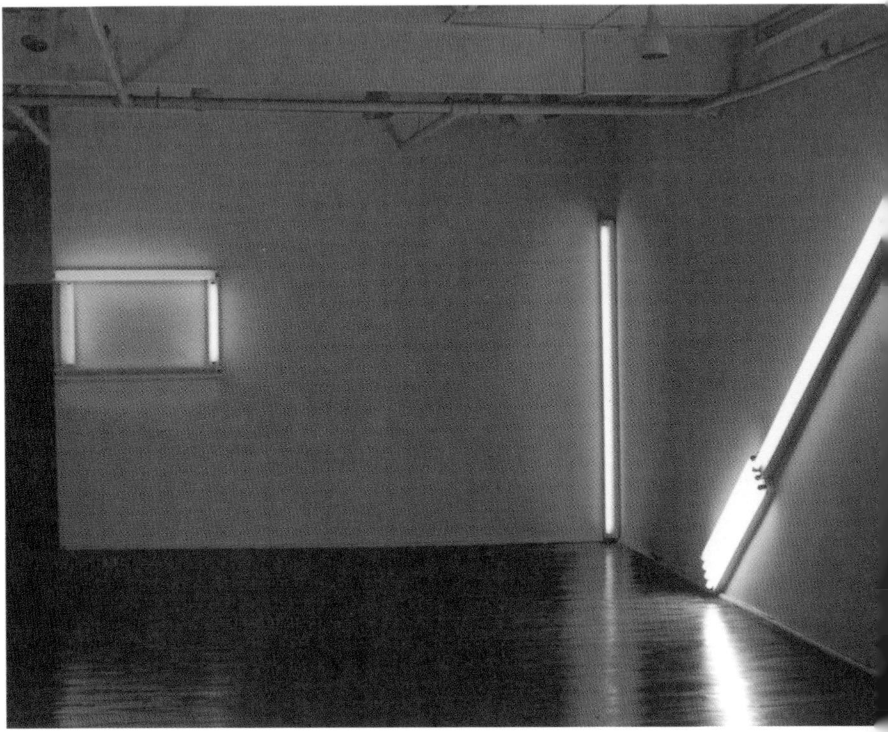

9
〈형광등〉 댄 플래빈, 1964년

미니멀 조각을 대표하는 또 다른 작가는 댄 플래빈이다. 그는 조각을 '형태'라기보다는 '공간'의 예술로 이해했다. 그의 작품에서는 다양한 색채의 형광등이 주위의 공간을 물들인다.[9] 플래빈은 공간을 변형시키는 빛의 효과 속에서 거의 종교적 영성에 가까운 '숭고함'을 본다. 여기서 우리는 뉴먼이나 로스코의 초월적 숭고와는 다른 세속적 숭고, 이른바 현대의 기술적 숭고를 본다. 플래빈은 이를 '산업적 물신(物神)'이라고 불렀다. "평범한 램프가 평범한 산업적 물신이 된다. 그것은 철저히 복제 가능하면서도 왠지 충격적으로 낯설게 느껴진다."[21]

사물성과 연극성

미니멀리즘은 통일된 강령을 가진 운동이 아니었다. 그저 "회화도, 조각도 아닌 사물을 지향한다."는 목표를 공유할 뿐, 작가들 사이에는 적지 않은 차이가 존재했다. 그럼에도 미니멀리즘의 이 다양한 흐름을 하나로 묶어주는 몇 가지 가족 유사성이 있다면, 그것은 작가의 인격적 개입을 배제하고, 공장에서 제작된 기성의 재료를 사용하며, 작품이 전체성·반복성·상사성을 띠면서 정서적으로 건조하다는 것이다. 이들의 작업에서는 또한 환영보다는 '객체'가, 형태보다는 '공간'이, 작가보다는 '관객'이 중시된다. 이 '객체–공간–관객'의 삼각형이 미니멀리즘의 본질적 특징을 이룬다.

미니멀리즘은 "매체의 순수성을 위해 환영주의를 제거한다."는 그린버그 버전의 모더니즘에서 출발했다. 하지만 그 과정에서 그것은 회화가 아닌 다른 것이 되려 했다. 이는 그린버그의 의도에서 벗어난 것이다. 그린버그에 따르면, 회화는 회화여야 하기 때문이다. 그저 "조각적 환영이나 눈속임 회화"를 단념할 뿐, 모더니즘에서도 "시각적 환영은 허용되고, 또 허용되어야 한다."[22] 하지만 미니멀리스트들은 회화를 회화로 만들어주는 이 최소한의 환영마저 제거함으로써 회화를 회화가 아닌 것으로 만들어버리고 그린버그가 생각하는 모더니즘의 지평을 떠난다.

그린버그는 미니멀리즘을 "진기함의 예술(novelty art)"로 폄하하고, 그것이 그저 "일시적 놀라움"을 줄 뿐이며, 그 효과 역시 "느껴지거나 발견된 것이라기보다는 뭔가 연역된 것처럼 보인다."[23]고 말했다. 그의 충실한 제자인 마이클 프리드 역시 미니멀리즘이 모더니즘 회화에 대립적이라고 느낀다.

> 사물성에 대한 미니멀리스트의 옹호와 모더니즘 회화의 자기명법, 즉 형상의 매체를 통해 자신의 사물성을 반박 내지 유예하라는 명법 사이에는 날카로운 대조가 존재한다. 최근의 모더니즘 회화의 시각에서 볼 때, 리터럴리스트 입장이 보여주는 감성은 사실 그것에 그저 낯설 뿐 아니라 대립적(antithetical)이기까지 하다.[24]

아무리 회화가 추상적이더라도 그것이 회화이려면 미적 가상으로 남아야 한다. 하지만 미니멀리즘은 바로 그 영역을 떠나려 한다. 회화가 더 이상 회화가 아니라면, 또 조각이 더 이상 조각이 아니라면, 미니멀의 회화와 조각은 대체 어디로 나아가려 하는 것일까? 마이클 프리드는 바로 '연극'이라고 대답한다.

사물성에 대한 미니멀리스트의 옹호는 새로운 장르의 연극을 요청하는 것이나 다름없다. 여기서 연극은 미술의 부정을 의미한다.25

프리드에 따르면, "미니멀리즘 예술의 현전성은 …… 근본적으로 연극적 효과 혹은 특질, 다시 말하면 일종의 무대의 현전이다."26 미술은 정지된 시간 속의 공간예술이나, 미니멀리즘은 흐르는 시간 속에서 관객과 작품의 관계를 극화한다. 이렇게 미술이 연극을 지향하는 것은 "회화는 회화로 돌아가야 한다."는 모더니즘의 계명을 정면으로 위반한 것이다. 프리드는 이를 회화와 연극 사이의 '전쟁'으로 규정한다.

자신의 사물성을 반박 내지 유예하라는 모더니즘 회화의 명법은 근본적으로 연극을 반박 내지 유예하라는 명법이다. 그리고 이는 연극과 모더니즘 회화, 연극성과 회화성 사이에 진행되는 전쟁을 의미한다. 이 전쟁은, 모더니즘 회화와 조각에 대한 미니멀리스트들의 명시적 거부에도 불구하고, 기본적으로 강령이나 이념의 문제가 아니라 체험, 확신, 감성의 문제다.27

미니멀리즘은 필연적으로 관객의 참여를 요청한다. 작품이 사물이 되어버릴 경우, 그 사물을 예술로 만들어주는 것은 관객이기 때문이다. 그런 의미에서 미니멀리즘이 '연극적'이라는 프리드의 비난은 나름 예리한 구석이 있다. '객체-공간-관객'이라는 미니멀리즘의 삼각형은 사실 '배우-무대-관객'이라는 연극의 3요소를 연상시키기 때문이다.

미니멀리즘 이후

미니멀리즘을 '환원주의적'으로 설명하는 것만큼 잘못된 생각도 없을 것이다. 미니멀리즘은 사물의 근원에 도달하기 위해 복잡한 형태를 기하학으로 환원시킨 것이 아니다. 기호학적 관점에서 고전 회화를 도상, 전전의 기하학적 추상을 상징, 전후의 표현적 추상을 지표로 규정한다면, 미니멀리즘은 도상도, 상징도, 지표도 아니다. 그것은 '기호'가 아니라 그냥 '사물'이다. 몬드리안의 기하학이 깊다면, 미니멀리즘의 기하학은 얕다. 그것은 지성으로 본 깊이가 아니라 지각으로 느끼는 표면을 지향한다. 기하학과 현전성의 모순적 만남. 바로 여기에 미니멀리즘의 본질이 있다.

그린버그는 미니멀리즘을 "일시적 놀라움"으로 규정했으나, 그의 생각과 달리 미니멀리즘은 그저 일시적 유행으로 끝나지 않았다. '포스트-미니멀리즘'이라고 불리는 1960~1970년대 미술의 다양한 흐름은 미니멀리즘의 특정 측면을 계승 혹은 극복하려는 시도에서 발생했다. 이를테면, '퍼포먼스(performance)'는 미니멀리즘의 연극성을, '과정예술(process art)은 그것의 시간성을, '신체예술(body art)'은 그것의 신체성을 각각 계승한 것이다. '설치(installation)', '대지예술(land art)', '장소특정예술(site-specific art)' 역시 사물을 특정한 장소에 집어넣어 맥락을 창조하는 미니멀리즘의 전략에 근원을 두고 있다.

미니멀리즘의 가장 큰 업적은 모더니즘의 협소한 감옥에서 미술을 해방시킨 데 있지 않을까? 미니멀리즘 이후 미술의 영역은 비할 데 없이 넓어졌다. 오늘날 미술은 종종 미술이 아닌 다른 것처럼 보인다. 프리드는 이를 '취향의 타락'으로 보았으나, 오늘날 화가가 전시장에서 공연을 한다고 해도 놀라거나 비난할 사람은 더 이상 없을 것이다. 미니멀리즘은 그린버그의 모더니즘을 내부로부터 붕괴시켰다.

6 개념미술

육체를 벗어버린 예술

니멀리스트들은 자신들의 작품이 사물과 똑같아지기를 원했다. 하지만 작품이 사물과 다르지 않다면, 굳 그것을 만들어낼 필요도 없을 것이다. 여기서 '개념미술'이라는 발상이 탄생한다. 개념미술가들은 예술의 질은 '개념(concept)'에 있다고 보았다. 즉 예술가의 창조적 발상이 실행(창작)이나 결과(작품)보다 더 중요 다는 것이다. 이 경우 미술은 문학에 가까워진다. 개념미술의 논리를 엄격히 적용하면, 작품은 미술관에 시할 것이 아니라 잡지에 기고하는 게 나을 것이다. 미니멀리스트들은 팔릴 수 없는 작품을 만들기를 원 다. 여기서 그들의 아방가르드 정신을 엿볼 수 있다.

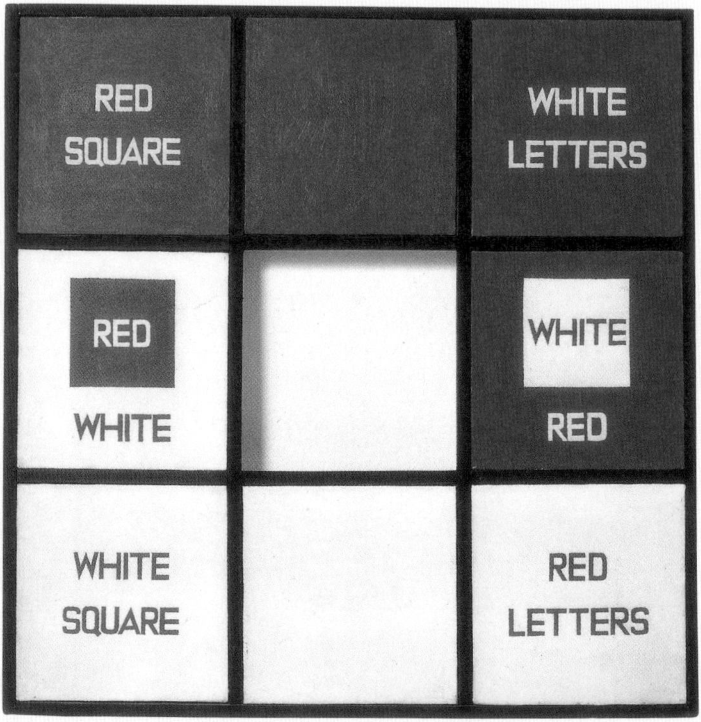

1
〈붉은 정사각형 하얀 글자들〉 솔 르윗, 1963년

작품을 전시회에 출품하는 게 아니라 잡지에 기고하는 화가들이 있다. '개념미술가'라고 불리는 이들이 그들이다. '개념미술(concept art)'이라는 말을 처음 사용한 사람은 헨리 플린트(Henry Flynt, 1940~)로 알려져 있다. 1961년에 쓴 에세이에서 그는 개념미술을 이렇게 정의한다. "개념미술은 무엇보다도 개념을 재료로 하는 미술이다. 음악의 재료가 소리인 것처럼 말이다. 개념들은 언어와 아주 밀접한 관계가 있으므로, 개념미술은 언어를 재료로 하는 미술 형식이라고 할 수 있다."[1] 그는 구조예술(structure art), 특히 총렬음악(total serial music)에서 개념미술의 영감을 얻었다고 한다.

예술의 종말론

플린트의 말은 묘하게도 예술의 종언을 말하던 헤겔을 연상시킨다. 헤겔에 따르면, 예술은 필연적으로 물질성에서 정신성으로 이행한다. 고대 오리엔트의 예술을 대표한 것은 피라미드나 스핑크스와 같은 거대한 건축물이나 기념비였다. 이때 정신은 아직 육중한 물질에 눌려 있었다. 이어서 등장한 그리스 예술에서 주도적 역할을 맡은 장르는 역시 조각이었다. 헤겔에 따르면, 예술의 본질은 "정신적 이념을 감각적 물질로 구현"하는 데 있다. 이 때문에 그는 정신과 물질이 어느 쪽에도 치우치지 않고 적절히 조화를 이룬 그리스 조각에서 예술이 정점에 도달했다고 보았다.

이후 정신은 더 성장하여 서서히 물질을 압도하기 시작한다. 르네상스 예술을 주도한 장르는 회화였다. 회화는 정신적 추상을 통해 현실의

한 차원을 접어 3차원의 공간을 2차원의 평면으로 환원시킨다는 점에서 조각보다 더 정신적이다. 회화의 재료인 물감 역시 육중한 돌을 사용하는 조각에 비해 물질성이 한결 약하다. 17세기에는 음악이 예술을 주도하는 역할을 이어받게 된다. 음악의 재료인 소리에는 거의 물질성이 없다. 19세기 이후의 주도적 장르는 시였다. 이제 예술은 마침내 물질성을 완전히 벗고 학문과 똑같은 재료, 즉 개념을 사용하게 된다.

다 자란 정신에게 예술의 물질성은 그저 거추장스런 옷일 뿐이다. 이 지점에서 헤겔은 예술의 종언을 선언한다. 절대정신이 '물질적' 매체를 통해 표현되는 시대는 지났다는 것이다. 예술이 종언을 고했다는 그의 예언은 빗나갔을지 몰라도, 20세기 예술의 경향을 보건대, 적어도 예술이 물질을 벗고 정신으로 상승하리라는 그의 지적은 적중한 것으로 보인다. 다다이스트 마르셀 뒤샹(Marcel Duchamp, 1887~1968)은 언젠가 이렇게 말했다.

> 다다는 회화의 물리적(physical) 측면에 대한 극단적 항거이자 일종의 형이상학적(metaphysical) 태도였다. 다다는 내밀하게 그리고 의식적으로 문학에 관계했다.[2]

실제로 뒤샹은 주로 '개념'으로 작품을 만들어왔다. 이를테면, 그 유명한 변기를 비롯하여 눈삽, 병 건조대, 자전거 바퀴 등 다양한 레디메이드로 그가 창조한 것은 물질적 오브제로서 '작품'이 아니라 비물질적인 '관념', 즉 예술의 새로운 '정의(定義)'였다. 1910년대 말 그는 "더 이상 그림을 그리지 않겠다."는 선언을 하며, 아예 그림을 그리지 않는 최초의 화가(?)가 된다. 그로부터 반세기가 지난 1961년 플린트가 '개념미술'을 제안했을 때, 그 역시 이를 일종의 네오 다다의 제스처로 이해했다.

오브제에서 개념으로

개념미술의 근원은 다다에 있겠지만, 운동의 직접적 단초가 된 것은 미니멀리즘이었다. 미니멀리즘과 개념미술의 경계는 뚜렷하지 않다. 이를테면, 조셉 코수스(Joseph Kosuth, 1945~)는 미니멀리즘의 전사(前史)에 속하며, 로버트 모리스나 솔 르윗 역시 미니멀리스트로 더 잘 알려져 있다. 저드에게 작품은 아직 '사물'이었다. 모리스에게 작품은 이미 '지각'이었다. 솔 르윗에 이르러 작품은 마침내 '개념'이 된다. 그의 〈붉은 정사각형 하얀 글자들〉[1] 속의 동어반복은 미니멀리즘에서 개념미술에 이르는 도정에서 뒤샹이 요청한 망막적(retinal) 현상에서 정신적(mental) 현상으로의 변모를 시각적으로 보여준다.

미니멀리즘이 개념미술로 진화하는 것은 논리적 필연인지도 모른다. 사실 미니멀리즘에 속하는 작품들은 '사물'과 거의 구별되지 않는다. 그렇다면 굳이 '작품'을 제작하는 게 무슨 의미가 있겠는가? 당시에 아직 미니멀 유형의 작업을 하던 빅터 버긴(Victor Burgin, 1941~)은 1966년에 로버트 모리스와 나눴던 대화를 이렇게 회상한다.

> 모리스는 그의 작품이 단순히 방 안에 있는 요소들 중 하나이기를 원했다. 즉 방 안에 있는 다른 것들과 다를 바 없다는 것이다. …… 나는 그

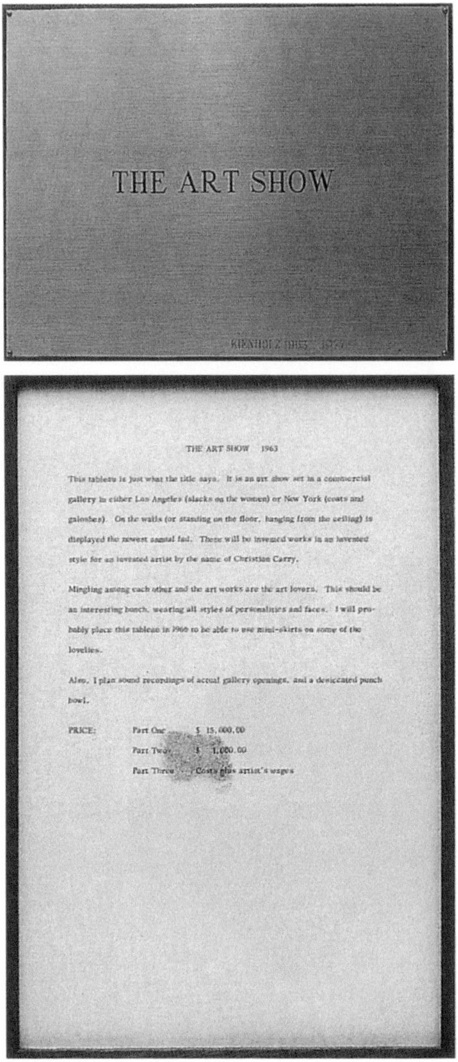

THE ART SHOW 1963

This tableau is just what the title says. It is an art show set in a commercial gallery in either Los Angeles (slacks on the women) or New York (coats and galoshes). On the walls (or standing on the floor, hanging from the ceiling) is displayed the newest [illegible] fad. There will be invented works in an invented style for an invented artist by the name of Christian Carry.

Mingling among each other and the art works are the art lovers. This should be an interesting bunch, wearing all styles of personalities and faces. I will probably place this tableau in 1966 to be able to use mini-skirts on some of the lovelies.

Also, I plan sound recordings of actual gallery openings, and a desiccated punch bowl.

PRICE:	Part One	$ 15,000.00
	Part Two	$ 1,000.00
	Part Three	Costs plus artist's wages

2

〈전시〉 에드워드 킨홀즈, 1963년

> 에게 물었다. "만약 작품이 다른 요소들과 다를 바 없는 것이라면 왜 그 것을 만드느라 애씁니까?"[3]

여기서 미니멀리즘은 개념미술로 진화한다. 솔 르윗에 따르면, 개념미술에서는 "생각이나 관념"이 작품의 가장 중요한 측면이 된다. 그의 말대로 예술가가 예술에 개념적 형식을 사용한다는 것은 곧 모든 계획과 결정이 미리 만들어지고 실행은 요식행위가 된다는 것을 의미한다. 실제로 르윗은 '벽 드로잉'의 실행을 고용된 인부들에게 맡겼고, 토니 스미스 역시 〈죽다〉의 물질적 실현을 공업사에 맡겼다. 창작과 실연이 분리된다는 점에서 이들의 작업 방식은 음악의 과정을 닮았다. 음악에서는 작곡가가 곡을 쓰고, 실연은 연주자들에게 맡겨지기 때문이다.

여기서 더 나아가면 아예 실행 자체를 포기하는 단계에 이르게 된다. 1963년 에드워드 킨홀즈(Edward Kienholz, 1927~1994)는 제작에 따르는 비용과 시간이 아까워 '개념 타블로(concept tableaux)'를 만들었다.[2] 작업은 세 단계로 이루어진다. 구매자는 먼저 개념(을 적은 종이나 명판)을 사고, 이어 구상을 시각적으로 표현한 드로잉을 사며, 마음에 들면 더 많은 돈을 내고 작품의 제작을 주문할 수 있다.[4] 물론 킨홀즈가 물질적 실현 자체를 포기하려 한 것은 아니다. 하지만 그의 작품은 대부분 실현되지 않은 관념으로 남았다. 해럴드 로젠버그는 잊지 않고 이를 액션 페인팅의 전통과 연결시킨다.

> 문서를 통한 예술적 소통은 회화가 물리적 오브제라기보다는 작가의 창조적 과정의 기록으로 간주되어야 한다는 액션 페인팅의 아이디어를 극

> 한으로까지 발전시킨 것이다. 행해진 사물이 아니라 행위하는 사건이 작품이다. 따라서 작품은 논리적으로 비가시적일 수 있다. 얘기될 수는 있으나 보이지는 않는 것이다. 땅에 묻히기 위해 만들어진 올덴버그의 조각은 풍문을 통해 영향력 있는 작품이 되었다. …… 여기서 한 걸음 더 나아가면, 예술 작품은 제작될 필요가 없게 된다. 창조적 활동은 작품의 제안만으로 이루어질 수도 있다.5

물론 로젠버그의 해석은 초점이 빗나간 것이다. '관념-실행-작품'으로 이어지는 예술적 소통의 도식에서 '액션 페인팅'이 두 번째 지절을 강조한다면, 개념미술은 첫 번째 지절에 예술의 본질이 있다고 믿기 때문이다. 개념미술은 외려 로젠버그가 그토록 강조하는 '실행'을 포기한다. 게다가 킨홀츠의 '개념 타블로'에서 폴록의 액션 페인팅에서처럼 작가의 격렬한 실존적 고투를 기대할 수는 없다. 그의 작업은 예술시장에 대한 패러디의 성격을 띠고 있었다. 킨홀츠의 작업은 차라리 다다의 제스처에 가깝다.

본격적인 의미에서 최초의 개념미술가는 멜 보크너(Mel Bochner, 1940~)였다. 킨홀즈가 실행을 포기한 것이 '임시방편'이었다면, 보크너는 물리적 실행을 '개념적'으로 포기하기 때문이다. 1966년 그는 동료 작가들의 드로잉과 작업 구상을 담은 종이를 여러 번 복사하여 네 권의 파일노트에 끼워 조각의 받침대 위에 올려놓았다.[3, 4] 거기에는 솔 르윗과 댄 플래빈의 작업 스케치,[5] 저들의 작품에 대한 자세한 설명을 담은 송장, 존 케이지가 작곡한 악보가 포함되어 있었다. 파일의 첫 장은 화랑의 도면, 마지막 장은 복사기의 조립도면이었다. 이 전시회를 찾

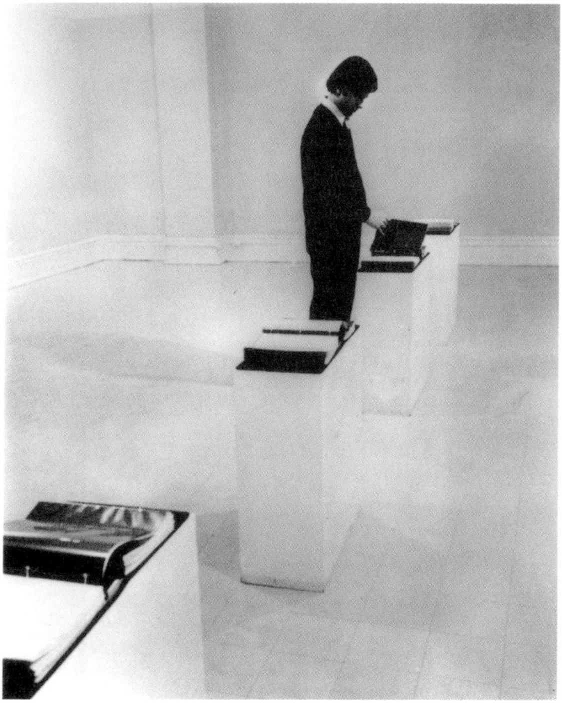

3
멜 보크너의 전시 장면, 1966년

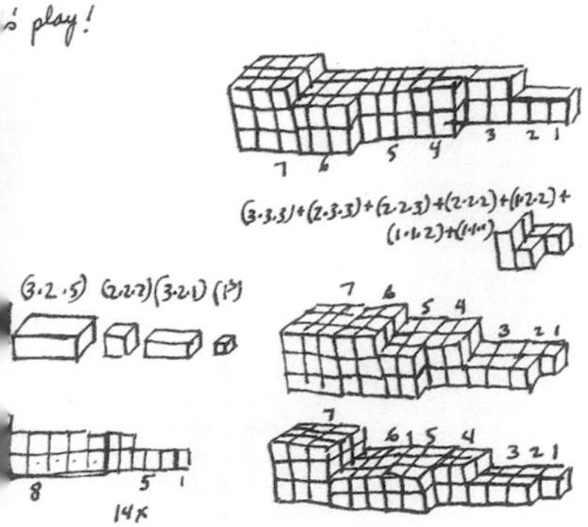

4
〈무제〉 멜 보크너, 1966년

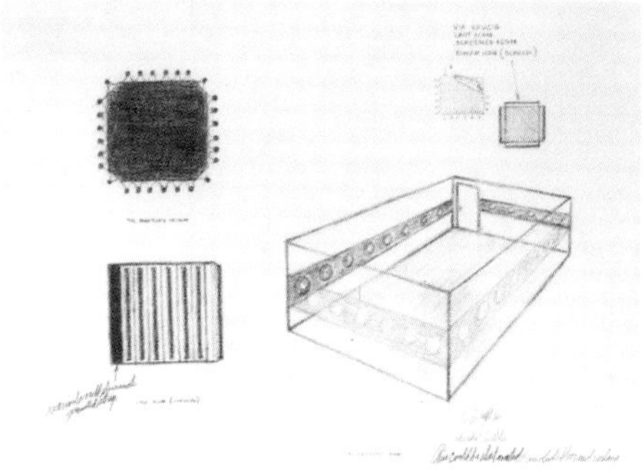

5
〈무제〉의 도면, 댄 플래빈, 1966년

은 관객들은 작품을 '보는' 게 아니라 파일을 넘겨가며 '읽어야' 했다.6

개념미술의 전략들

말로 하는 명령, 문서로 된 작업 지시, 혹은 행동을 지시하는 스코어가 예술이 될 때, 미술은 문학에 가까워진다. 이제 화가는 작품을 전시회에 출품하는 게 아니라 아예 잡지에 기고하게 된다. 조셉 코수스는 1968년 〈예술-언어〉라는 잡지에 작품을 기고하며 이렇게 말했다.

> 시소러스의 범주들로 이루어진 이 작품은 어떤 아이디어의 다면성을 다룬다. 나는 출품의 형식을 바꾸어 …… 신문이나 간행물에서 지면을 구입했다. 이 방식을 통해 작품의 비(非)물질성이 강조되고, 회화와의 그 어떤 가능한 연결도 단절된다. …… 예술가로서 내 역할은 작품의 출판과 더불어 끝난다.7

르윗이 〈아트포럼〉이라는 잡지에 기고한 〈개념예술에 관한 패러그래프들〉(1967)은 오늘날 개념미술의 강령으로 여겨진다. 거기서 그는 개념미술의 본질을 이렇게 규정한다.

> 생각 혹은 개념이 작품의 가장 중요한 측면이다. 예술가의 목표는 제 작품을 관찰자에게 정신적으로 흥미롭게 만드는 것이다. 따라서 그는 작품이 정서적으로 건조하기를 원한다. 눈의 지각에 호소하는 예술은 개념적이라기보다는 지각적이다. 시각화되지 않은 생각도 완성된 산물 못

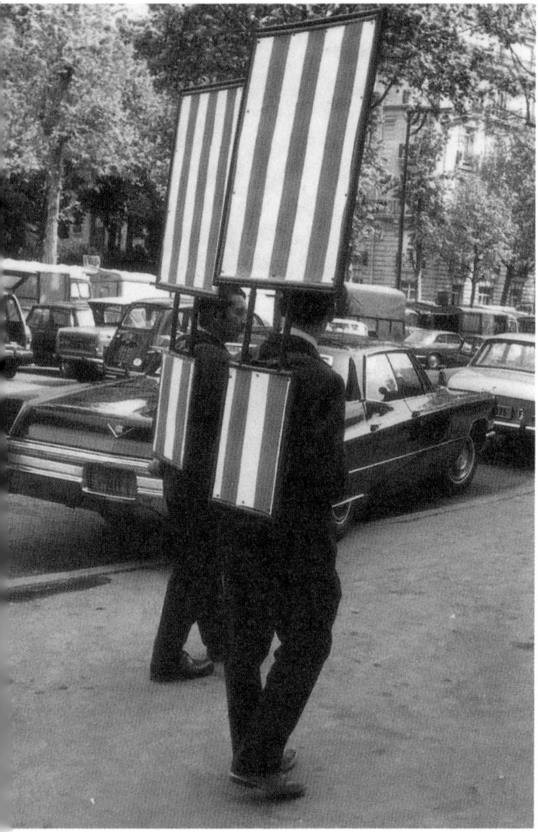

6
〈무제〉를 등에 짊어진 다니엘 뷔랑,
1972년

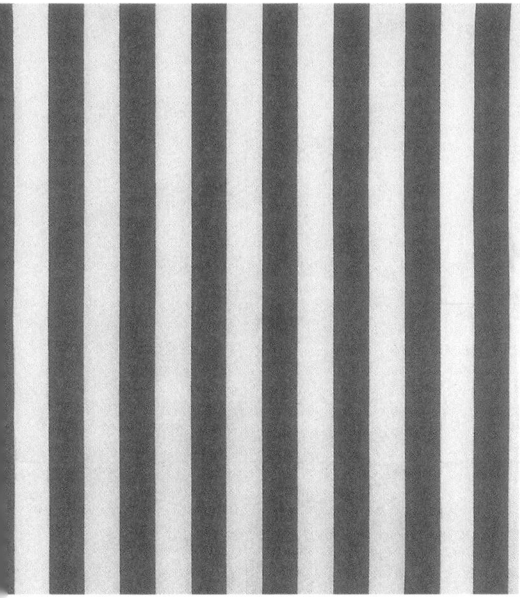

7
〈무제〉 다니엘 뷔랑,
1972년

지않은 작품이다. 어떤 이들은 새 재료를 새 생각으로 혼동한다. 위험한 것은 재료의 물질성을 너무 중시해 그것을 작품의 콘셉트로 삼는 것이다. 생각은 숫자, 사진, 낱말, 혹은 그 어떤 것이라도 좋다. 형식은 중요하지 않다.8

형식은 중요하지 않다고 하지만, 개념미술은 일반적으로 네 가지 형식을 선호한다. 첫째는 '레디메이드(readymade)'로, 이를테면, 뒤샹의 변기처럼 일상의 사물을 예술로 선언하는 것이다. 둘째는 '개입(intervention)'으로, 오브제나 이미지를 엉뚱한 맥락에 옮겨놓는 것이다. 예를 들어, 다니엘 뷔랑(Daniel Buren, 1938~)은 모든 곳을 미술관으로 만들기 위해 줄무늬가 그려진 간판을 등에 짊어지고 파리의 거리를 활보했다.[6, 7] 셋째는 '자료화(documentation)'다. 위에서 언급한 보크너의 작업 스케치 전시가 거기에 속한다.

'개념미술'의 가장 보편적 형식은 아마도 '언어(language)'를 사용한 것이리라. 플린트가 개념예술을 "언어를 재료로 하는 예술 형식"으로 규정했던 것을 기억해보라. 독일의 작가 한네 다르보벤(Hanne Darboven, 1941~2009)은 숫자와 글자, 낙서를 계열적으로 늘어놓음으로써 회화가 글쓰기라는 관념을 표현했다.[8] 일본의 작가 온 카와라(河原溫, 1932~2014)는 매일 예닐곱 시간에 걸쳐 캔버스에 그날의 날짜를 그려 넣고, 그 아래에 그날 벌어진 사건을 보도한 신문을 첨부했다.[9] 그는 죽는 날까지 이 작업을 계속할 예정이다. 대중적으로 가장 널리 알려진 예는 제니 홀저(Jenny Holzer, 1950~)의 LED 작업일 것이다.[10]

알렉산더 알베로(Alexander Alberro)는 "개념미술을 낳은 다양한 미

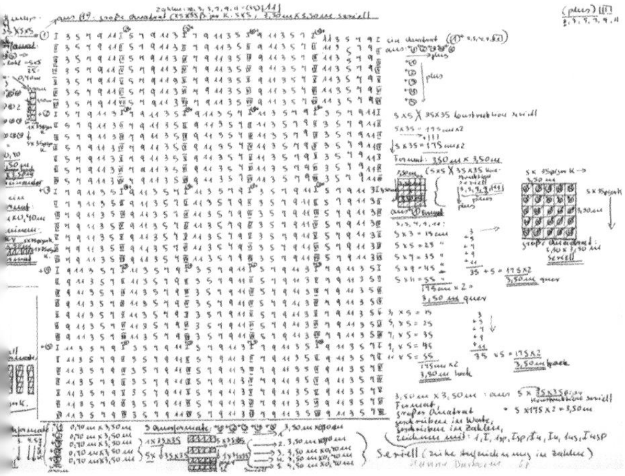

8

〈설계도〉 한나 다르보벤, 1968년

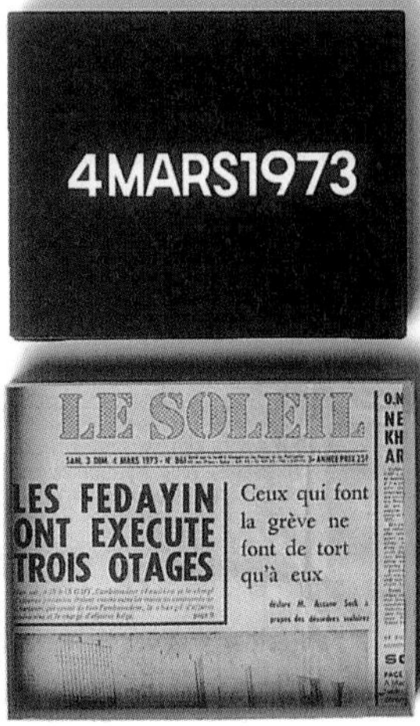

9

〈1973년 3월 4일—오늘 연작〉
온 카와라, 1973년

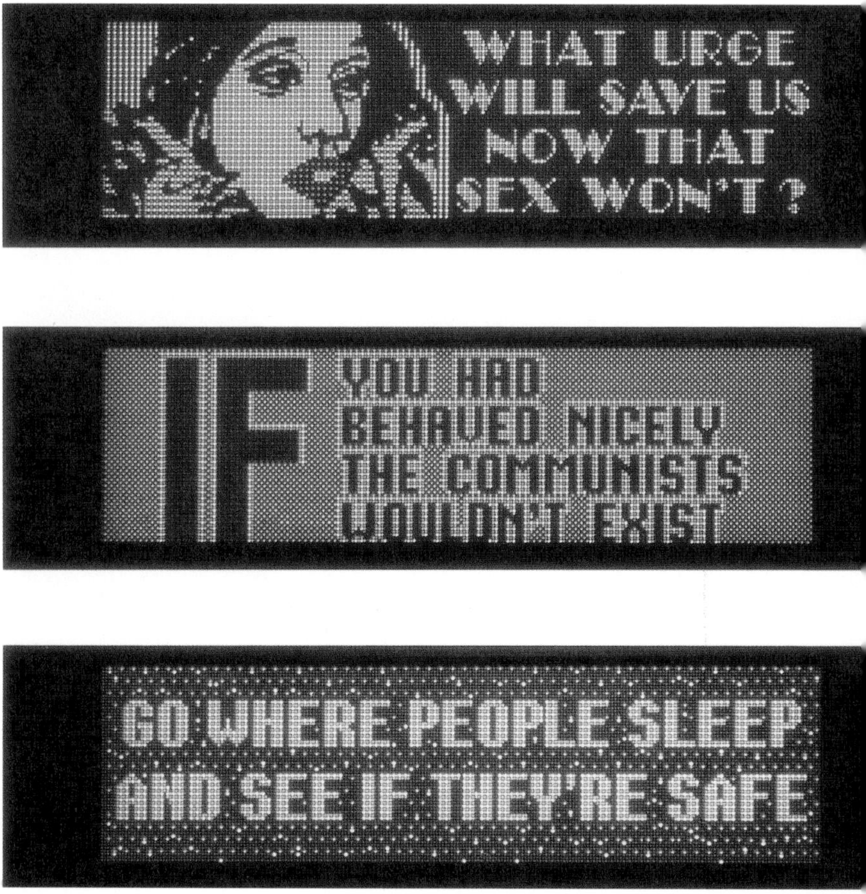

10
〈서바이벌〉 제니 홀저, 1983~1985년

술사적 계보학"에 대해 언급한다. 거기에 따르면, 1960년대의 개념미술은 '네 가지 궤도'가 하나로 수렴한 결과라고 한다. 첫째, 전통적 예술 작품의 구조를 해체한 모더니즘 회화의 자기반성적 경향. 둘째, 작품을 시각적 오브제에서 개념적 텍스트로 되돌리는 환원주의적 경향. 셋째, 마르셀 뒤샹에게서 유래하는 반(反)미학 혹은 비(非)미학의 경향. 넷째는 예술 작품이 전시되고 소통되는 장소를 문제 삼는 경향이다.[9] 위에서 언급한 개념미술의 네 형식은 이 네 가지 궤도가 복잡하게 결합한 결과라고 할 수 있을 것이다.

1960년대 말에 미술이 개념적으로 변한 데에는 물론 배경이 있다. 때는 마침 지식계에서 '텍스트로 전환(textual turn)'이 이루어지던 시기였다. 기호학은 사진 이미지에 숨은 이념의 언어를 보여주었고, 비트겐슈타인의 언어철학은 우리의 세계가 언어적 관습으로 구축된다는 것을 보여주었다. 게다가 당시 화가들 사이에는 아직도 제도예술을 거부하는 아방가르드적 제스처가 남아 있어, 예술의 상업화를 거부하기 위해 아예 팔릴 수 없는 작품을 만들자는 발상을 하게 된 것이다. 이 네오 다다의 경향 속에서 특히 주목해야 할 것은 이 시점에 이루어진 뒤샹의 재발견 혹은 재평가이리라.

철학 이후의 예술

개념미술은 자신을 그린버그의 형식주의에 대한 안티테제로 이해했다. 그린버그에 따르면, 현대 회화는 '순수 회화', 즉 다른 장르에서 온 이질적 요소들을 배제한 '회화' 자체가 되어야 한다. 하지만 개념미술에 이르러 회화는 물감과 화폭을 버리고 다른 매체, 말하자면 행위를 지시하는 악보, 언어를 재료로 하는 문학이 된다. 개념미술가들은 그린버그의 형식주의가 미술의 영역을 너무 좁혀 그것을 그저 '장식'에 불과한 형식의 '취향'에 가둬놓았다고 느꼈다. 특히 코수스는 그린버그를 '취향의 비평가'라고 부르며, 그의 형식주의적 비평을 비판한다.

> 형식주의 비평은 우연히 형태학적 맥락 속에 존재하는 특정한 대상의 물리적 속성의 분석에 불과하다. 하지만 그것이 예술의 본성이나 기능에 대한 우리의 이해에 지식(혹은 사실)을 더해주지 않는다. 분석되는 대상이 예술 작품인지 아닌지에 대해 말해주지도 않는다. 형식주의 비평가들은 예술 작품에서 개념적 요소를 항상 지나쳐버리기 때문이다. 그들이 예술 작품 속의 개념적 요소에 대해 언급하지 않는 이유는 형식주의 예술은 오직 더 이른 예술 작품들과의 닮음을 통해서만 예술이 되기 때문이다. 그것은 정신이 결여된 예술이다.10

형식주의에 대한 코수스의 비판에서 우리는 '모더니즘'에 대한 새로운 관념을 읽을 수 있다. 이를테면, 그린버그는 미적 현대성의 기준인 '자기반성(self-reflexivity)'을, 회화가 다른 매체에서 온 이질적 요소를 버리고 순수 회화로 돌아가는 것으로 이해했다. 그린버그가 모더니즘의 계보에서 다다와 초현실주의를 도외시한 것은 이와 관련이 있다. 하지만 코수스는 현대 예술의 '자기반성'을 무엇보다도 예술이 자기 자신의 '본성'과 '기능'을 묻는 것으로 이해한다. 이는 미적 현대성에 대한 완전히 다른 인식으로 이어진다.

> 형식주의 비평가와 예술가들 모두 예술의 본성을 묻지 않는다. 하지만 …… 예술가로 존재하는 것(being an artist)은 곧 예술의 본성을 묻는 것을 의미한다. 누군가 회화의 본성을 묻는다면, 그는 예술의 본성을 물을 수 없다. 한 예술가가 회화(혹은 조각)를 받아들인다면, 그는 그것에 따라다니는 전통을 받아들이는 셈이다. 그것이 예술이라는 말이 일반적이고 회화라는 말이 특수한 이유다.11

한마디로 형식주의 비평가와 예술가들은 '회화(혹은 조각)의 특수한 본성'을 묻는 데 매몰되어 '예술의 일반적 본성'을 묻는 것을 잊었다는 지적이다. 이 맥락에서 코수스는 뒤샹을 부각시킨다.

> 예술의 기능에 관한 물음을 최초로 제기한 사람은 뒤샹이다. 사실 뒤샹이야말로 우리가 예술에 정체성을 부여한 사람으로 인정할 수 있는 인물이다. …… 뒤샹 이후 특정한 예술가들의 가치는 그들이 예술의 본성을 얼마나 물었느냐에 따라서, 말하자면 예술의 개념에 무엇을 더했는가, 혹은 그들이 시작하기 전에 무엇이 없었는가에 따라서 평가될 수 있다.12

중요한 것이 예술의 본성, 예술의 기능에 관한 물음이라면, 현대미술사는 다시 쓰여야 할 것이다. 그린버그에게 현대미술의 역사는 결국 '추상화'의 과정이다. 그것은 피카소의 입체주의에서 출발하여 폴록의 추상표현주의와 그 이후로 이어진다. 반면 코수스에게 현대미술의 역사는 예술을 새로 '정의'하고 그것을 '확장'하는 과정이다. 그것은 뒤샹

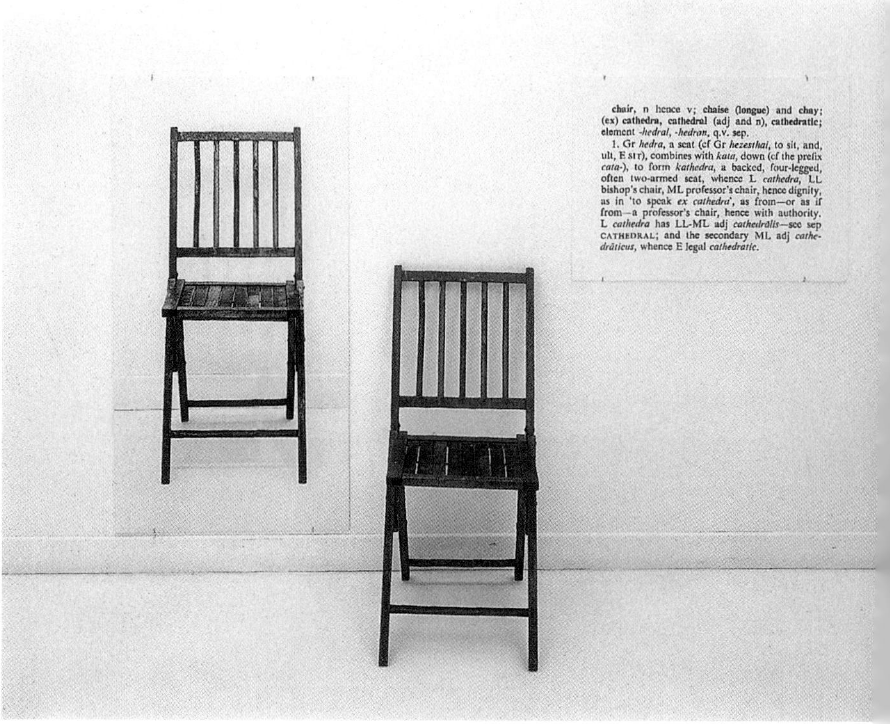

11

〈세 개의 의자〉 조셉 코수스, 1965년

에서 출발하여 로젠버그를 거쳐 미니멀리즘, 개념미술, 팝아트와 그 이후로 이어진다. (이 경우 미적 현대를 상징하는 인물은 피카소가 아니라 뒤샹일 것이다.) 오늘날 현대 예술에 대해 우리가 가진 관념은 그린버그의 것보다 코수스의 것에 가깝다. 그사이 예술의 관념 자체가 바뀐 셈이다.

코수스의 〈세 개의 의자〉[11]는 미술사에서 개념미술의 아이콘처럼 통한다. 여기서 우리는 실제의 '의자'와 의자의 '사진'과 의자의 '정의'로 이루어진 삼중의 동어반복, 언어학적 삼위일체를 본다. 여기에는 '레디메이드'(실제의 의자)와 의자의 '자료형식'(의자의 사진)과 의자라는 '언어'(사전 항목의 복사)가 존재한다. 게다가 평범한 의자가 미술관에서 작품의 자리를 차지하고 있는 것은 전시장에 놓여 있던 뒤샹의 변기처럼 '개입'(의자의 맥락 일탈)의 요소라고 할 수 있다. 그렇게 보면, 결국 이 하나의 작품 안에 개념미술의 네 형식이 다 들어 있는 셈이다.

이 개념미술의 기념비는 기존의 장르 분류법에 들어맞지 않았다. 개념미술은 회화의 회화성이나 조각의 조각성이 아니라 예술의 예술성을 물으려 했기 때문이다. 그리하여 전시가 끝난 후 의자는 디자인과(科)에, 의자의 사진은 사진과에, 그리고 '의자'라는 낱말의 정의가 담긴 사전의 복사물은 도서관에 보관되어야 했다.13 보존을 위해 작품을 해체한 셈이다. 이 일화가 의미하는 바는 크다. 장르의 구별이 매체의 차이를 근거로 이루어진다면, 매체를 포기한 이상 장르의 구별은 무의미해진다. 매체 고유의 순수성(medium-specific purity)을 강조한 그린버그의 모더니즘은 여기서 종언을 고한다.

언제 예술인가?

비트겐슈타인에 따르면, 낱말의 의미는 '사용'에 있다. 낱말은 그 자체로서가 아니라 오직 화용론적 맥락 속에서만 제 의미를 획득한다. 개념미술가들에 따르면, 미술 역시 그것이 가진 물리적 속성 때문이 아니라, 그것이 속한 특정한 맥락에 힘입어 비로소 '미술'이 된다. 뒤샹이 창조한 것은 변기도 예술이 될 수 있는 그 화용론적 맥락이었다. 작품이 사물과 물리적으로 구별되지 않는다면, 하나를 작품으로 만들어주고, 다른 하나를 사물로 만들어주는 것은 무엇인가? 여기서 "예술은 무엇인가?"라는 본질주의적(essential) 질문은 "언제 예술인가?"라는 화용론적(pragmatic) 물음으로 대체된다.

1944년 뒤샹은 공증인을 고용하여 자신이 제작한 〈L.H.O.O.Q〉(1919)의 진품성을 보증하게 했다. "이로써 이것이 1919년 파리에서 제작된 〈L.H.O.O.Q〉의 원작 레디메이드임을 확인한다." 1963년 로버트 모리스 역시 공증인을 고용하여 '미적 철회문'[12]을 작성한다.

> 아래에 서명한 로버트 모리스, 첨부된 자료 A 속에 묘사된 연대(Litanies)라는 제목의 금속 구조물의 제작자는 이 문서로써 언급된 구조물의 모든 미학적 특질과 내용을 철회하고 지금 이 시점으로부터 언급된 구조물이 그런 특질과 내용을 갖지 않는다고 선언한다. 1963년 11월 15일.[14]

이렇게 작품의 '자격'은 법적으로 철회할 수도 있는 것이다. 모리스가 자신이 제작한 작품의 미적 특질을 철회한 것은 작품의 소장자가 대

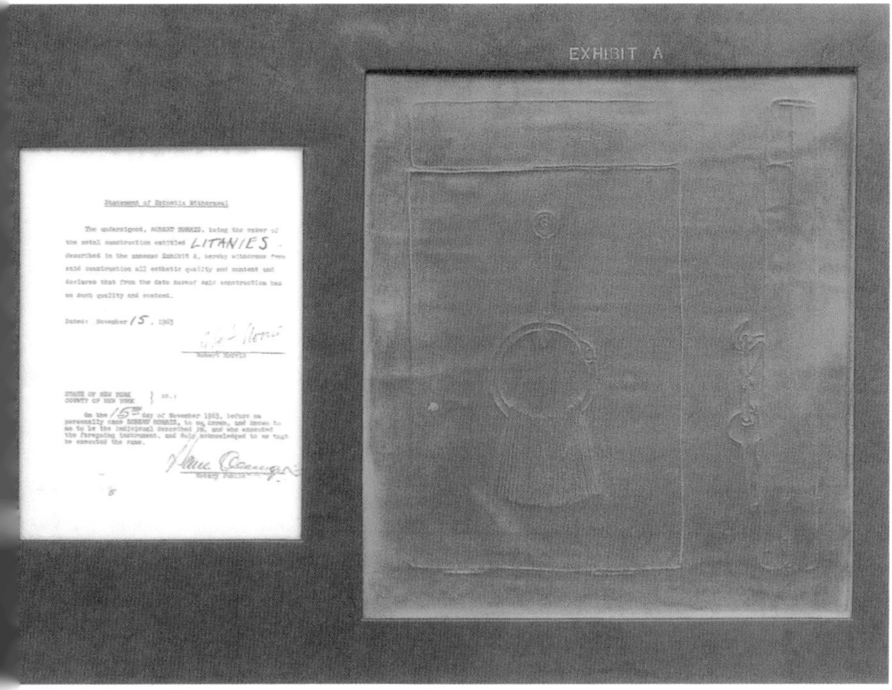

12

〈미적 철회문〉 로버트 모리스, 1963년

금을 지불하지 않았기 때문이다. 할 포스터에 따르면, "이렇게 의미를 고정시키는 관례라는 법률적 혹은 행정적 체계"는 "미술 작품에 대한 존재론적이거나 본질주의적 정의를 대체하기 위해 채택한 하나의 전략"[15]이다. 벤야민 부흘로(Benjamin Buchloh, 1941)는 이렇게 말한다.

> 이 언어학적 관습과 법률적 배치의 미학은 전통적 스튜디오 미학의 타당성을 부정할 뿐 아니라, 여전히 팝아트와 미니멀리즘을 지배하던 생산과 소비의 미학 또한 취소한다. 재현적인 것에 대한 모더니즘의 비판(과 궁극적 금지)이 1910년대에 점점 더 회화적 생산의 교조적 법칙이 된 것처럼, 개념미술도 20세기 말에 일체의 시각성의 금지를 강제적, 미적 규칙으로 임명했다. 레디메이드가 구상적 재현만이 아니라, 반복과 계열을 도입해 진정성과 저자성까지 부정하고 수제 원작의 스튜디오 미학을 제거한 것처럼, 개념미술은 대량생산된 대상의 이미지와 그것을 유미화한 팝아트의 형태까지도 제거하고 산업적 생산과 소비의 미학을 행정적, 법적 조직과 제도적 비준의 미학으로 교체했다.[16]

개념미술은 1970년대 말 하나의 유파로서는 자취를 감추기 시작한다. 그것은 개념미술 자체에 내재한 어떤 패러독스의 결과일 것이다. 도널드 저드가 1965년에 "누군가 제 작품을 예술이라 부르면, 그것은 예술"이라고 했을 때, 죽은 것은 전통적 의미의 예술만이 아니다. 그와 더불어 사실 개념미술도 죽은 것이다. 세상의 모든 것이 예술가의 선언만으로 예술이 될 수 있다면, 특수한 의미로서 예술은 사라질 수밖에 없기 때문이다. 그런 의미에서 개념미술은 1913년 뒤샹이 자신의 노트에 적어 넣었던 구상의 완전한 실현이었다. "예술 작품이 아닌 작품을 만들 수 있을까?"17

유파로서 개념미술은 종언을 고했지만, 코수스의 지적대로 어떤 의미에서는 현대미술 전체가 '개념미술'이다. 사실 현대미술은 '개념미술' 이전에도 개념적이었고, 이후에도 여전히 개념적이다. 오늘날의 예술은, 물질을 얼마나 많이 사용하든지 관계없이, 모두 개념적 배경을 갖는다. 개념미술을 통해 창작은 '제작'의 의무에서, 작품은 '재료'의 감옥에서, 수용은 '지각'의 관례에서 해방되었다. 헤겔의 말대로 예술은 죽었다. 아니, 예술의 육신은 죽고 영혼만 남아 비물질성(immateriality)에 도달했다. 물질을 떠난 예술은 우리의 영혼처럼 마침내 파괴될 수 없는 불멸성(immortality)에 도달했다.

7 팝아트

사진 뒤에는 아무것도 없다

모더니즘의 종언을 확실히 보여준 것은 1960년대 초에 등장한 팝아트였다. 추상과 팝아트 사이에서 가교 역할을 한 것은 재스퍼 존스였다. 그가 그린 깃발은 공간 속의 대상이나, 철저히 평면적으로 느껴진다. 묘사 대상 자체가 평면이기 때문이다. 여기서 평면성을 향한 추상의 운동은 역설적으로 구상으로 전환한다. 팝아트를 통해 재현이 복귀하나, 돌아온 구상은 더 이상 자연이 아니라 복제의 모습이었다. 팝아트는 장인성을 포기함으로써 대량생산을 미메시스하며, 복제를 다시 복제함으로써 독창성의 신화를 무너뜨리며, 대중매체의 이미지를 받아들임으로써 대중의 취향을 긍정한다.

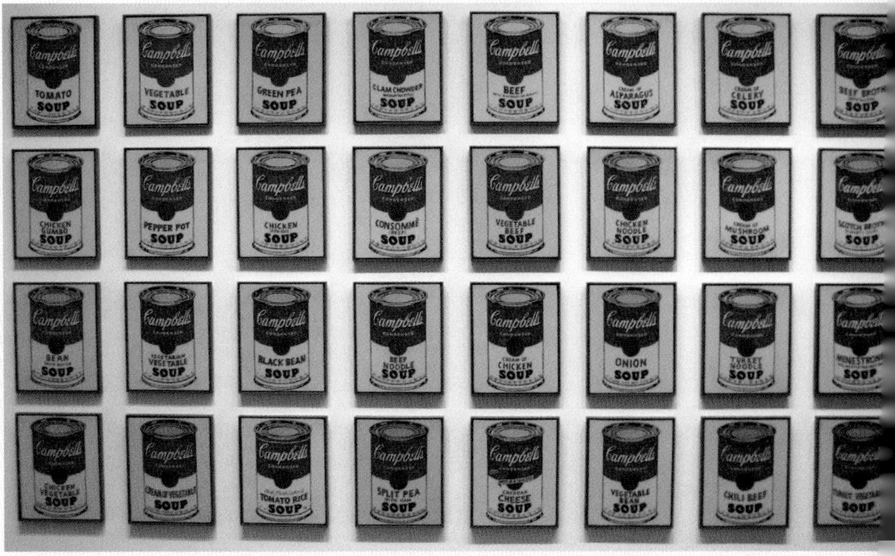

1

〈캠벨 수프 깡통〉 앤디 워홀, 1962년

1962년 뉴욕에서 가진 어느 강연회에서 그린버그는 미술의 역사상 미술이 "이렇게 천천히 움직였던" 적은 없었다며, 지난 30년 동안 미국의 미술계에는 아무 일도 일어나지 않았다고 주장했다.[1] 그 30년 동안 팝아트가 미술계를 주도했다는 점을 생각해 보건대, 그린버그의 모더니즘은 끝내 앤디 워홀(Andy Warhol, 1928~1987)을 인정할 수 없었던 모양이다. 이것이 또한 워홀이 예술가로 데뷔했을 때 미국 미술계의 분위기이기도 했다. 예술가로서 워홀의 첫 전시는 뉴욕이 아니라 LA에서 열려야 했다. 이 전시에서 워홀은 〈캠벨 수프 깡통〉[1] 연작을 슈퍼마켓 진열대에 놓인 상품처럼 늘어놓았다.

카운터 아방가르드

그린버그의 형식주의는 다다와 초현실주의를 현대미술의 본류에서 배제한다. 그에게 다다는 진지한 예술이 아니었고, 초현실주의는 현대 이전의 현상일 뿐이었다. 이 둘을 제외하면 남는 것은 결국 표현적 추상이나 기하학적 추상뿐이다. 그린버그에게 유럽 모더니즘의 본류를 계승한 것은 물론 추상표현주의였다. 폴록이 사라진 1960년대에 여전히 "그린버그의 목적론적 약속을 만족시키는 것"은 모리스 루이스, 케네스 놀런드, 줄스 올리츠키, 앤터니 케이로 등 이른바 '탈회화적 추상'의 작가들이었고, 거기에 "가장 대립되는 것은 팝과 미니멀리즘"이었다.[2]

팝아트가 아무리 흥미롭다 해도 나는 그것이 그렇게 신선하다고 보지 않는다. 그것은 피상적 수준 이상으로 취향에 도전하는 것도 아니다. 아직까지 그것은 (아마도 재스퍼 존스를 제외하면) 취향의 역사에서 새로운 에피소드일지는 모르나, 현대 예술의 진화에서 진정으로 새로운 에피소드라고 할 수 없다.3

그린버그에게 팝아트는 스쳐 지나가는 '일시적 놀라움', 자극적 소재로 관객의 흥미나 끄는 '진기함의 예술(novelty art'일 뿐이었다. 여기에서 형식주의 '미학'은 다다의 반(反)미학 혹은 비(非)미학과 충돌한다. 형식주의자들이 작품의 '미학적 특질'을 강조한다면, 팝과 미니멀리즘은 '쇼크'나 '재미'를 내세운다. 그들에게 "작품은 그저 재미있기만(interesting) 하면 된다."4 그린버그에 따르면, 이는 무능한 창조력을 진기함의 취향으로 덮어버리려는 것에 불과하다. 그는 아방가르드가 "충격의 자동화를 위해 예술 재료들을 더 발전시키는 일을 포기"해버렸다고 한탄한다.

팝 아티스트들이 더 높은 회화적, 조각적 취향의 압력에 맞서서 의지하는 것은 더 낮은 문학적 취향이다. 미니멀리스트들이 더 높은 조각적 취향의 압력에 맞서서 의지하는 것은 더 낮은 회화적 취향의 압력이다. 문학적 삼차원성을 이차원의 맥락에서 들먹이거나 …… 이차원성을 삼차원의 맥락에서 들먹이는 것은 …… 한없이 높아가는 취향의 압력을 회피하는 동시에 이를 가장하려는 시도다.5

그린버그가 팝아트를 무시한 또 다른 이유가 있다. 〈아방가르드와

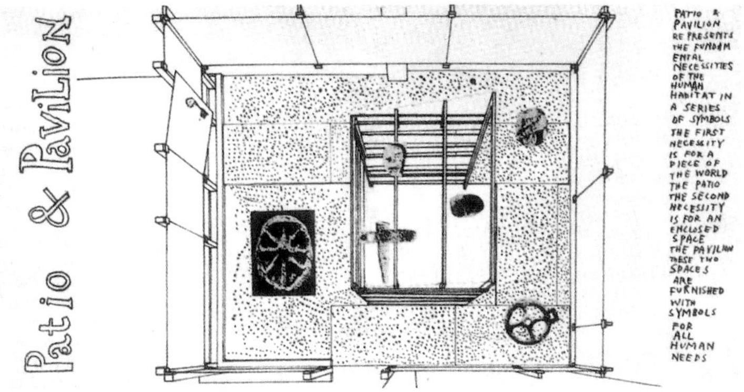

2
'이것이 내일이다'전의 도록 일부, 리처드 해밀턴, 1956년

키치〉(1939)에서 그는 몰락하는 부르주아 문화에서 유일하게 보존해야 할 것은 아방가르드뿐이며, 문화 산업의 상품인 키치는 진정한 문화를 천박하게 복제함으로써 대중의 감성을 무디게 한다고 주장했다. 1950년대 초만 해도 그는 추상표현주의라는 하이브라우(highbrow)를 수용한 미국 중산층에 희망을 걸 수 있었다. 하지만 1960년대에 고급문화와 대중문화의 경계가 무너지자, 그는 선진 예술도 결국 "사회의 다른 모든 문화 분야에서처럼 미들브라우(middlebrow)의 침입으로부터 자신을 보호하지 못하는 무능을 드러냈다."[6]고 한탄한다.

브리티시 팝

'팝아트'는 그 명칭과 더불어 1950년대에 영국에서 탄생했다. 1952

년에 결성된 '인디펜던트 그룹'은 모더니즘의 엘리트주의에 맞서 광고, 만화, 영화, SF 등 대중문화를 예술에 끌어들였다. 이는 종전 후에도 전전의 모더니즘을 반복하려는 영국 예술계에 대해 젊은 예술가들이 대항하는 방식이었다. '팝아트'라는 명칭을 처음 사용한 평론가 로렌스 앨러웨이(Lawrence Alloway, 1926~1990)는 순수예술 역시 대중매체처럼 커뮤니케이션의 한 형태라며, 이른바 '예술-팝아트 연속체'를 주장했다. 그는 오르테가의 《대중의 반란》을 인용하며, 그린버그의 〈아방가르드와 키치〉에 나타난 엘리트주의를 비판한다.

> 문화의 정의는 거대한 대중의 압력의 결과로 변화하고 있다. …… 따라서 문화를, 소수가 소수와 미래를 위해 보존하는 어떤 것으로 규정하는 것은 충분하지 않다. 문화에 대한 우리의 정의는 르네상스 이론이 부과한 예술(fine art)의 한계 너머로 확장되어, 이제는 점점 더 인간 활동의 복합체 전체를 가리키고 있다. 이렇게 정의할 때, 대량생산된 예술의 거부는 문화의 방어가 아니라 그것에 대한 공격이다. …… 순수예술(fine art)의 역할은 대중예술을 포함하는 확장된 프레임 속에서 가능한 소통의 한 형태가 되는 데 있다.7

브리티시 팝의 절정은 1956년 런던의 화이트채플 갤러리에서 열린 '이것이 내일이다'전(展)[2]이었다. 열두 개의 작은 전시로 이루어진 이 전시회는 인디펜던트 그룹의 다양한 성향을 반영하여 구축주의, 초현실주의, 기술과 예술의 접목 등 다양한 양상을 보여주었다. 그중에서 팝아트의 경향을 명확히 드러낸 것은 '그룹 투'의 전시였다. 특히 "자본

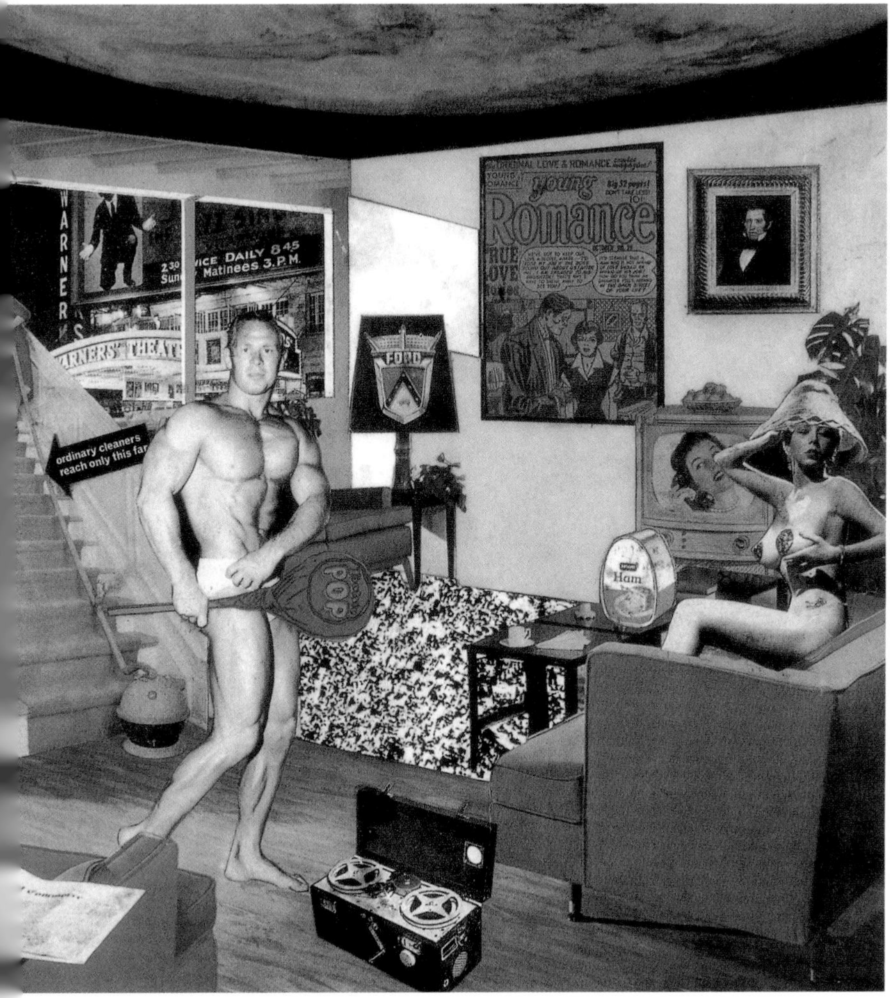

3

〈도대체 무엇이 오늘의 가정을 그토록 다르고 매력적인 것으로 만드는가?〉 리처드 해밀턴, 1956년주의 스펙터클의 유토피아"를 보여준 해밀턴의 작품[3]은 오늘날까지도 브리티시 팝의 아이콘으로 통한다. "획일적이고 평등주의적인 문화 연속체"를, "위계적이고 엘리트주의적인 과거 미술의 '피라미드'"에 대립시키는 것은 해밀턴도 마찬가지였다.

> 대중문화를 예술의 용어로 표현하는 팝-예술 관점(The Pop-Fine-Art standpoint)은 미래주의처럼 사회의 변화하는 가치에 대한 믿음의 진술이다. 팝-예술은 대중문화의 승인을 천명하는 것이며, 따라서 반(反)예술적이다. 그것은 다다가 파괴적이었던 그 지점에서 창조적이고자 하는, 긍정적 다다이다. 그것은 마마(Mama), 즉 미래주의와 다다의 교차 수정으로서 예술에 대한 대중들의 존중과, 20세기 도시생활의 예술가는 필연적으로 대중문화의 소비자이자 잠재적으로는 그것의 기여자라는 확신을 유지한다.[8]

하지만 대중문화에 대한 인디펜던트 그룹의 태도는 '애매한' 것이었다. 그들의 작품은 전후 소비자본주의의 "성적 물신주의, 상품 물신주의, 테크놀로지 물신주의"를 패러디하나, 그것이 자본주의적 스펙터클에 대한 비판을 의미하는지, 아니면 긍정을 의미하는지 분명하지가 않다. 할 포스터에 따르면, 이들은 이 자본주의적 스펙터클의 "팬으로서 이 연속체에 흡수되거나, 아니면 도도하게 소비자-감식가의 댄디적 시각으로 경멸하는 것 사이에서 갈팡질팡하는 모습을 보였다."[9]

프로토 팝

적어도 그 점에서 미국의 팝아트는 수미일관했다. 미국의 팝은 영국의 그것과는 별 관계없이 독자적으로 발생했다. 미국의 팝 아티스트들은 영국 팝아트의 존재를 알지 못했다고 한다. 미국의 팝아트에는 영국의 팝아트에는 없는 또 하나의 맥락이 존재한다. 당시 미국 미술계를 장악하고 있던 그린버그의 형식주의 비평과 예술이다. 비록 팝을 통해 구상이 회귀하나, 미국의 팝아트는 실은 "구상적 전통보다는 추상적 전통을 계승한 것"이다. 그것은 "동시대의 사실주의보다는 엘스워스 켈리나 케네스 놀런드로 대표되는 미국의 '탈회화적 추상'과 연관"10되어 있기 때문이다.

이를테면, 프로토-팝아트에 속하는 재스퍼 존스(Jasper Johns, 1930~)의 〈깃발〉[4]을 보자. 이 작품에서 우리는 구체적 대상, 말하자면 성조기를 본다. 하지만 거기에는 공간의 '깊이'는 존재하지 않는다. 평면적 물체를 평면에 그렸기 때문이다. 이 교묘한 트릭을 통해 존스는 중요한 힌트를 던진다. 즉 그린버그가 말한 '평면성(flatness)'의 원리를 충족시키기 위해 회화가 굳이 추상으로 나아갈 필요는 없다는 것이다. 이렇게 회화가 평면성을 위해 추상이 아닌 구상의 길을 택할 때 팝아트가 탄생한다. 그린버그가 팝아트에 대한 비난에서 재스퍼 존스를 제외한 것은 아마도 이와 관련이 있을 것이다. 실제로 그린버그는 그의 그림이 보여주는 "추상과 재현 사이의 이 애매함"에 당혹스러워했다.11

대개 재현과 환영에 사용되는 모든 것은 오직 자기 자신, 즉 추상에 사용되

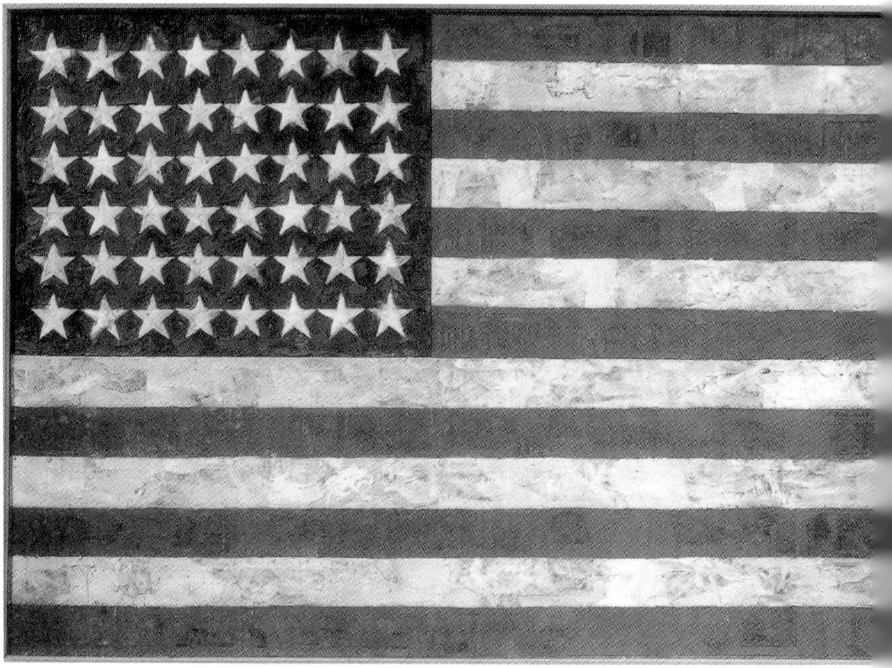

4

〈깃발〉 재스퍼 존스, 1954년

도록 남겨진다. 반면 대개 추상이나 장식에 사용되는 모든 것—즉 평면성, 맨 윤곽, 올 오버, 혹은 대칭적 디자인—은 재현을 하는 데 동원된다.[12]

존스의 회화는 "추상적이지만 양식에서는 재현적"이고, "제스처가 강하지만 제작에서는 비인격적"이며, "자기 지시적이지만 이미지는 암시적"이고, "회화적이지만 동시에 실제의 물건을 연상"시킨다. "이미지인 동시에 오브제"인 존스의 회화는 "폴록의 유산과 뒤샹의 도발 사이의 모순을 중지"시키고, 두 "대립하는 패러다임을 모호하게 결합해 독특한 미술로 발전시켰다."[13] 그린버그로서는 물론 존스의 작품을 받아들이기 힘들었을 것이다. 그의 눈에는 그것이 여전히 '재현'으로 보였겠지만, 그가 생각하는 것과 달리 존스의 회화는 결코 전통적 의미의 '재현'이 아니었다.

평판화면

레오 스타인버그는 재스퍼 존스의 화면을 '평판(flatbed)'이라고 부른다.[14] '평판'은 수직의 캔버스가 아니라 서류, 도면, 신문 따위가 어지럽게 널린 수평의 책상에 가깝다. 스타인버그의 주장에 따르면, 서구 회화는 르네상스 이래로 직립 자세로 바라본 자연을 수직의 화면에 담아왔다. 이 점에서 르네상스 회화와 모더니즘 회화 사이에 본질적 차이는 없다. 심지어 화폭을 바닥에 깔았던 폴록마저도 여전히 그림을 그릴 때 제 작품이 벽에 걸린 채로 감상되는 상황을 상정했다. 그런 의미에서 미술사의 진정한 혁명은 평판화면의 도입을 통해 이루어졌다는 것이다.

평판화면은 구상으로든 추상으로든 인간이 직립 자세로 관찰한 '자연'을 묘사하는 것이 아니라, 매스 프로덕션과 매스 커뮤니케이션을 통해 산출된 "정보를 기록하는" 표면이다. (앨러웨이는 회화 역시 "다른 시각적 커뮤니케이션의 형태와 다르지 않은" 소통의 형식이라고 말한 바 있다.) 여기서 예술의 주제는 '자연'에서 '문화'로 이행한다. 팝아트의 또 다른 시조로 여겨지는 로버트 라우센버그(Robert Rauschenberg, 1925~2008)의 '콤바인(combine)' 시리즈 중 하나인 〈침대〉[5]를 생각해보라. 그는 뉴욕 시내를 걷다가 주운 물건들을 화면에 통합시켰다. 물감을 칠한 그의 침대는 수직으로 서 있지만, 그것은 침대이기에 관찰자는 그것을 수평으로 지각한다고 느끼게 된다.

스타인버그는 팝아트 역시 평판화면의 예술로 분류한다. 팝 아티스트들은 대부분 전직 상업화가—일러스트레이터(워홀), 간판화가(로젠퀴스트), 디스플레이어(릭턴스타인), 만화가(웨설먼)—로서 수평의 평판 위에서 시각 정보를 처리하는 일을 했다. 평판화면 위의 이미지 작업은 시각적 체험(optical experience)이 아니라 조작적 과정(operational process)에 가깝다. 이를테면, 앤디 워홀의 이미지는 육안으로 본 대상을 그린 것이 아니라, 인쇄된 사진을 그린 것이다. 그런 의미에서 그것은 '대상의 이미지'가 아니라 '이미지의 이미지', 즉 대상의 시각적 재현이 아니라 시각적 정보의 처리에 속한다.

'평판'의 개념으로 스타인버그가 공격하는 것은 바로 그린버그의 모더니즘이다. 그린버그에게 회화의 현대성을 가르는 구분은 르네상스의 환영주의와 모더니즘의 순수주의 사이에 존재한다. 이 경우 팝아트는 현대성으로부터의 '일탈' 혹은 '퇴행'으로 여겨질 수밖에 없다. 하지만

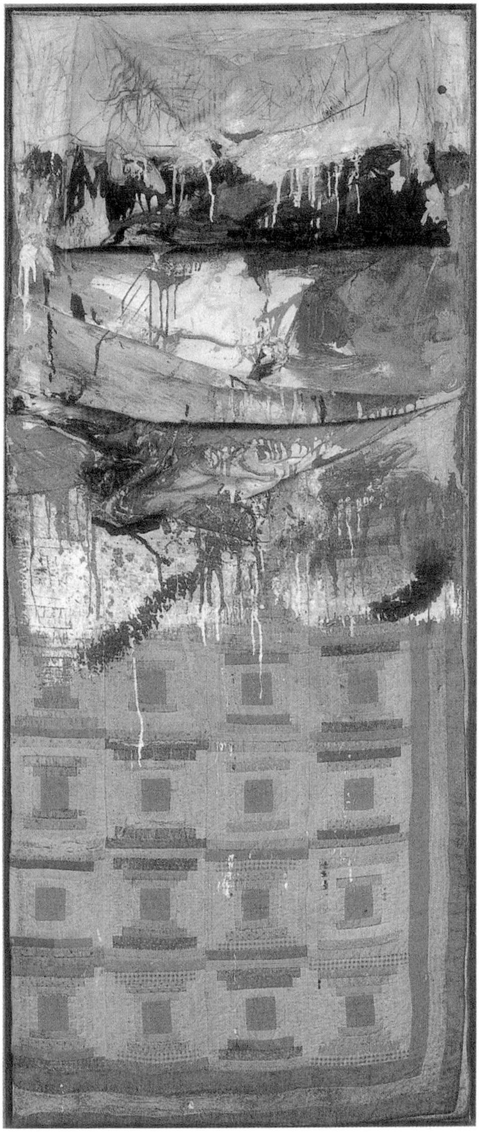

5

〈침대〉 로버트 라우센버그, 1955년

스타인버그에게 회화사의 가장 중요한 구별은 수직적 화면과 수평적 평판 사이에 존재한다. 이 경우 라우센버그와 재스퍼 존스, 그리고 앤디 워홀의 작업은 르네상스에서 모더니즘까지의 회화적 관습에 종지부를 찍는, 회화사의 중요한 '사건'이 될 것이다. 스타인버그는 팝아트를 '포스트모던 회화'라고 불렀다.

핸드메이드와 레디메이드

라우센버그의 '콤바인'이나 재스퍼 존스의 〈깃발〉은 수작업의 흔적, 즉 작가의 개성적 터치가 남아 있어 여전히 '회화적'이다. 그런 의미에서 그들은 팝 아티스트라기보다는 아직은 네오 다다이스트에 가깝다. '평판'은 인쇄에 사용되는 활자판을 의미한다. 완전한 팝아트가 되려면 작가의 인격적 흔적 없이 화면이 인쇄물의 표면처럼 매끈해져야 한다. 기계적 생산의 익명성이야말로 팝아트의 본질적 특성이기 때문이다. 대량생산품의 느낌을 주는 본격적 팝아트는 로이 릭턴스타인(Roy Lichtenstein, 1923~1997)과 더불어 시작된다.

> 개인적으로 내 작품이 마치 프로그래밍되거나 비인격적인 것으로 보이기를 원한다. 물론 내가 그것을 할 때 진짜로 비인격적이라고 믿지는 않는다. 하지만 비인격적인 외양이야말로 내가 갖고 싶어 하는 것이다.15

첫눈에 그의 작품은 산업적으로 생산된 레디메이드, 즉 인쇄된 만화처럼 보인다. 하지만 그가 이미지를 복제하는 방식은 생각보다 복잡하

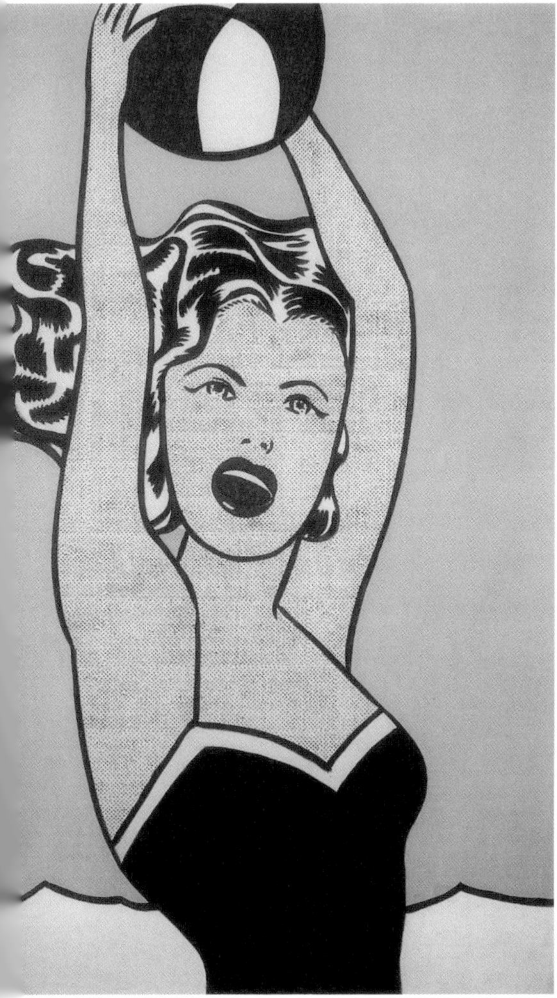

6

〈공을 든 소녀〉 로이 릭턴스타인, 1961년

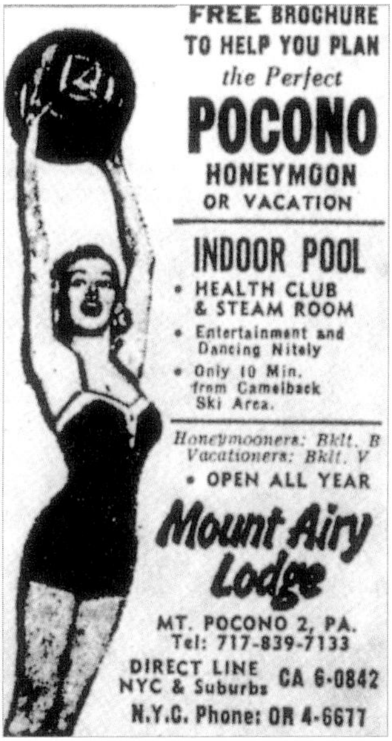

7

〈뉴욕 타임스〉 일요판 부록

다. 먼저 연재만화에서 모티프를 선택해 드로잉한 후, 그것을 실물 투영기로 화면에 투사하여 전사하고, 그 이미지를 두꺼운 윤곽선으로 감싼 후, 그 테두리의 안과 밖에 원색의 채색이나 벤-데이 망점을 찍어 작품을 완성하는 것이다. 이렇게 기계복제(만화)-수작업(드로잉)-기계복제(투영)-수작업(완성)을 오가며 릭턴스타인은 어디까지 예술가의 수공업이고, 어디까지 공장제 대량생산인지 구별할 수 없는 지점까지 나아간다.[6, 7]

릭턴스타인의 작품은 레디메이드(ready made)가 아니라 핸드메이드(hand made), 더 정확히 말하면 그 둘을 합친 '핸드메이드 레디메이드'다. 이 맥락에서 "복제하기 위해서가 아니라 재구성하기 위해" 드로잉을 한다는 그의 말은 의미심장하다. 그것은 작품 제작에 화가의 개성이 개입되는 것을 의미하기 때문이다. 릭턴스타인은 "인쇄된 이미지를 복제했지만 그것을 회화적 요소로 변형"시켰다.16 그의 작품에는 아직 '복제'라는 산업적 생산과 '변형'이라는 예술적 창작 사이의 긴장이 존재한다. 그에게 작품의 비인격성이란 "그저 양식 혹은 자세", 즉 겉으로 내세우는 외양에 불과하다.

> 팝은 20세기 두 개의 경향의 산물로 볼 수 있다. 하나는 밖에서 들어오는 제재이고, 다른 하나는 안에서 나오는 미적 감성이다. 제재는 물론 상업주의와 상업미술이다. …… 상업미술은 우리의 미술이 아니다. 그것은 우리의 제재다. …… 내가 말하는 미적 감성은 반(反)감성, 즉 겉으로만 그렇게 보이는 것이다. …… 예술 작품이 진짜 둔감한 감성의 산물일 리 없다. 그것은 그저 양식 혹은 자세일 뿐이다.17

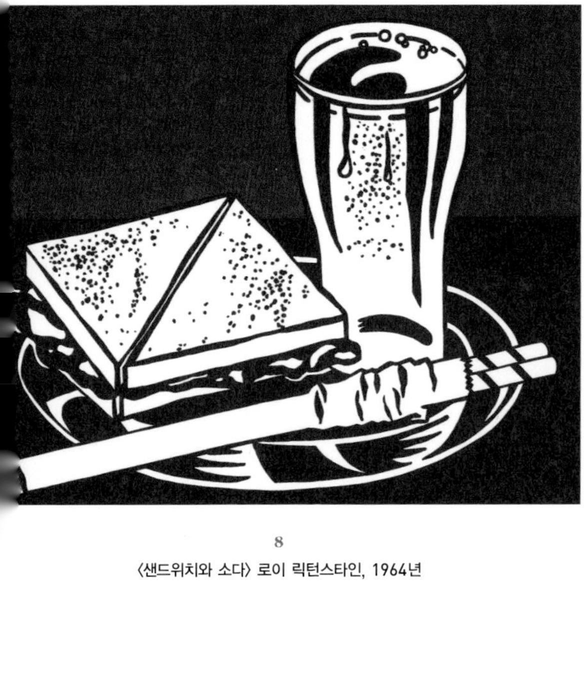

8
〈샌드위치와 소다〉 로이 릭턴스타인, 1964년

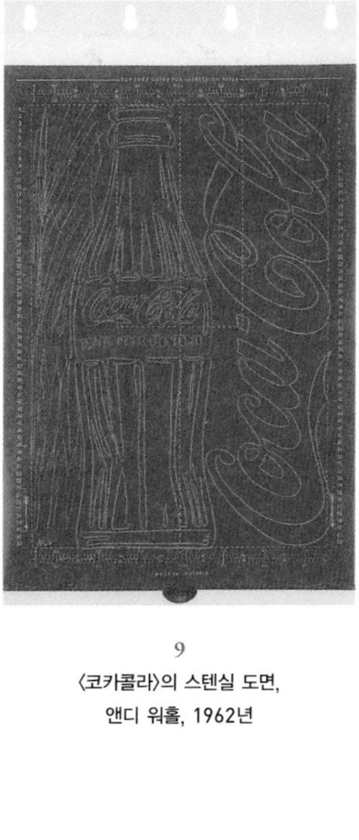

9
〈코카콜라〉의 스텐실 도면,
앤디 워홀, 1962년

릭턴스타인은 자신이 차용한 이미지에서 상품명을 제거했다.[8] 이는 워홀이 '캠벨', '브릴로', '코카콜라' 등 자신이 차용한 이미지의 상품명을 그대로 사용한 것과 대조된다.[9][18] 또 상업미술과 거리를 두는 데서 알 수 있듯이, 릭턴스타인은 여전히 창조성, 독창성의 개념을 고수한다. 반면 워홀은 자신을 '상업미술가'라고 불렀다.[19]

기계와 공장

워홀은 '독창성'의 신화를 파괴한다. 그는 제 작품이 독창적이거나 개성적으로 보이기를 원하지 않았다. "내가 왜 독창적이어야 하지? 독창적이지 않으면 안 되나?"[20] 그는 자신의 아틀리에를 '공장(factory)'이라고 부르며, 스스로 '기계'가 되기를 원했다. "내가 이렇게 그리는 이유는 기계가 되고 싶기 때문이다." 저자는 굳이 내가 아니어도 무방하다. "누군가가 나 대신 내 그림을 모두 그릴 수 있어야 한다. …… 더 많은 사람들이 실크 스크린을 해서, 내 그림이 내 것인지 아니면 다른 사람 것인지 누구도 알 수 없게 된다면 아주 멋질 것이다."[21] 그는 제 작품이 자기가 없는 자리에서 스태프들이 만들어낸 것처럼 얘기하고 다녔다.

"자동화의 도전에 어떻게 대처하는가?" "그것의 일부가 됨으로써."[22] 워홀의 작업은 자동화한 기계의 동작에 가깝다. 먼저 평면에 사진 슬라이드를 비추어 윤곽을 따고 거기에 채색을 하여 얻어낸 이미지를 수없이 반복하는 것이다.[10] 마치 윤전기에서 흘러나온 화폐나 우표의 전지처럼 보이는 워홀의 이미지는 지루하기 짝이 없다. "나는 본질적으로

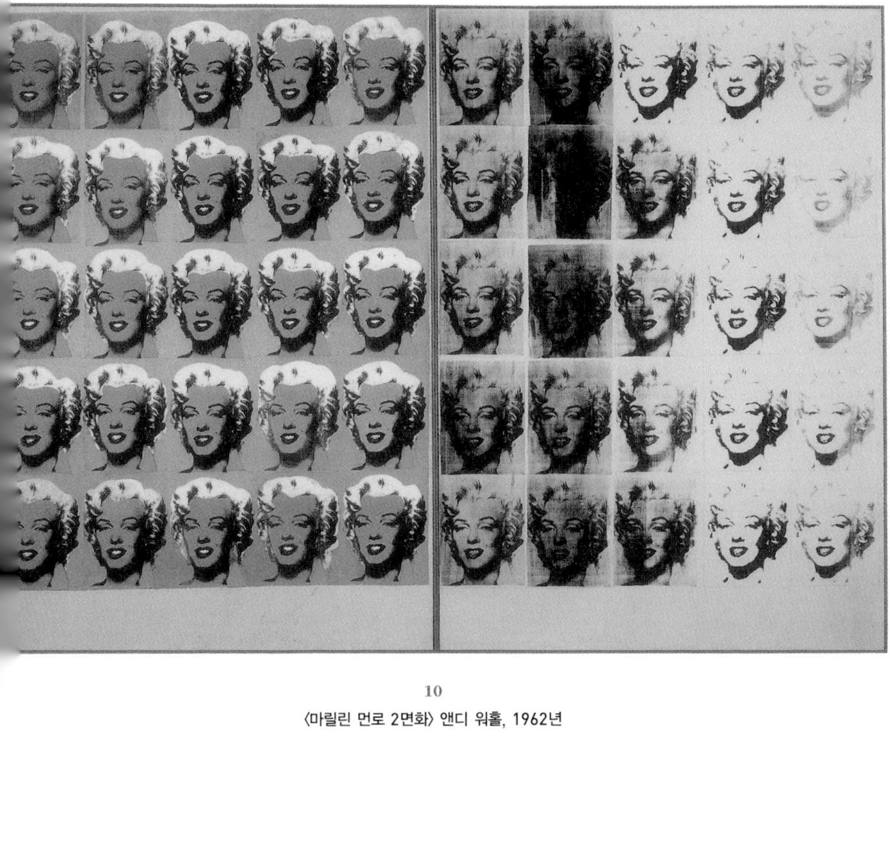

10

〈마릴린 먼로 2면화〉 앤디 워홀, 1962년

같은 것이 되는 게 아니라 정확히 같은 것이 되는 것을 원한다."[23] 인간도 다르지 않다. "나는 모든 이가 똑같이 생각하기를 원한다. …… 러시아에서는 이를 정부의 힘으로 하고 있지만, 이곳에서는 엄격한 정부 없이도 그 일이 저절로 일어난다."[24]

"내가 같은 이미지를 반복하기 시작한 것은 반복이 같은 이미지를 변화시키는 방식을 좋아하기 때문이다." 여기서 우리는 반복을 통해 차이를 생성한다는 '반복 가능성(re-iterability)' 개념을 본다. 하지만 이를 모더니즘의 전략과 혼동해서는 안 된다. 모더니즘에서는 반복조차 '차이'를 생성하기 위한 것이다. 이를테면, 마그리트의 작품 속 사물은 일상적 지각으로 보는 것과는 '낯설게' 나타난다. 마그리트의 이미지는 반복을 통해 평범한 사물을 비범해 보이게 해주나, 워홀은 다르다. "나는 그것들을 비범하게(extra-ordinary) 만들려 하지 않는다. 나는 그것들을 지극히 평범하게(ordinary-ordinary) 그리려 할 뿐이다."[25]

자세히 보면 워홀의 이미지들도 미세한 차이가 난다. 그것들은 반복될 때마다 해상도가 떨어져 실재성이 희미해지고, 그러다가 마침내 색 분해된 단색의 인쇄 필름들 속으로 흩어져 사라진다. 이렇게 사라진 현실의 자리에 남는 것은 반복되는 복제 이미지들뿐이다. 보드리야르는 "차이의 생산이 극한에 달하면 반대물로 전화한다."고 지적한 바 있다. 1960년대에 이르러 자본주의적 현대는 새로운 단계에 도달했다. 반복이 차이를 생산하지 못하는 '동일자의 무한증식'에 빠져든 것이다. 워홀은 바로 그런 시대의 증인이다. 이 '균등화(leveling)'의 취향이 모던과 구별되는 포스트모던 특유의 감정이다.

모던에서 포스트모던으로

"아직까지 나는 거울을 들여다보는데 그 안에 아무것도 보이지 않는다는 생각에 사로잡혀 있다."[26] 여기에는 실재가 사라진 세계를 체험하는 공허함이 표현되어 있다. 워홀의 거울은 현실을 보여주지 않는다. 여기서 재현이나 지시의 관계는 끊어진다. 워홀의 거울은 원본 없는 복제, 한마디로 시뮬라크르다. 우리가 체험하는 세계는 이미 그 자체가 복제의 가상들로 이루어진 것이다. 데리다에게 텍스트 너머는 없듯이 워홀에게 사진 너머는 없다. "당신이 앤디 워홀의 모든 것을 알고 싶다면, 그냥 내 그림과 내 영화의 표면을 보고, 그리고 나를 보라. 그러면 거기에 내가 있다."[27]

벤야민에 따르면, 현대인은 상사(相似)에 대한 감각이 너무 발달하여 유일물에서조차 복제를 통해 아우라를 벗겨내고 싶어 한다. 지루하게 반복되는 워홀의 이미지는 이 달라진 지각의 욕망을 보여준다. 벤야민이 발견한 이 현대적 지각의 특성은 1960년대에 이르러 비로소 온전히, 하지만 벤야민의 기대와 달리 자본주의적, 소비주의적 방식으로 실현되었다. 모든 사물이 대량생산으로, 모든 영상이 대중매체로 만들어지는 시대에 예술만은 유일한 장인적 생산의 영역으로 남아 있었다. 워홀은 원작의 생산에 실크스크린을 도입함으로써 복제기술을 마지막 남은 유일물의 생산에까지 확장시킨다. 파괴되는 것은 이미지의 아우라만이 아니다. 작가의 아우라마저 파괴한다.

모더니즘 예술가들은 체제에 맞서 자신의 개인 성벽(idiosyncrasy)을 관철시키려는 전복적 특성을 갖고 있었다. 하지만 워홀은 자신을 대중문화의 스타로 이해할 정도로 철저하게 자본주의 체제에 '순응적'이었다. 주체가 해체되고, 역사가 종언을 고하며, 정치가 사라지는 것이 포스트모던의 조건이다. 워홀은 1980~1990년대에 대중의 태도로 일반화되는 정신적 자세를 준비했다고 할 수 있다.[28] 미국의 미학자 아서 단토는 워홀의 첫 전시회가 열린 1962년을 특별한 해로 기억한다. 그에게 워홀의 등장은 모더니즘의 종언, 그리고 '포스트모던'의 개막을 알리는 하나의 '사건'이었다.[29]

지시와 허상

"미술은 점점 더 세상과 멀어져 외부 세계가 아닌 내부로 시선을 돌린다. 하지만 팝아트는 그 세상을 바라본다." 릭턴스타인의 말은 추상회화와 달리 팝아트에는 '주제'가 있음을 의미한다. 팝아트와 더불어 주제가 복귀한다. 하지만 몇십 년 만에 회화로 복귀한 주제는 더 이상 '원본'이 아니었다. 그것은 복제로, 정보로 귀환했다. 팝아트 속에 등장하는 이 주제를 어떻게 해석할 것인가? 할 포스터는 팝아트 속에 등장하는 이미지를 해석하는 데에는 두 가지 방식이 있다고 말한다. 하나는 "지시적인 것"으로 읽는 것이고, 다른 하나는 "허상적인 것"으로 읽는 것이다.[30]

후기 구조주의자들은 워홀의 이미지를 '허상'으로 읽는다. 바르트에 따르면, "팝아트가 원하는 것은 대상을 탈상징화하는 것"이다. 즉 "이미지를 심오한 의미로부터 해방시켜 허상적인 표면으로 나아가는 것"이 팝아트의 전략이라는 것이다.[31] 이 해석은 "똑같은 것을 보면 볼수록 의미는 점점 더 사라진다."는 워홀 자신의 언급으로 뒷받침된다. 푸코, 들뢰즈, 보드리야르도 팝의 이미지를 아무것도 지시하지 않는 시뮬라크르의 표면으로 읽는다.

하지만 워홀의 작품 중 어떤 것은 의미 없는 이미지의 표면으로 설명하기에는 너무나 무거운 주제를 갖고 있다. 이를테면, 자동차 사고, 흑인에 대한 린치, 사형 집행용 전기의자 등 초기의 〈죽음〉 연작은 특히 다양한 해석의 원천이 된다. 그런 그림을 왜 그렸느냐는 질문에 그는 "그 모티프가 커튼에 어울리는 한, 그것들을 여러 색으로 그린다."고 대답했다. 참사까지도 다른 것과 섞여 들어오는 정보로 처리하는 이 무감함은 거의 병적인(morbid) 느낌을 준다. 이는 미디어가 인간의 지각을 둔감하게 만든다는 냉소적 비판인가? 아니면 그런 이미지를 대수롭지 않게 받아들이는 현실에 대한 순응적 긍정인가?

토머스 크로(Thomas Crow)는 적어도 워홀의 몇몇 이미지는 진지하게 세계를 지시한다고 말한다. 이를테면, 죽음과 재앙을 제재로 한 이미지들은 소비사회의 무심함 속에서도 "고통과 죽음이라는 현실"을 강력히 지시한다는 것이다. 이 경우, 워홀의 전기의자(〈라벤더 색의 재앙〉)[11]는 사형제에 대한 항의, 인종 폭동의 이미지(〈버밍햄 인종 폭동〉)[12]는 인종차별에 대한 비판으로 해석될 것이다. 크로의 해석에 따르면, 언뜻 냉담해 보이는 워홀은, 적어도 창작의 특정한 기간 동안에는, 리얼리스트이자 참여예술가가 된다.

> 이 회화들은 결국 1940~1950년대의 영화를 필름 누아르(film noire)라고 부르는 의미에서 일종의 '검은 회화(peinture noire)'가 된다. 그것은

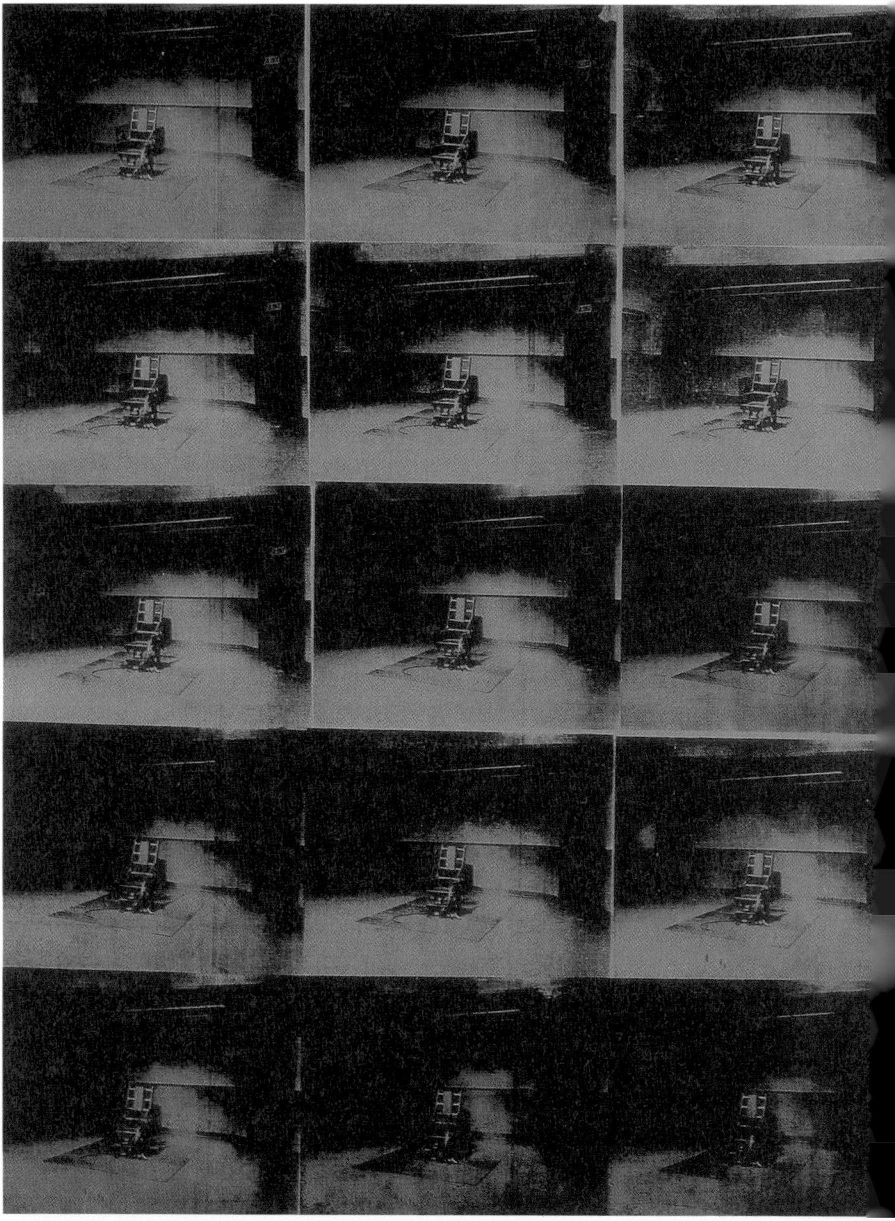

11

〈라벤더 색의 재앙〉 앤디 워홀, 1963년

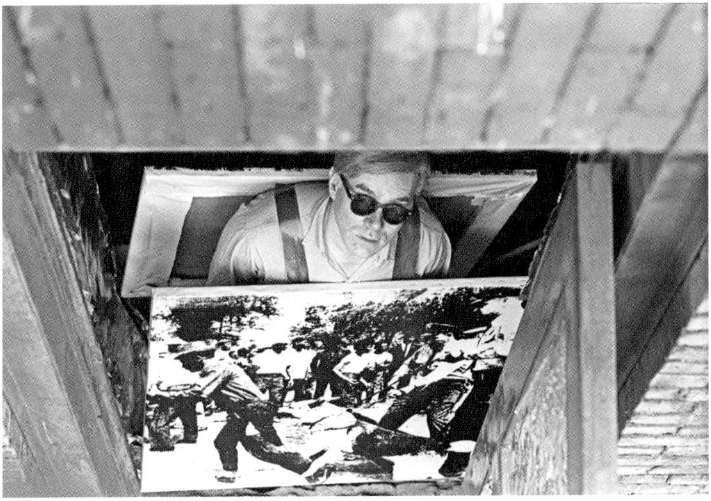

12
〈인종주의 폭동〉 샌드위치 보드를 들고 있는 앤디 워홀, 1964년

미국적 삶에 대한 삭막하고 냉정하고 염세적인 비전이다. …… 물론 1965년쯤이면 그의 작품의 이 에피소드는 거의 끝난다. 꽃, 소머리 벽지, 은색 베개 따위는 여기서 논의하는 이미저리와는 거의 관계없다. 그때부터는 클리셰가 들어맞기 시작한다. 하지만 한동안 1961~1964년 사이의 작품에는 그 말의 가장 긍정적인 의미에서 진정한 '팝'을 창조하려는 위협이, 즉 미약하나마 미국의 상업문화 속에 거의 묻혀버린 진리-말하기의 전통을 고수하려는, 싸구려 재료에서 나온 암울한 단색의 비전이 존재했다.32

할 포스터는 서로 상반되는 두 해석의 종합을 모색한다. "워홀의 초기 이미지를 지시적이면서 동시에 허상적인 것으로, 연루된 것이면서 동시에 분리된 것으로, 감동적이면서 동시에 무감동한 것으로, 비판적이면서 동시에 무심한 것으로 읽어낼 수는 없을까?"[33] 종합하는 방법은 라캉의 정신분석학을 도입하여 워홀을 독특한 종류의 '리얼리스트'로 만드는 것이다. 포스터에 따르면, 1960년대에 일어난 '실재의 귀환(return of the real)'은 그저 추상에 밀려 사라졌던 구상이나 환영의 부활을 의미하는 게 아니다. 회귀한 것은 실재가 아니라 라캉이 말하는 실재계(le réel)라는 것이다.

포스터는 워홀의 팝아트를 '외상적 리얼리즘'으로 해석한다. 거기서 우리가 보는 것은 "외상적 실재를 가리기 위한 이미지의 반복", 그 가리기 속에서도 "우연적으로, 그리고/또는 간접적으로 복귀하는 외상적 실재"다.[34] "나는 기계이기를 원한다."는 워홀의 말은 그가 "충격 받은 주체"임을 암시한다. 한마디로 충격에 대한 방어로써 자기에게 충격을 준 그것의 본성을 취하는 셈이다. ("자동화의 도전에 어떻게 대처하는가?" "그것의 일부가 됨으로써.") 20년 동안 점심으로 늘 캠벨 수프를 먹는 강박적 반복 속에서 워홀은 스스로 자동인형, 즉 라캉이 말하는 오토마톤(automaton)이 된다.

"정확히 같은 것이 되기를 원한다."는 이 습관은 외상적 사건을 상징적 질서에 통합시키기 위한, 충격에 대한 일종의 방어 기제로 작용한다. "반복은 의미를 빠져나가게 하는 것인 동시에 어떤 감정이 생겨나는 것에 대한 방어"다. 실제로 워홀은 이렇게 말한다. "계속해서 몇 번이고 끔찍한 그림들을 보게 되면, 그 그림들은 실제로 아무런 효과도 미치지 못하게 된다."[35] 포스터는 팝의 본질을 라캉의 말로 요약한다. "반복은 복제가 아니다."[36] 결국 워홀의 반복은, 포스트구조주의의 해석처럼 순수 기표들의 순환이라는 의미에서 '복제'가 아니라, 외상적 실재계를 가리는 스크린의 역할을 한다는 것이다.

하지만 워홀의 작품이 그저 실재계를 가리는 것으로 끝나는 것은 아니다. 케네디의 암살, 먼로의 자살, 인종차별적 린치, 자동차 사고를 다룬 작품에서 일차적 충격은 이미지에 가려지지만, 동시에 이 반복이 이차적 외상을 산출한다. 이때 푼크툼(punctum)이 스크린을 뚫고 나오면서 실재계가 드러난다. 이렇게 "이미지들의 반복은 실재적인 것을 우리에게서 떼어놓으면서 동시에 그것이 우리를 향해 쇄도하게 한다."[37] 여기서 할 포스터는 라캉이 말한 오토마톤과 투케를 본다. 오토마톤은 "징후나 기표로서 억압된 것의 반복"이며, 투케는 "실재적인 것과 외상적 만남의 복귀"다. 워홀의 이미지에는 이 두 가지 반복이 모두 존재한다.

이는 현대 예술이 "죽음의 원칙인 물화에 미메시스적으로 따른다."[38]는 아도르노의 언급을 연상시킨다. 결국 추상회화가 그 손상되고 소외된 형태를 통해서 마찬가지로 손상되고 소외된 사회를 고발하듯이, 워홀 역시 스스로 '증상'이 됨으로써, 즉 대량생산과 대량소통의 자동인형이 됨으로써 사회의 부정적 상태를 드러낸다는 것이다. 이 경우 우리는 워홀의 초기 이미지를 포스터의 말대로 "비판적이면서 동시에 무심한 것으로" 읽어낼 수 있을 것이다.

8 상황주의 인터내셔널

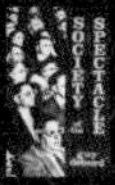

198

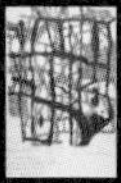

203

203

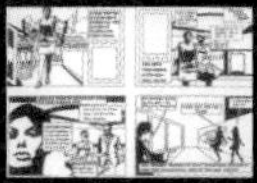

204

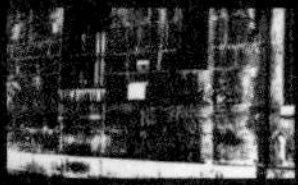

204

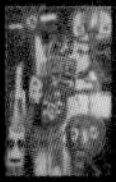

206

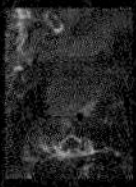

206

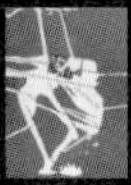

207

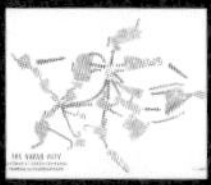

211

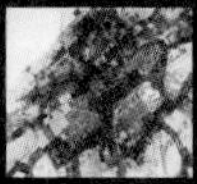

212

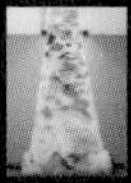

214

스펙터클에 맞선 전사들

'아트가 소비자본주의에 순응적이었다면, 상황주의자들은 소비자본주의를 '물화'와 '소외'의 상태로 규정하
, 물질적 욕망이 진정한 삶을 집어삼켜버린 그 거대한 매트릭스의 세계에 저항하려 했다. 변화한 자본주의
맞서 상황주의자들은 전통적 마르크스주의를 소비자본주의의 현실에 맞추어 갱신하고, 다다이즘과 초현
주의라는 전전의 혁명적 예술운동을 계승하되 동시에 그 한계를 극복하기 위해 예술을 (삶 속에서) 실현
으로써 예술을 폐지하려 했다. 이 목적을 위해 소비자본주의의 산물을 패러디하여 소비자본주의를 공격하
'전환'의 전략을 사용했다. 상황주의는 전후의 유일한 혁명적 아방가르드였다.

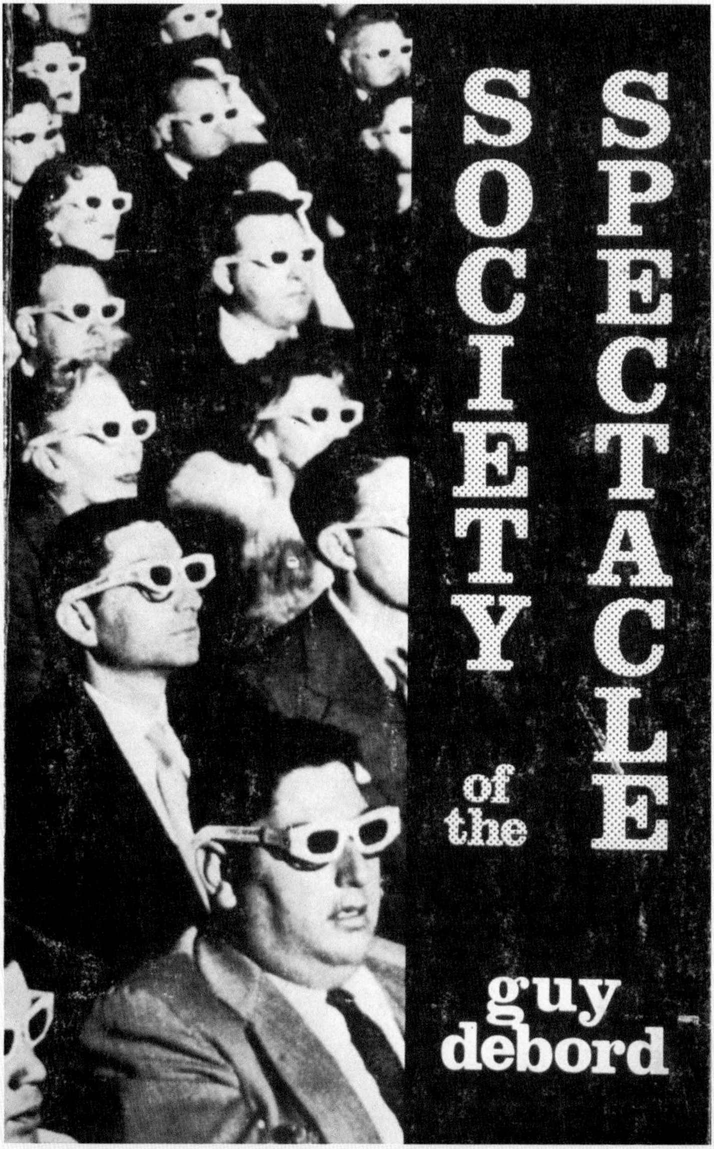

1

기 드보르의 《스펙터클의 사회》 책 표지, 1967년

모더니즘은 예술운동이자 정치운동이었다. 프랑스의 초현실주의, 러시아의 미래주의와 구축주의, 독일의 바우하우스는 사회주의 운동에 동조했다. 하지만 종전 후 모더니즘의 중심이 미국으로 옮겨가면서, 예술은 이 정치적 급진성을 잃는다. 보수적인 미국 사회에 받아들여지려면 현대미술은 자신이 위험한 좌익임을 부정해야 했다. 트로츠키주의자였던 그린버그 역시 전후에는 '아방가르드'라는 말을 사용하지 않게 된다. 그의 '모더니즘'은 정치성이 결여된 순수한 형식주의에 가까웠다. 그에게 더 이상 "모더니즘은 결코 과거와의 단절 같은 것을 의미하지 않는다."[1] 이로써 사라진 것은 "삶과 예술의 경계를 허물고 삶 속에서 예술을 실현한다."는 아방가르드의 유토피아 기획이다.

팝아트와 상황주의

다다와 초현실주의는 그사이에 미술계의 주류로 제도화되었고, 아방가르드가 한때 연대했던 사회주의는 이미 오래전에 환멸의 대상으로 전락해갔다. 특히 히틀러-스탈린 동맹은 아직도 진보의 가치를 믿는 지식인들에게는 커다란 지적 충격을 주었다. 소련이라는 현실사회주의 역시 그들이 원하던 유토피아가 아닌 것으로 드러났다. 그러는 사이에 전후의 자본주의는 새로운 발전 단계에 접어든다. 전후의 마셜 플랜과 더불어 시작된 경제 붐을 통해 유럽 사회도 완전히 '소비'자본주의로 모습을 바꾼다. 공장에서 생산을 하던 혁명적 '노동자'가 이제 마트에서 쇼핑을 하는 순응적 '소비자'가 되었다.

이 변화를 반영하는 예술이 바로 팝아트다. 모더니즘 예술과 달리 팝아트는 처음부터 체제에 순응적이었다. 이 점에서는 앤디 워홀을 대표로 하는 미국의 팝아트나 '인디펜던트 그룹'이 주도하던 영국의 팝아트나 차이가 없었다. 하지만 유럽에서 정치적 아방가르드 운동이 완전히 사라진 것은 아니었다. 그 대표적인 예가 1957년에 결성된 '상황주의 인터내셔널(SI, Situationist International)'. SI 그룹의 업적은 전후의 변화된 환경 속에서 "소비자본주의를 비판할 수 있는 일종의 문화정치학"2을 제공해준 데 있다. 그런 의미에서 상황주의 인터내셔널이야말로 팝아트의 진정한 안티테제였다고 할 수 있다.

상황주의 운동은 정치적으로는 마르크스주의를 갱신하고, 예술적으로는 아방가르드 운동을 부활시켜, 소비자본주의라는 변화한 환경 속에서 양자를 재(再)통합하려 했다. 자본주의가 아무리 달라졌다 해도, 그것의 본질이 변한 것은 아니다. 상황주의자들이 보기에 전후 자본주의는 주로 생산에 나타나던 물화(物化) 현상이 소비의 영역에까지 확장·강화된 데 불과하다. 인간을 소외시키는 이 소비주의 생활 방식에 맞서 상황주의자들은 예술의 수단으로 진정한 욕망을 실현하는 데 적합한 '환경(ambience)'을 창조하려 했다. 그들의 목표는 "상황의 구축, 즉 현재의 생활 환경을 구체적으로 구성하고, 그것들을 더 높은 열정적 특질로 변형시키는 것"3에 있었다.

스펙터클의 사회

상황주의에 이론적 토대를 제공한 것은 기 드보르(Guy Louis Debord, 1931~1994)로, 그의 저서 《스펙터클의 사회》[1]는 상황주의 운동의 강령으로 통한다. 이 책은 독일의 철학자 포이어바흐(Ludwig Andreas von Feuerbach, 1804~1872)가 기독교를 비판하는 구절을 인용하며 시작하는데, 사실 그 인용문 안에 상황주의 운동의 핵심적인 문제의식이 담겨 있다.

> 사태보다 영상을, 원본보다 복제를, 현실보다 표상을, 본질보다 가상을 선호하는 이 시대에는 …… 환영만이 성스럽고, 진리는 속되다. 그래. 이 시대의 눈에는 진리가 줄어들고 환영이 늘어나는 바로 그만큼 신성함도 강화되어, 최고도의 환영이 최고도의 신성함이 된다.4

여기서 '환영'은 물론 기독교의 신을 가리킨다. 포이어바흐에 따르면, 신이란 인간이 자신의 긍정적 본질을 허공에 투사한 것에 불과하다. 투사를 하면 할수록 신은 성스러워지고, 인간은 비천해진다.

포이어바흐가 보기에 '신'이라는 현상은 인간의 자기 '소외'의 결과일 뿐이다. 포이어바흐가 신이라고 부른 것을, 드보르는 '스펙터클'이라고 부른다. 소비자본주의사회에서는 인간의 사회적 관계가 이미지로 투사된다. 그 이미지들의 총체가 바로 '스펙터클'이다. 따라서 스펙터클은 그저 "이미지의 집적(ensemble)이 아니다. 그것은 이미지들로 매개되는 사람들 사이의 사회적 관계다."5 스펙터클은 이미지로 물화된 인간들 사이의 사회적 관계다. 자신의 삶을 이미지로 투사할수록 허구의 삶은 풍부해지고 진정한 삶은 공허해진다. 후기 자본주의사회에서 물화(物化)는 이제 소비의 영역으로 확장되고, 그로써 인간의 소외도 완벽해진다.

사념된 대상에 대한 구경꾼의 소외는 이렇게 표현된다. 그가 더 사념할 수록, 그는 덜 살게 된다. 지배적인 욕구의 이미지들 속에서 자신을 인지하는 것을 더 많이 허용할수록, 그는 저 자신의 존재와 저 자신의 욕망을 덜 이해하게 된다. 스펙터클의 외재성은 행동하는 인간이 자신의 제스처가 더 이상 그의 것이 아니라 그에게 그것들을 보여주는 남의 것이 된다는 데서 드러난다. 구경꾼이 어디서도 편안함을 느끼지 못하는 것은 그 때문이다. 왜냐하면 스펙터클은 어디에나 있기 때문이다.[6]

스펙터클(spectacle)이 강화될수록 인간은 그 허상의 화려함과 현란함을 넋을 놓고 바라보는 한갓 '구경꾼(spectator)'의 신세로 전락한다. 상황주의 인터내셔널은 소비자본주의 하에서 일어나는 이 인간의 자기소외와 인간관계의 물화에 대항하여 진정한 삶, 즉 허구적 욕망의 복제가 아닌 삶의 원본을 복원하려는 운동이라고 할 수 있다.

문자주의와 상상주의

초기에 예술적 아방가르드로 활동했던 상황주의 운동은 1962년 이후 정치적 아방가르드로 변신하여, 1968년 학생 봉기의 정신적 기폭제가 된다. SI의 모태는 두 개의 예술가 조직이었다. 하나는 프랑스의 드보르가 이끄는 '문자주의 인터내셔널(Letterist International)'이다. 이시도르 이주(Isidore Isou, 1925~2007)의 '문자주의 그룹'에서 분리된 좌익들이 1952년에 결성한 이 조직은, 찰리 채플린의 기자회견을 방해하거나 에펠탑의 폭파를 공언하는 등 부르주아사회에 충격을 주는 일련의

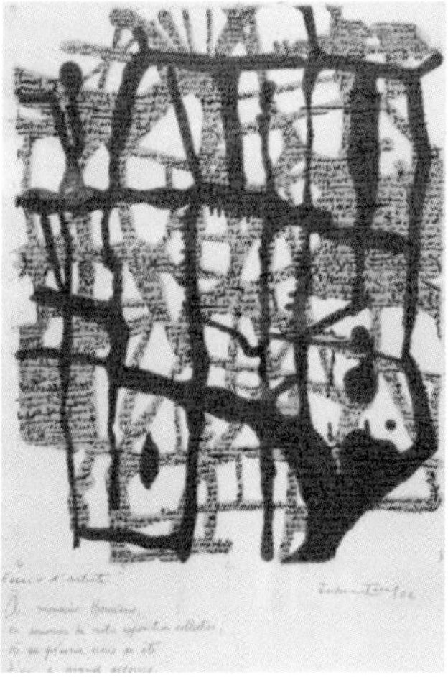

2
〈무제〉 이시도르 이주, 1961년

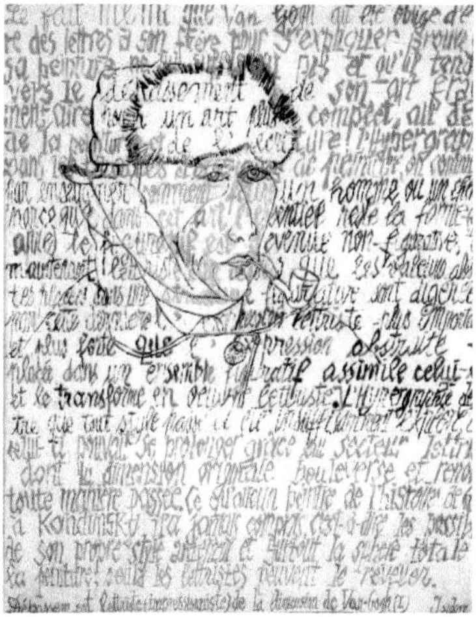

3
〈반 고흐의 하이포그래프 초상화〉 이시도르 이주, 1962년

스캔들을 연출했다. 에펠탑을 폭파하려 한 것은 거기서 뿜어져 나오는 불빛이 밤마다 수면을 방해했기 때문이라고 한다. 이는 문자주의 인터내셔널이 다다의 전통에 속함을 보여준다.

이시도르 이주[2,3]의 '문자주의 그룹'은 주로 텍스트와 이미지를 해체하는 콜라주 작업을 해왔다. 이 역시 전형적인 다다의 기법이다. 다만 문자주의 그룹이 이 작업을 순수예술적 관점에서 수행했다면, 거기서 분리되어 나온 문자주의 좌익(LI)은 그 작업을 정치적 목적에 전유하려 했다.[4] 이 문자주의 좌익의 목표는 "전복적 상황의 구축을 통해 일상생활을 비판"하고, "여가에 대한 전투를 통해 계급투쟁을 진척"시키는 데 있었다. 여기서 이미 우리는 상황주의 전략의 윤곽을 볼 수 있다. 1953

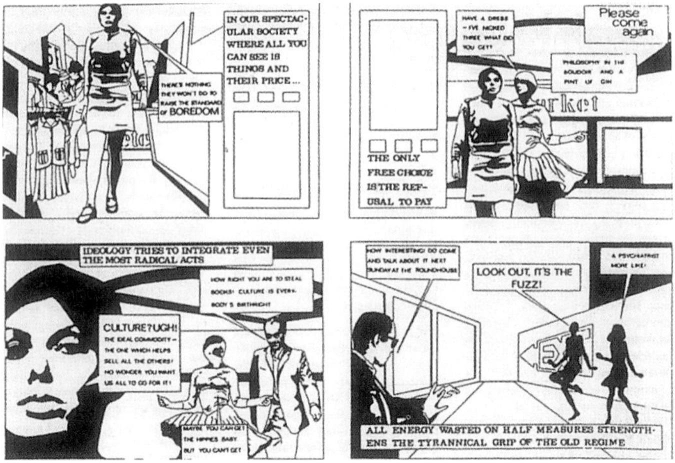

4

1960년대 정치적 슬로건을 담은 만화

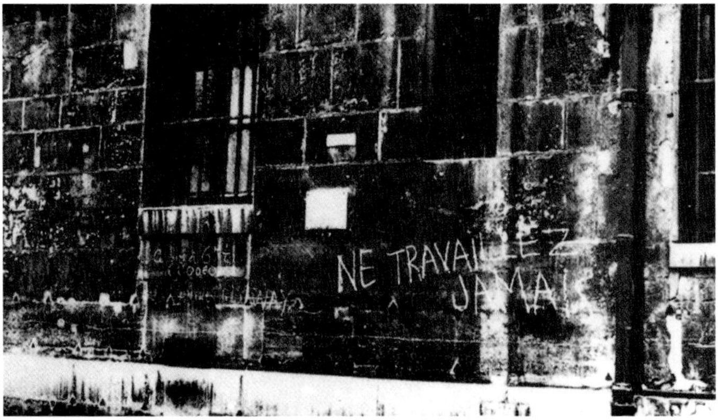

5

기 드보르의 벽 낙서 “일하지 말라!”, 1953년

년 드보르는 거리의 벽에 “일하지 말라(Ne travaillez jamais)!”[5]고 쓴다.[7] 이 전설적 낙서는 훗날 68운동의 슬로건이 되어 돌아온다.

SI의 또 다른 축은 ‘상상주의 바우하우스(Imaginist Bauhaus)’다. 이 그룹의 모태는 코펜하겐(Co), 브뤼셀(Br), 암스테르담(A)을 근거로 활동했던 ‘코브라(CoBrA)’ 그룹[6]이다. 이 단체의 멤버들은 마르크스주의자들이었지만, 동구의 사회주의 리얼리즘을 경멸하고, 미국의 추상표현주의와도 거리를 두었다. 이들의 탈구상 회화는 초현실주의에 가까웠으나, 초현실주의의 무의식이 너무 ‘주관적’이라고 거부하고, 집단적-사회적인 공공의 기획을 강조했다. 하지만 이들은 자신들보다 더 과격한 미국의 추상회화를 보며 “자신들의 미학적 자원이 미국의 경제적, 군사적 지배를 암암리에 긍정하는 발판으로 변형”[8]될 수 있음을 간파한다. 결국 “혁명적 창조성의 이상을 표현할 대안적 수단”을 찾지 못한 채 코브라 그룹은 1951년 해체된다.

1953년 막스 빌이 바우하우스의 재건을 위해 코브라 그룹의 열렬한 멤버였던 아스게르 요른(Asger Oluf Jorn, 1914~1973)을 찾는다. 요른은 기술과 예술을 통합한다는 발상은 막스 빌과 공유했지만, 그의 기능주의와 실용주의에는 동의할 수 없었다. 요른에게 기술과 예술의 통합은 자본주의적 합리화에 참여하는 ‘실용’이 아니라 그것에 저항하는 ‘실험’이어야 했다.[7,8] “그(=막스 빌)는 회화나 상상의 탐구, 판타지, 기호, 상징이 없는 아카데미를 만들기를 원한다. 그가 원하는 것은 기술 교육이다. 하지만 나는 실험예술가의 이름으로 상상주의 바우하우스를 위한 국제운동을 창설하려 한다.”[9] 상상주의 바우하우스의 목표는 “이미 고갈된 회화의 한계를 넘어 건축과 도시 디자인으로 나아가는 것”[10]이었다.

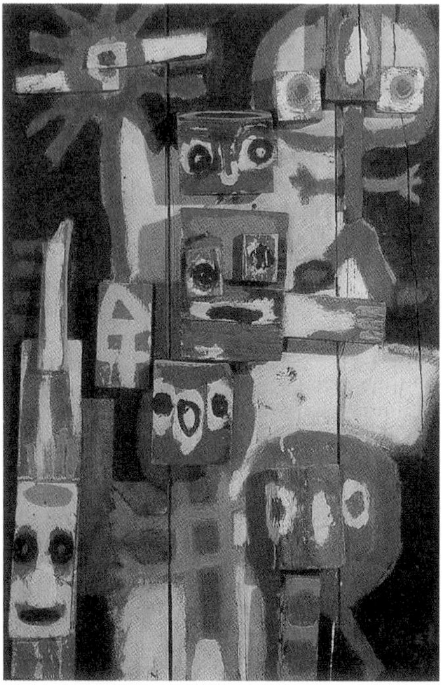

6
〈질문하는 아이들〉 캐럴 애펄, 1948년

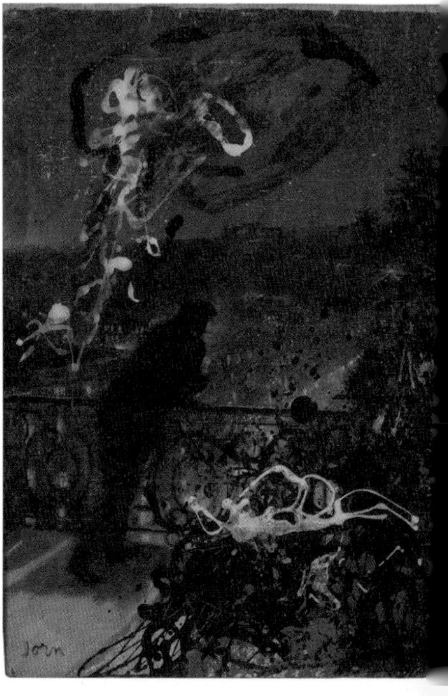

7
〈밤의 파리〉 아스게르 요른, 1959년

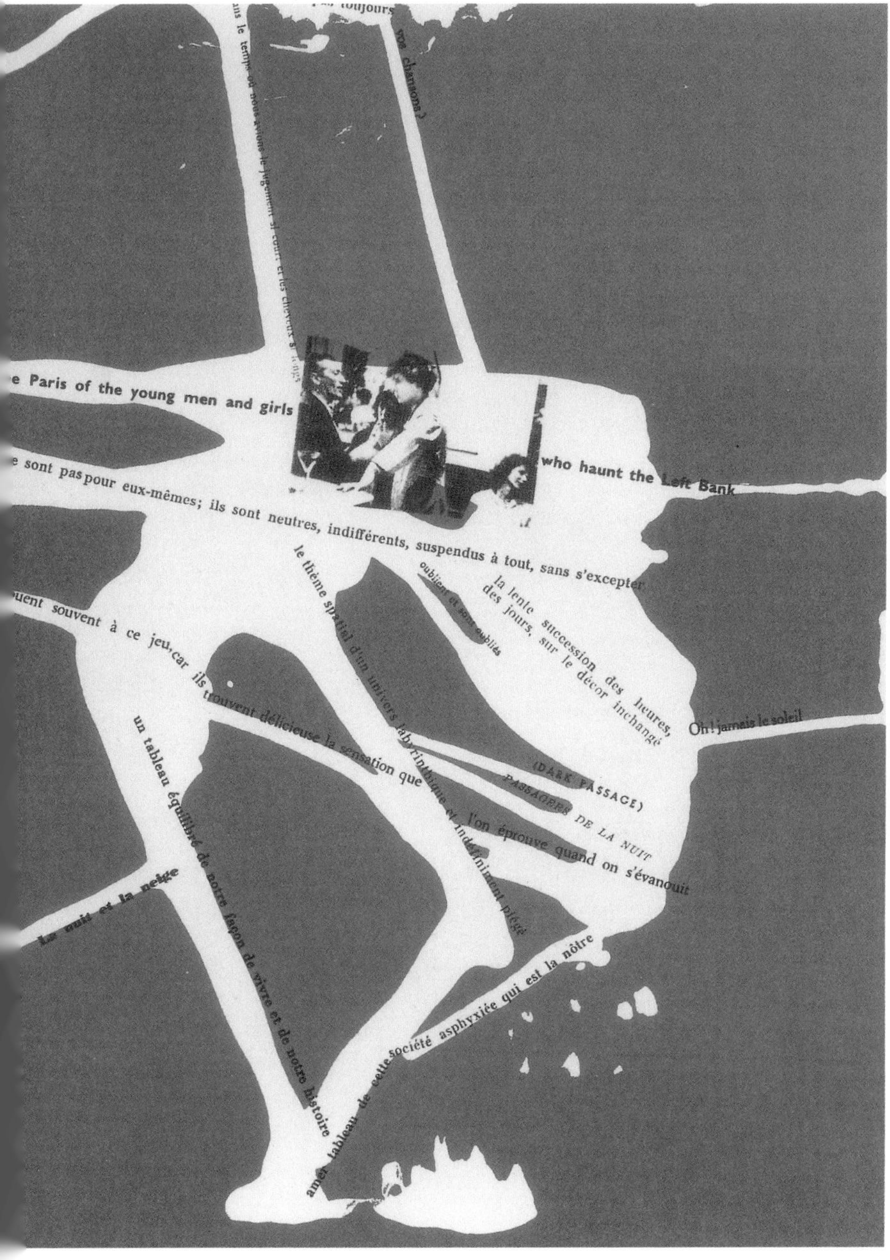

8

〈비망록〉의 한 페이지, 기 드보르와 아스게르 요른, 1959년

예술의 폐지와 실현

1957년 문자주의 인터내셔널과 상상주의 바우하우스가 통합하여 마침내 상황주의 인터내셔널이 출범한다. 상황주의 운동이 자신을 아방가르드 운동의 계승자로 인식했다는 것은 창립과 더불어 발표한 〈상황의 구축에 관한 보고서〉(1957)에 잘 나타나 있다. 보고서는 아방가르드 운동의 세 흐름(미래주의, 다다이즘, 초현실주의)을 거론하며, 그 각각의 한계를 지적한다.11 이 중에서 파시즘으로 넘어간 미래주의를 제외하면, 상황주의 운동에 아직 의미를 갖는 것은 다다이즘과 초현실주의이리라. 《스펙터클의 사회》에서 드보르는 예술운동으로서 다다이즘과 초현실주의를 이렇게 평가한다.

> 근대 예술의 종말을 나타내는 두 흐름은 다다이즘과 초현실주의였다. 이들은 …… 혁명적 프롤레타리아 운동의 마지막 대공세와 그 시기를 같이했다. 그리고 이 운동의 실패로 이 두 흐름은 이전에 그들이 죽었다고 선언한 그 예술 속에 갇히게 되었다. 이것이 다다이즘과 초현실주의가 무력화한 근본적인 이유다. …… 다다이즘이 예술을 실현하지 않고 억압하려 했다면, 초현실주의는 예술을 억압하지 않고 실현하려 했다.12

혁명적 프롤레타리아 운동은 종언을 고했고, 그와 연대했던 다다이즘과 초현실주의 역시 실패로 끝났다. 필요한 것은 낡은 마르크스주의를 대체할 새로운 혁명 이론과, 다다이즘과 초현실주의를 대체할 새로운 예술운동이다. 그 운동은 물론 앞의 두 혁명적 운동이 좌초한 그 자리에서 다시 출발해야 할 것이다.

다다는 반(反)미학이라는 "순전히 부정적 규정 때문에" 예술을 공격하다가 스스로 해체되었다. 초현실주의는 예술을 실현했으나 결국 예술계 안에서 하나의 '양식'이 되었다. 어느 것도 예술을 삶에서 실현하지는 못했다. 이 실패를 반복하지 않기 위해 상황주의는 예술의 변증법적 지양, 말하자면 예술의 '실현'이 곧 예술의 '폐지'가 되는 상황을 추구해야 한다. 혁명적 예술은 자신을 삶 속에 실현하는 가운데 스스로 폐지한다. 즉 삶 속에 실현되어 더 이상 삶과 구별되지 않는 지점에 도달해야 한다. 그런 예술은 "필연적으로 아방가르드적이고, 그런 예술은 더 이상 예술이 아니다. 예술의 전위는 그 자체의 사라짐이다."[13]

상황주의의 전략들

이 목표를 이루기 위해 상황주의 운동은 크게 네 가지 전략을 사용한다. 첫째는 '표류(dérive)'다. 드보르는 그것을 "다양한 환경을 가로질러 신속히 통과하는 기술"로 정의한다. "표류의 개념은 심리지리적 본성의 효과에 대한 재인식, 유희적-구축적 행동의 긍정과 불가분하게 연결되어 있다. 이는 모든 면에서 고전적 여행이나 산책에 대립된다."[14] '표류'는 그저 19세기 만보의 업데이트에 불과한 것은 아니다.[15] 만보객(flâneur)이 느리게 걷는 수동적 관찰자라면, 표류자는 신속히 걷는 능동적 '탐색자(arpenteur)'다. 그는 적극적으로 상황을 발견하고, 사적/공적 공간으로 분할된 부르주아적 영토를 점유하며, 합리적/기능적 도시를 유희의 공간으로 재(再)정의한다.[16] 표류를 통해 환경 전체가 내

안에서 심리적으로 재코드화된다.

이는 자연스레 '심리지리(psychogeography)'로 이어진다. 드보르는 심리지리를 "의식적으로 조직된 것이든 아니든, 지리적 환경이 개인의 감정과 행동에 끼치는 특수한 효과에 관한 연구"17로 규정한다. 낯익은 환경을 낯설게 체험한다는 점에서 표류는 초현실주의자들의 산책과 비슷하다. 하지만 전적으로 '우연'에 의존하지는 않는다는 점에서 그것과 구별된다. 마르크스주의자에게 '우연'은 결국 극복해야 할 어떤 것이기 때문이다. 평소에 다니던 것과는 다른 경로를 취할 때, 도시는 우리에게 색다른 느낌으로 다가올 수 있다. 심리지리는 이렇게 "도시를 탐험하기 위한 재미있고 창의적인 전략"을 연구한다. 드보르의 〈벌거벗은 도시〉[9]는 파리의 열아홉 구역을 연결하여 그런 심리지리적 배회의 가능한 경로를 가설적으로 제시한다.

이것이 자본주의적 영토로부터 탈주의 선을 그리며 도시의 심리적 의미를 찾아내는 발견적 기획이라면, 통합적 도시주의(unitary urbanism)는 거기에 기초하여 이상적 환경을 구축하는 창조적 기획이라고 할 수 있다. 표류가 문자주의 계열에서 발전시킨 것이라면, 통합적 도시주의는 '예술과 기술의 통합'을 추구한 바우하우스에 친근하다. 또 표류가 초현실주의에서 유래한다면, 통합적 도시주의는 상황주의의 미래주의적 요소라고 할 수 있다. 콘스탄트 뉘베니(Constant Anton Nieuwenhuys, 1920~2005)의 〈뉴 바빌론〉[10]은 통합적 도시주의 기획의 구체적 예를 보여준다. 러시아 구축주의를 연상케 하는 그의 유토피아적 기획은 미래의 유희하는 인간(homo ludens)을 위한 '예언적 건축'의 마지막 예로, 도시 안의 토지는 모두가 공유하고, 노동은 자동화되어 있어, 거주민들

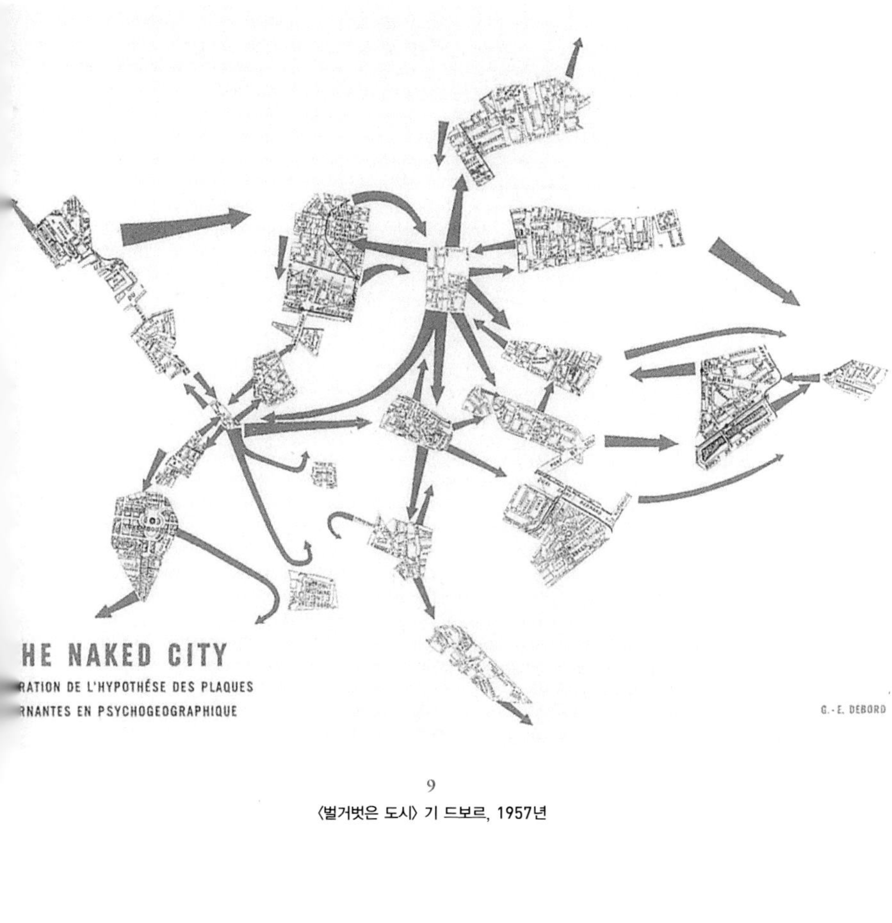

9
〈벌거벗은 도시〉 기 드보르, 1957년

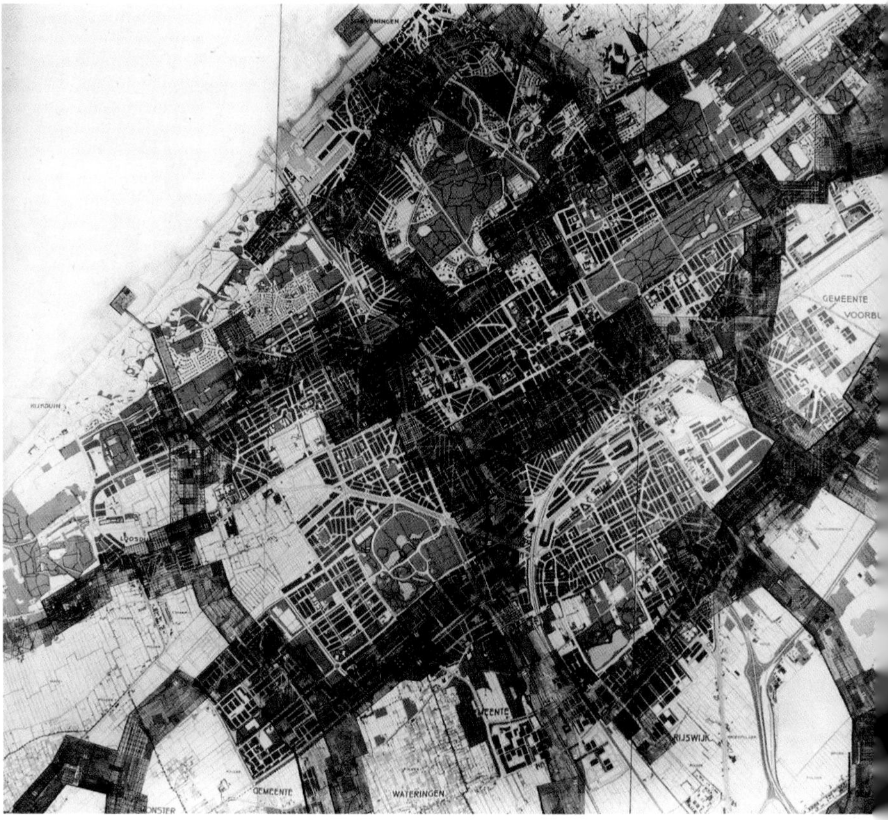

10

〈뉴 바빌론〉 콘스탄트 뉘베니, 1958년

은 대중적 유희와 유목적 삶을 영유할 수 있다.[18]

마지막은 '전환(detournement)'의 전략이다. 이는 '스펙터클'이라는 매스미디어 문화에 대항하는 카운터 전략이라고 할 수 있다. 일찍이 브레히트와 벤야민은 자본주의적 생산수단을 혁명적 실천의 도구로 전환하는 '기능 전환'에 대해 말한 바 있다. 전환은 자본주의의 상업광고와 정치적 구호를 뒤집어, 자본주의 체제를 공격하는 데 사용하는 것을 말한다. 팝아트가 대중문화의 아이콘들을 그대로 전용했다면, 상황주의자들은 지배문화의 요소를 '탈(脫)가치화'한 후 혁명적 목적을 위해 그것을 '재(再)가치화'하는 데 관심이 있었다.

> 전환은 우선 표현의 낡은 조직의 가치를 부정하는 것으로 나타난다. …… 하지만 동시에 '변환 가능한 블록'을 또 다른 전체(ensemble)를 위한 재료로 재사용하는 것은 더 높은 지시의 수준에서 창조의 새로운 통화 단위로서 더 거대한 구성에 대한 탐구를 표현한다.[19]

드보르가 1952년에서 1978년 사이에 제작한 여섯 편의 영화는 대부분 광고, 보도, 영화 등 대중매체에서 차용한 재료로 만들어졌다.

매체의 상황주의적 사용

"상황주의적 회화나 음악은 있을 수 없다. 오직 매체의 상황주의적 사용만이 있을 뿐이다." 초현실주의는 물론이고 심지어 다다마저 결국 하나의 '양식'이 되었지만, 상황주의 예술에 양식이란 있을 수 없다. 그

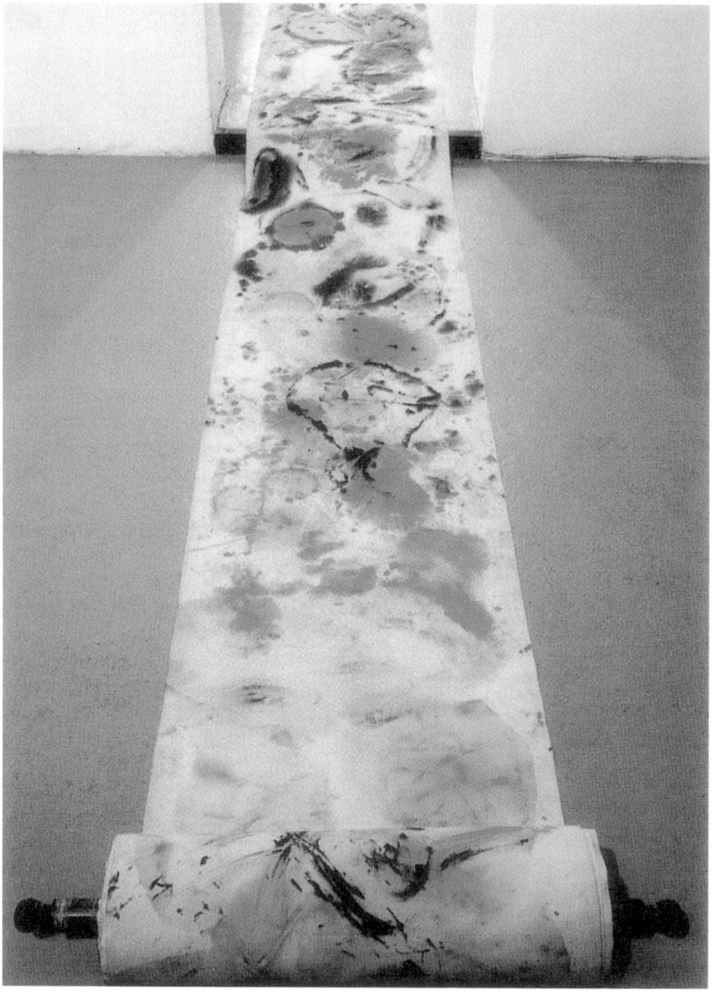

11

〈산업회화〉 주세페 피노－갈리지오, 1959년

저 '사용'만이 있을 뿐이다. 왜냐하면 상황주의 예술은 자신을 실현하면서 동시에 폐지해야 하기 때문이다. 피노-갈리지오(Giuseppe Pinot-Gallizio, 1902~1964)의 〈산업회화〉[11]는 이를 잘 보여준다. 언뜻 보기에 〈산업회화〉는 추상표현주의 작가의 작품처럼 보인다. 하지만 그 그림은 실은 모조 조립 라인에서 자동으로 생산된 것이다. 한마디로 제작 방식이 공장적 생산을 추구한 팝아트를 닮은 셈이다.

> 지난 목요일, 파리 비엔날레의 프리뷰가 있던 날, 현대미술관의 두 건물을 가르는 골목길에 이상한 기계—페인팅 머신—가 돌아가고 있었다. 기다란 종이 두루마리가 풀려 나오면, 진동하는 파이프가 그 위로 잉크 방울과 선을 뿌려댔다. 혼란스럽게 돌아가며 윙윙거리는 소음을 내는 칼날이 완성된 작품을 작은 부분으로 절단했다.20

상황주의 회화나 음악은 없다고 하니, 주목해야 할 것은 매체의 '상황주의적 사용'이리라. 피노-갈리지오는 이 작품을 추상표현주의라는 고급 예술과 팝아트가 전용하는 대중문화를 전복하는 데 사용한다. 피노-갈리지오는 이 작품을 마치 공장에서 생산된 두루마리 옷감처럼 미터 단위로 잘라 팔 생각이었다고 한다. 한마디로 자본주의적 생산과 소비의 방식을 들여다가, 그것으로 자본주의적 소비와 방식을 조롱하는 데 전용한 셈이다. 이를 앞에서 우리는 '전환'이라고 부른 바 있다. 〈산업회화 선언〉에서 피노-갈리지오는 이렇게 말한다.

> 자동화와 더불어 전통적 의미에서 작업도, 더 이상 잔업 시간도 없을 것

이다. 존재하는 것은 오로지 반(反)경제적 에너지를 해방시키는 자유로운 시간뿐이다.21

언뜻 듣기에는 자동화가 약속하는 미래에 대한 찬양처럼 보인다. 하지만 그 바탕에 깔린 것은, 아무리 자동화를 해도 인간에게 결코 여유를 주지 않는 자본주의에 대한 조롱이다. 상황주의는 1968년 학생운동을 통해 자신을 실현한 후, 그것의 쇠퇴와 함께 1972년 완전히 해체된다. 그 후로 우리는 더 이상 현대미술에서 '아방가르드'라는 말을 듣지 못한다. 그 후로 서구의 발전된 자본주의국가들은 이른바 '포스트모던'의 물결에 휩싸이게 된다.

전환과 회복

리오타르는 《포스트모던의 조건》(1979)에서 모더니즘과 대립되는 이 새로운 세계감정의 특징을 대략적으로 기술한 바 있다. 포스트모던은 더 이상 해방의 서사를 믿지 않는다는 점에서 상황주의의 기획과는 정면으로 대립된다. 그럼에도 불구하고 포스트모던의 철학과 미학은 실은 대부분 상황주의를 통해 마련되었다. 예를 들어, 들뢰즈가 말하는 끝없는 탈주, 유목적 생활 방식, 자본주의적 영토의 탈영토화 등은 영락없이 상황주의자들이 1960년대에 이론화하고 실천했던 '표류'의 전략을 닮았다. 역설적인 것은, 포스트모던이 상황주의의 전략을 외려 모던을 해체하는 데 사용했다는 점이다.

역설은 도처에서 발견된다. 이를테면, 보드리야르의 '하이퍼리얼리티'는 드보르의 '스펙터클' 개념을 그대로 넘겨받은 것이다. 하지만 드보르와 달리 보드리야르는 스펙터클에 대한 일체의 저항이 무의미하다고 본다. 그에게는 실재 자체가, 말하자면 복원해야 할 본래의 삶 같은 것이 이미 사라졌기 때문이다. 포스트모던의 '패러디'나 '패스티시'도 실은 상황주의의 '전환'을 변형한 것이며, '해체'와 '전복' 역시 상황주의의 급진적 제스처를 차용한 것이다. 하지만 포스트모던은 패러디와 패스티시를 모더니즘의 해방적 기획을 해체하고 전복하는 데 사용한다. 한마디로 모던의 무기를 외려 모던의 목에 들이대는 셈이다.[22]

체제를 위협하는 급진적 요소를 길들여 다시 체제 내에 포섭시키는 것을 정치학에서는 '회복(recuperation)'이라고 부른다. 사실 드보르가 1972년 SI의 해체를 선언한 것도 이미 그 시점에 '회복'이 완성되었다고 느꼈기 때문이다. 상황주의의 전략은 수없이 차용되었고, 때로는 상황주의 자체에 대항하는 방식으로 차용되기도 했다. 사실 그 시점에 SI는 이미 그 자체가 명사 집단으로서 하나의 이미지였고, "'급진적 멋쟁이(radical chic)'의 스펙터클한 소비의 일부"가 되어 "그저 소외된 사회의 보완적 소외"[23]로 기능하고 있었다. 드보르는 알코올의존증으로 시달리던 중 1994년 권총으로 스스로 목숨을 끊는다.

9 해프닝

액션 콜라주에서 해프닝으로

퍼포먼스 아트의 선구가 된 앨런 카프로의 해프닝은 '폴록의 유산'에서 출발했다. 카프로는 폴록의 작업에서 무엇보다 '액션'을 보았다. 폴록의 제스처를 모방한 카프로의 액션 콜라주는 3차원의 '아상블라주(assemblage)' 작업과 그가 '환경'이라고 부른 설치 작업을 거쳐 '해프닝'으로 발전한다. 해프닝은 마이클 프리드가 비난하는 '연극성'을 글자 그대로 실현했다는 점에서 그린버그식 모더니즘의 반명제였다. 카프로는 해프닝을 폴록의 액션 페인팅과 연결시키지만, 삶과 예술의 경계를 인정하지 않는 반(反)미학을 실천한다는 점에서 그의 해프닝은 다다이즘, 특히 뒤샹의 유산이기도 했다.

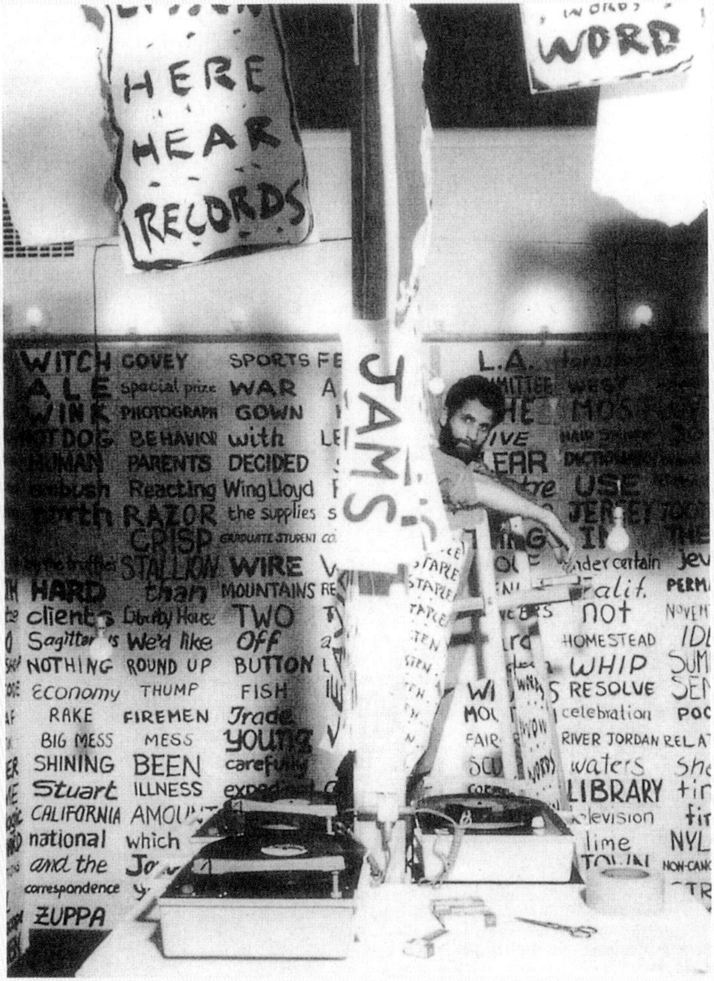

1
〈단어들〉 앨런 카프로, 1962년

폴록이 죽었다는 두 해 전의 비극적 소식은 우리 중 많은 사람들에게 깊은 슬픔을 주었다. 우리는 위대한 인물이 죽은 데 슬퍼했을 뿐 아니라, 그와 더불어 우리 자신 속의 무언가가 함께 죽은 것 같은 깊은 상실감을 느꼈다. 우리는 그의 한 부분이었다. 그는 아마도 절대적 해방에 대한 열망과 …… 낡은 테이블을 전복시키려는 내밀한 바람의 구현이었으리라. 우리는 그의 예에서 놀라운 신선함과 모종의 황홀한 맹목성을 보았다.1

앨런 카프로(Allan Kaprow, 1927~2006)는 〈잭슨 폴록의 유산〉(1958)이라는 글에서 폴록의 죽음을 이렇게 회상했다. 카프로의 말대로 당시 미국의 화가들은 모두 자신들이 이 고독한 영웅의 '한 부분'이라고 느꼈다. 물론 그들 각자는 폴록의 각기 다른 '한 부분'들이었다. 카프로는 폴록에게서 '해방'과 '전복'의 제스처를 본다. 이는 그가 폴록의 작업을 그린버그의 '형식주의'에 대립되는 의미에서 '아방가르드'로 이해했음을 의미한다.

폴록의 유산

전후 미국의 미술사는 폴록의 유산 없이는 생각할 수 없다. 폴록에 대해서는 이미 두 개의 상이한 규정이 존재했다. 그린버그가 폴록의 작업을—썩 내키지 않아하면서도—'추상표현주의'라고 불렀다면, 로젠버그는 그의 작업을 '액션 페인팅'으로 규정했다. 전자가 폴록의 '작품'에 주목했다면, 후자는 그리는 화가의 '행위'에 주목한 셈이다. 첫 번째 노선, 즉 평면성을 지향하는 '추상회화'의 노선은 뉴먼과 로스코를 거쳐 탈회화적 추상으로 나아간다. 두 번째 노선, 미술에서 화가의 행위를 강조하는 '퍼포먼스'의 노선은 로젠버그의 해석을 거쳐 앨런 카프로의 '해프닝(happening)'[1]으로 이어진다.

1950년대 말 폴록의 화풍은 대학의 관학적 회화, 혹은 화랑가의 상업적 회화로—그린버그마저도 냉소적으로 '10번가 양식'이라고 부른 것으로—전락한 상태였고, 일각에서는 팝아트와 같은 형태로 모더니즘에 대항하는 움직임이 일어나고 있었다. 이렇게 폴록의 신체적 사망이 예술적 사망으로 이어지던 시점에, 카프로는 그의 유산 중에서 아직 그 잠재성이 충분히 탐구되지 않은 것이 있음을 발견한다. 그것은 바로 회화가 회화 밖으로 진화할 가능성이다. 카프로의 추측에 따르면, 폴록 자신도 그것을 의식하고 있었으나, 지병 때문에 죽을 때까지 실행에 옮길 수 없었다고 한다.

카프로는 폴록의 특징을 네 가지로 요약한다. 먼저 그리는 '행위(act)'의 측면에서 폴록의 드리핑은 인상주의 이후 점점 강렬해진 신체적 제스처의 극한이라고 할 수 있다. 둘째, 그 행동의 자유로움은 당연히 전통적 '형식(form)'의 파괴를 낳는다. 셋째, 작품의 거대한 '규모(scale)'로 인하여 그는 회화 '안에' 들어가 전체를 조망하지 못한 채 작업을 했다. 넷째, 그리기의 장(場)은 화포의 사각에 갇히지 않고 방 안의 '공간(space)'으로 확장된다. 이처럼 폴록은 "몇몇 장엄한 회화를 창조"하는 동시에 전통적 의미의 "회화를 파괴하기도 했다." 이것이 폴록이 남긴 유산이다. 그 앞에서 후배 화가들은 어떻게 할 것인가? 두 가지 대안이 있다.

하나는 그 길로 계속 가는 것이다. 아마 폴록의 미학과 결별하거나 그것보다 더 나아가지 않고도 그저 그것을 이리저리 변형시키는 것만으로도 수많은 '근사-회화(near paintings)'를 만들어낼 수 있을 것이다. 다른 하나는 회화—즉 우리가 아는 직사각형 혹은 타원형의 평면—를 완전히 포기하는 것이다. 앞에서 얘기한 것처럼 폴록 자신이 그렇게 하는 데 거의 근접한 바 있다.2

카프로의 선택은 당연히 후자였다.

회화의 파괴

카프로는 해프닝을 "간단히 말해 그냥 일어나는 사건"3이라고 규정한다. 그의 '해프닝'은 세 가지 측면에서 그린버그의 형식주의와 정면으로 대립한다. 첫째, 그린버그가 미술을 '순수 시각성'의 영역으로 간주한다면, 카프로는 미술의 영역을 다섯 가지 감각 모두로 확장시킨다. 이는 자연스레 그린버그가 강조하는 '매체 특정성'의 부정으로, 즉 프리드가 그토록 비난한 '연극성'으로 이어진다.

물감으로 그저 다른 감각들을 암시만 하는 데에는 만족할 수 없기에, 우리는 시각, 소리, 운동, 사람, 냄새, 촉감 등과 같은 독특한 재료들을 사용할 것이다. 모든 종류의 사물이 새로운 예술의 재료가 될 것이다. 물감, 의자, 음식, 전기와 네온사인, 연기, 물, 낡은 양말, 개, 영화, 그 밖의 수많은 사물들이 현 세대의 예술가들에게 발견될 것이다.4

둘째, 카프로의 해프닝은 세계 전체를 예술에 끌어들임으로써 삶과 예술의 경계를 무너뜨린다.[2] 이는 그린버그가 미술을 삶과 구별되는 미적 가상의 영역으로 간주한 것과 확연히 대조된다. 그린버그에게 작품은 사각의 프레임 안에서 끝나고, 그 밖으로는 관객이 존재하는 세계, 즉 현실이 시작될 것이다. 하지만 해프닝에서는 "예술가와 관객과 외부 세계가 너무나 교호적으로 서로 얽혀" 있어, 삶과 예술을 가르는 경계가 사라진다.

이것들은 쓰레기통, 범죄 기록, 호텔 로비 등에서 발견되며, 쇼윈도나 거리에서 보이며, 꿈이나 끔찍한 사건 속에서 감각된다. 으깨진 딸기 냄새, 친구에게서 온 편지, 막힌 배수관을 뚫는 용해제를 판매하는 게시판, 노크 소리, 긁는 소리, 한숨 소리, 끝없이 책 읽는 목소리, 명멸하는 불빛, 중절모 등 이 모든 것이 이 새로운 구체적 예술을 위한 재료가 될 것이다.5

셋째, 다다에서 유래하는 이 반(反)미학의 정서는 당연히 미적 가치의 부정으로 이어진다. 이는 그린버그가 회화의 형식적 질(quality)을 강조하며, 그것을 좋은 작품과 나쁜 작품을 가르는 비평적 기준으로 삼으려 했던 것과 대조된다. 이를테면, 그린버그가 폴록의 드립 페인팅에서 탁월한 미적 가치를 지닌 급진적 형식을 본다면, 카프로는 거기서 외려 형식이 파괴되고 미적 가치가 붕괴되는 전조를 읽는다.

폴록은 또 다른 행동에 들어가기 전에 작업을 멈추고 오랫동안 자신의

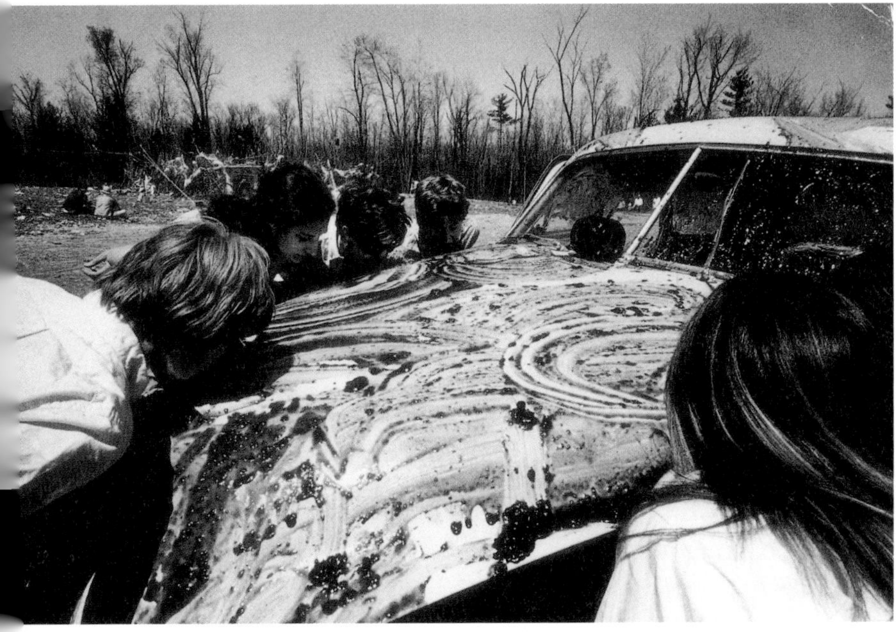

2

〈가족〉 앨런 카프로, 1964년

행동을 매우 빈틈없고 주의 깊게 평가하곤 했다. 그는 좋은 제스처와 나쁜 제스처의 차이를 알고 있었다. 이것이 …… 그를 전통적 화가 집단의 일부로 만든다. 하지만 유럽인들의 비교적 자족적인 작품과 이 미국인의 혼돈스럽고 제멋대로 뻗어 나가는 작품 사이의 거리는 기껏해야 '회화'에 대해 미약한 연결만 보여줄 뿐이다. 사실 잭슨 폴록은 한 번도 회화적 감성을 가져본 적이 없다.6

바닥에 깐 화폭의 네 귀퉁이를 부지런히 움직이는 폴록을 생각해보라. 중요한 것이 작품이 아니라 행동이므로, 그가 그림을 그리고 있다는 사실마저 지우면 뭔가 재료를 들고 방 안을 서성이는 행동만이 남을 것이다. 나아가 뿌리는 게 굳이 물감일 필요도 없고, 깔린 게 굳이 화폭일 필요도 없다. '행동'은 어떤 재료로도 가능하기 때문이다. 그리하여,

오늘날의 젊은 예술가들은 더 이상 '나는 화가다', '시인이다', 혹은 '무용가다'라고 말할 필요가 없다. 그들은 그저 '예술가'일 뿐이다. 삶의 모든 것이 그들에게 열려 있다. 그들은 일상 사물로부터 일상성의 의미를 발견할 것이다. 그들은 그것들을 비범하게 만들려 하지 않고, 그저 그것들의 현실적 의미를 진술할 것이다. 하지만 무로부터 그들은 비범한 것을, 그러고는 아마도 허무를 고안해낼 것이다. 사람들은 기뻐하거나 두려워하거나 할 것이며, 비평가들은 혼란스러워하거나 즐거워하거나 할 것이다. 하지만 확신하건대 이런 것이 1960년대의 연금술이 될 것이다.7

연극적 전회

해프닝이 "1960년대의 연금술이 될 것"이라는 카프로의 예언은 과연 실현되었다. 1960년대 미국의 미술계에서는 실제로 "모더니즘 회화와 조각의 객체 기반의 관행을 이벤트의 시공간적 조정으로 끌어들이는 연극적 전회"[8]가 일어난다. 하지만 이를 마이클 프리드가 생각하는 것처럼 회화가 연극이 되었다는 뜻으로 받아들여서는 안 된다. 해프닝은 회화도 아니지만 연극도 아니기 때문이다. 플럭서스 아티스트 딕 히긴스(Dick Higgins, 1938~1998)는 해프닝을 차라리 "매체 간 매체(inter-medium)", 즉 "콜라주와 음악과 연극 사이에 놓인 지도에 기입되지 않은 땅"[9]으로 규정한다.

카프로가 제시하는 해프닝의 핵심 규칙을 살펴보자. (1) "예술과 삶의 경계는 …… 구별 불가능할 정도가 되어야 한다." (2) "주제와 재료와 행위의 원천은 예술을 제외한 그 어떤 장소나 시기에 취할 수 있다." (3) "몇 개의 넓은 장소, 때로는 이동하거나 변화하는 장소에서" 실연되어야 한다. (4) "시간은 가변적이며 불연속적이어야 한다." (5) "단 한 번만 실연되어야 한다." (6) "관객은 전적으로 제거되어야 한다." (7) "특정한 길이의 시간과 특정한 장소에서 일어나는 사건의 콜라주"여야 한다.[10] 여기서 장소를 이동하며 공연한다거나, 반복적 공연을 금한다거나, 관객과 무대의 간극을 제거하는 것 등은 전통적인 연극의 관행에 배치된다.

수전 손택(Susan Sontag, 1933~2004) 역시 해프닝의 기원을 회화에서 찾는다. 그녀의 에세이 〈해프닝 : 급진적 병치의 예술〉(1962)은 당시 사회에 해프닝이 어떻게 받아들여졌는지 보여준다. 손택은 해프닝의 충격을 이렇게 요약한다.

> 해프닝의 가장 충격적 특징은 관객에 대한 대접이리라. 그 사건은 관객을 조롱하고 학대하기 위해 디자인 된 것처럼 보인다. 연행자(performer)는 관객에게 물을 뿌리거나, 1페니 동전이나 재채기를 일으키는 세제를 내던질 수 있다. …… 해프닝의 또 다른 충격적인 특징은 시간의 처리다. …… 예측 불가능한 길이와 내용이 그것의 효과에 불가결하다. 해프닝에는 플롯이나 스토리, 그리하여 서스펜스의 요소가 없기 때문이다. 해프닝은 클라이맥스 없이 놀라움의 불규칙한 네트워크로 작동한다. 이는 예술의 논리라기보다는 꿈의 비논리다. …… 재료에 대한 집착은 해프닝을 연극보다는 회화에 가깝게 만들어주는데, 이는 사람을 배역보다는 물질적 객체로 취급하는 데서 나타난다. 해프닝에서 사람들은 종종 삼베 자루, 정교한 종이 포장, 혹은 수의나 가면을 뒤집어쓴 채 사물 행세를 한다.11

연극에서는 배우와 관객이 분리되나, 해프닝은 연행자와 관객 사이의 거리를 제거한다. 연극에서는 기승전결의 논리적 서사가 존재하나, 해프닝의 플롯은 꿈처럼 비논리에 지배된다. 또 연극에는 배역이 존재하나, 해프닝은 배우와 관객마저 조형의 일부로 간주한다. 무엇보다도 "연극에는 대본, 즉 실연을 위한 완전한 악보가 존재"하나, "해프닝은 거의 현장에서 즉흥적으로 만들어진다." 손택에 따르면, 이 모든 것이 "해프닝을 연극보다는 회화에 가깝게 만들어준다."

콜라주에서 해프닝으로

카프로 자신의 전기도 해프닝의 회화적 기원을 보여준다. 1956년에 그는 '액션 콜라주(action collage)'를 발명한다. 판지 스크랩, 쿠킹 호일, 찢어진 종잇조각, 혹은 자신의 회화에서 잘라낸 부분을 폴록의 액션 페인팅처럼 '즉흥적'으로 배열해 캔버스에 고정시킨 것이다.[3] 액션 콜라주는 '즉흥적'이라는 점에서 입체주의의 콜라주와는 구별된다. (입체주의자들이라면 아마도 그 요소들을 정교한 미학적 고려에 따라 세심하게 배열할 것이다.) 카프로의 액션 콜라주는 얼마 지나지 않아서 아상블라주(assemblage)라는, 회화도 조각도 아닌 3차원의 작업으로 확장된다. 비록 차원은 달라졌지만 결합의 즉흥성이라는 점에는 변함이 없다. 하지만 아상블라주에는 또 다른 가능성이 내포되어 있었다.

> 콤바인, 네오 다다, 혹은 아상블라주는 다양한 재료와 오브제를, 마찬가지로 다양한 포맷으로 사용함으로써 우리가 아는 회화가 요구하는 용인된 규범을 완전히 떠난다. 하지만 이는 방 자체도 하나의 프레임 혹은 포맷이라는 사실을 예리하게 부각시켰다.12

방 자체가 하나의 프레임 혹은 포맷으로 부각될 때, 아상블라주는 '환경(environments)'으로 발전한다. 오늘날에는 그것을 '설치(installation)'라고 부를 것이다. 카프로가 발표한 〈아상블라주, 환경, 해프닝〉(1966)이란 글에는 마당을 폐타이어로 가득 채운 작업(〈마당〉)[4]의 사진이 실려 있다. 카프로는 이 사진 옆에 폴록의 작업을 담은 한스 나

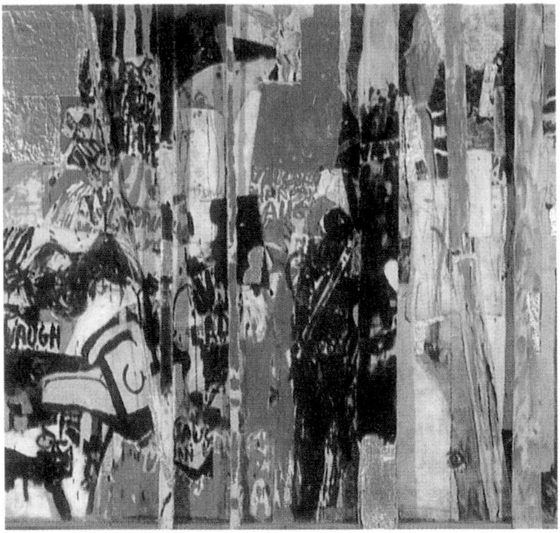

3
〈아기〉 앨런 카프로, 1957년

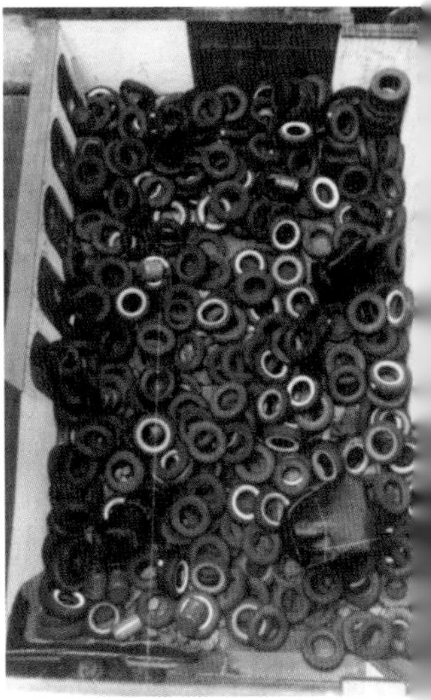

4
〈마당〉 앨런 카프로, 1966년

무스의 사진을 배치했다. 회화 '안'에서 작업을 한 폴록처럼, 카프로 역시 자신의 설치 '안'에 들어가 있다. 다만 물감이 폐타이어로 변했을 뿐이다. 여기서 해프닝까지는 단 한 걸음이다.

> 환경이 매체와 관련해 자유롭고 오감에 호소한다 해도, 주요한 악센트는 시각적, 촉각적, 조작적인 데 놓인다. (공간과 대비되는) 시간, (가촉적 오브제와 대비되는) 음향, (물리적 환경과 대비되는) 사람들의 물리적 현존은 종속적 요소가 되는 경향이 있다. 하지만 이 종속적인 것들의 잠재성을 강화하려 한다고 해보자.13

'환경'에서는 시간, 음향, 관객의 참여가 아직 '종속적' 요소로 남는다. 이 세 요소를 강화할 때 환경은 해프닝으로 진화한다. 카프로는 '환경'에 음향을 끌어들이려다가 우연히 해프닝에 도달했다고 한다. 그는 작업에 사용할 만족할 만한 음향을 찾아 존 케이지(John Cage, 1912~1992)에게 도움을 청하러 갔다가, 그에게 우연 자체가 하나의 작곡 기법이라는 강의를 듣게 된다. 그의 수업에서 다양한 소음을 시간적으로 연결해 곡을 만들라는 과제를 받고 그 과제에 공간예술의 차원을 추가함으로써, 카프로는 해프닝의 초기 형태에 도달한다. 처음에 그는 이를 '총체예술(total art)'이라고 불렀다.

> 우리는 사물을 바라보지 않는다. 우리는 그저 우리를 둘러싸고 있는 것 속으로 들어가고, 그것에 둘러싸이고, 그것의 일부가 된다. …… 비록 그 사실을 종종 의식하지 못하지만, 우리 자신이 형태다. 우리는 각자

다른 색깔의 옷을 입고, 움직이고, 느끼고, 말하고, 타인을 다양하게 관찰할 수 있다. 그렇게 함으로써 우리는 끊임없이 작품의 '의미'를 바꾸게 된다. 그러므로 작품의 비교적 고정되고 '지정된(scored)' 부분과 '예상되지 않고(unexpected)' 결정되지 않은 부분 사이에 변화하는 조건들의 끝없는 놀이가 존재하게 된다. 사실 우리는 우리가 원하는 어떤 속도나 방향으로든 작품으로 들어가거나 그 주변을 걸어 다닐 수 있다. 마찬가지로 소리들, 침묵들, 그것들 사이의 공간들이 작의적인 시퀀스로, 혹은 동시적으로 하루 종일 이어진다. 이것이 전체 전시물을 시시각각 다르게 체험할 수 있게 해준다.14

열여덟 개의 해프닝

카프로가 '총체예술'이라고 부른 맹아적 단계의 해프닝과 성숙한 단계의 첫 해프닝인 〈6부로 이루어진 18개의 해프닝〉 사이에는, 구조가 더 복잡해진 것을 제외하면 근본적으로 큰 차이가 없다.15 여기서 관객은 칸막이로 만든 세 개의 방을 옮겨 다니며, 밴드가 장난감 악기를 연주하고,[5] 여인이 오렌지를 쥐어짜며, 화가가 그림을 그리는 장면 등을 본다. 여기서 관객의 참여는 아직 미미한 수준이다. 그 후 카프로는 관객들로부터 창조적 반응을 이끌어내기 위해, 그들을 작품에 직접 참여시키는 다양한 기법을 발전시킨다. 이를테면, 어느 작품에서 그는 관객들을 방 안에 집어넣고, 거기서 가득 찬 정육면체의 얼음 덩어리들을 손으로 만져 녹이게 만들었다.

해프닝은 1962년경이면 벌써 하나의 확립된 장르로 미술계에 안착

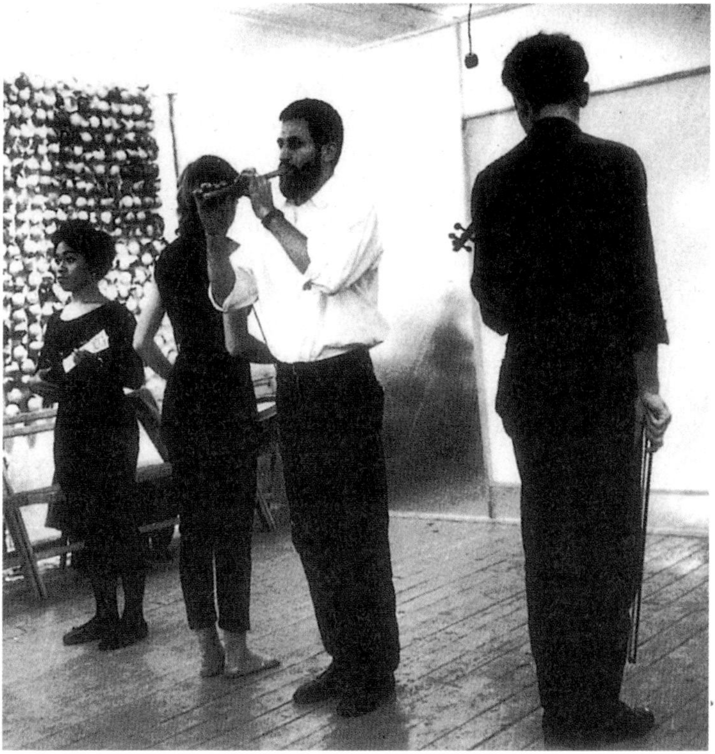

5

〈6부로 이루어진 18개의 해프닝〉 중 한 장면, 앨런 카프로, 1959년

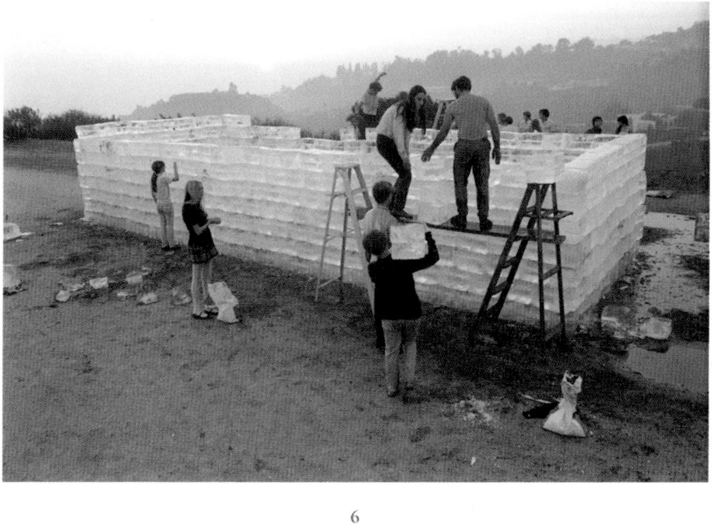

6

〈유체〉 앨런 카프로, 1967년

한다. 추종자들이 대거 팝아트로 전향한 이후에도, 카프로는 끝까지 해프닝의 언어를 발전시키는 데 전념했다. 초기의 해프닝에서 실행자와 관객들은 꽤 엄격한 스크립트에 따라서 '행동'해야 했다. 후기로 갈수록 카프로는 스크립트에 덜 의존하게 된다. 이로써 '즉흥성'이 더 강조된다. 1961~1962년 사이에 그는 학생들을 끌고 야외로 나가 그들로 하여금 다양한 활동을 벌이게 만들었다. 이런 식으로 카프로는 다년간에 걸쳐 모두 200편가량의 해프닝을 연출했으나 거의 기록해놓지 않았다. 손택의 지적대로 해프닝은 언제나 '현재 시제'에 속하기 때문이다.

카프로의 초기 해프닝은 속죄양, 희생양, 사물화, 구획화와 같은 주제를 중심으로 이루어졌다. 수전 손택이 당시의 카프로 작품에서 목격한 것도 바로 그것이었다. "해프닝에서 벌어지는 것은 …… 스펙터클에 대한 아르토의 규정을 따른다. 해프닝에서 희생양은 관객이다."16 하지만 1967년을 기점으로 해프닝의 패러다임은 "어떻게 사회적, 자연적 체계의 배열이 자아를 형성하는지"로 바뀌게 된다. 작품은 이제 벽돌 쌓기, 석재 절단, 벽 칠하기, 도로 포장 등의 육체노동의 지시로 이루어진다. 이를 잘 보여주는 것이 〈유체〉[6]라는 작품으로, 여기서 예술가와 실행자와 구경꾼은 얼음 벽돌을 쌓아 함께 벽을 만들게 된다.

> 사흘 동안 도시 여기저기에 약 20개의 얼음 벽돌로 된 구조물(길이 30피트, 너비 10피트, 높이 8피트)을 짓는다. 그것의 벽들은 끊어져 있지 않다. 그것들을 녹아 없어지게 내버려둔다.17

포스트모던 아방가르드

주목해야 할 것은 이 작품의 일시적(ephemeral) 성격이다. 얼음이 녹으면서 작품은 몇 시간 만에 완전히 사라졌다. (해프닝 자체가 가진 성격의 은유일 것이다.) 이를 카프로는 사물을 바로 폐기해버리는 자본주의적 생산 및 소비에 대한 비판으로 의도했다. 카프로에 따르면, 해프닝은 "우리의 일상적 체험의 형태만큼이나 개방적이고 유동적인 형식"이지만, 그것이 "일상의 체험을 그저 모방하는 것은 아니다." 그것은 일상에 대해 비판적 거리를 취하는 방식이기도 하다. 이것이 해프닝이 가진 정치적 의미다. 정치적 측면에서 해프닝을 비롯한 1960년대의 퍼포먼스 예술[7]은 크게 세 가지 맥락에서 탄생했다.

첫째, 앙리 르페브르는 전통적인 마르크스주의 비판의 초점을 자본주의적 일상으로 옮겨놓았다. 소비자본주의 하에서 이데올로기는 무엇보다도 소비의 욕망이라는 유혹적 일상의 형태로 관철되기 때문이다. 둘째, 전전의 아방가르드는 '엘리트주의 포퓰리즘'의 모순에 사로잡혀 있었고, 결국 그들의 아방가르드는 자기들만의 행사로 남았다. 카프로의 해프닝이 작품에 관객을 끌어들이는 것은 이 엘리트주의적 한계를 극복하고 대중과의 관계를 재정립하려는 제스처였다. 셋째, 해프닝은 소유할 수 없는 형태로 만들어짐으로써 소비를 통해 일어나는 소외를 비판하려 한다.18

로버트 헤이우드에 따르면, 카프로의 〈유체〉는 "집단적으로 참여하는 노동을 자본주의적 생산, 소비, 노후화의 디스토피아적 알레고리로 변형시켰다."19 그의 해프닝이 상품과 소비를 가속화시키는 기업의 전

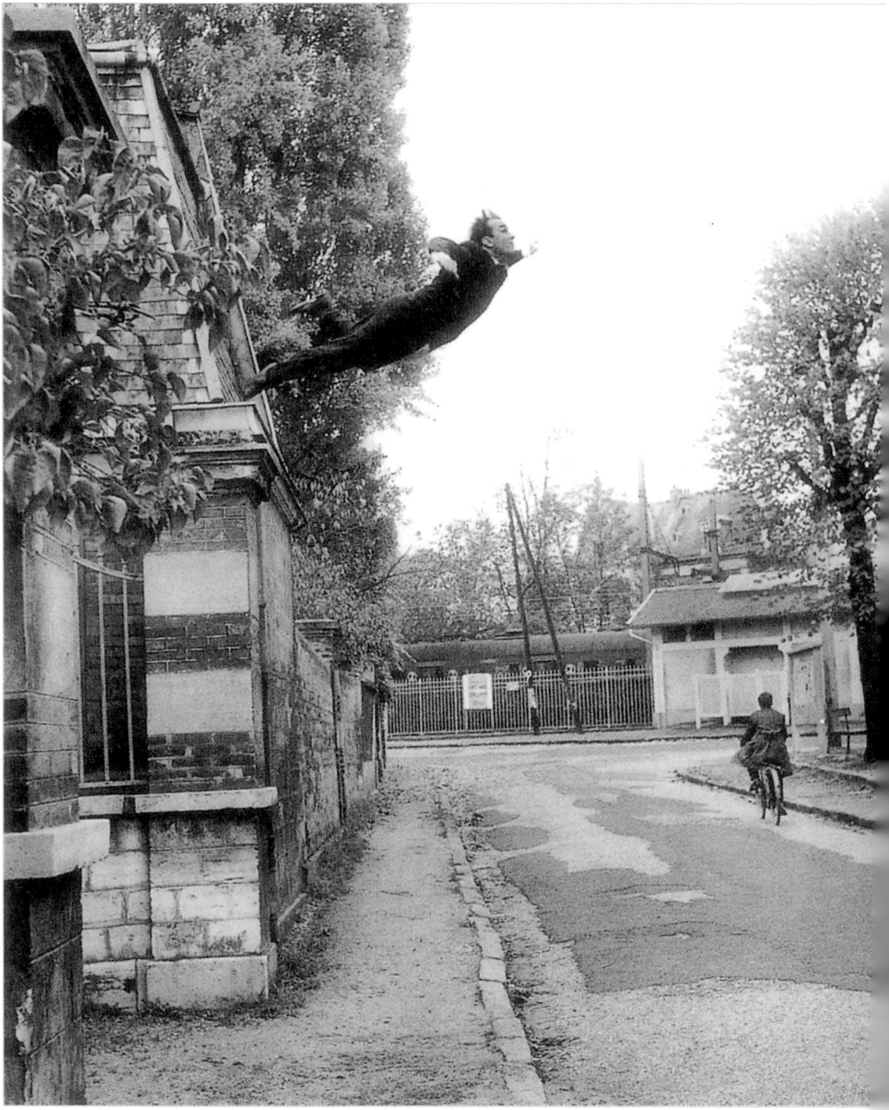

7

〈허공에 뛰어내리는 이브 클랭〉 해리 섕크, 1960년

략인 '예정된 폐기'를 연출함으로써 도구적 노동에 대한 비판을 수행한다는 것이다. 하지만 자본주의에 대한 해프닝(과 플럭서스)의 태도는 전전의 아방가르드나 전후 상황주의자들의 그것에 비해 애매모호한 것이었다.[20] 어느 인터뷰에서 카프로는 '예정된 폐기'가 무조건 나쁜 것은 아니며, 모든 것을 새롭게 만든다는 "미국의 초창기 철학을 매우 분명하게 지시하고 있다."고 말한다.

할 포스터는 카프로가 "자본주의적 속임수에 지나치게 의존한 나머지 미처 진정한 전략을 세우지 못했다."고 비판한다. 그 결과 해프닝은 "효과 없는 스펙터클로 변질되면서 그가 폭로하고자 했던 소외를 한층 더 강화시키고 말았다." 결국 해프닝은 "자신이 창안한 예술 형식의 정치경제적 의미에 대해 파악하지 못한 탓에" 망각되어버렸다는 것이다. 상황주의자의 전략이 68운동으로 실현되었다면, 카프로의 해프닝은 그보다 "더 폭력적이고 그에 못지않게 축제적이기까지 했던 1968년의 실재 삶의 이벤트가 던진 빛 속에서, 불현듯 의미가 없어져 보이게 되었고 빠르게 사라져갔다."[21]

10 플럭서스

정신병자들이 탈출했다

린버그의 형식주의 비평이 망각한 것은 모더니즘의 또 다른 유산, 즉 뒤샹으로 대표되는 다다이즘의 전통
다. 카프로가 자신을 '폴록의 유산'으로 간주했다면, 플럭서스는 자신을 다다이즘의 후예로 여겼다. 비교
스펙터클한 해프닝과 달리 플럭서스의 퍼포먼스는 '지루하게' 느껴진다. 그런 의미에서 보면 해프닝에
념미술을 결합한 것에 가깝다고 할 수 있다. 다다의 정신을 계승했다고 하지만 체제에 대한 플럭서스의
도는 다다만큼 급진적이지는 못했다. 플럭서스의 퍼포먼스를 통해 동시에 다양한 매체를 사용하는 '인터
디어' 현상이 널리 확산되기 시작한다.

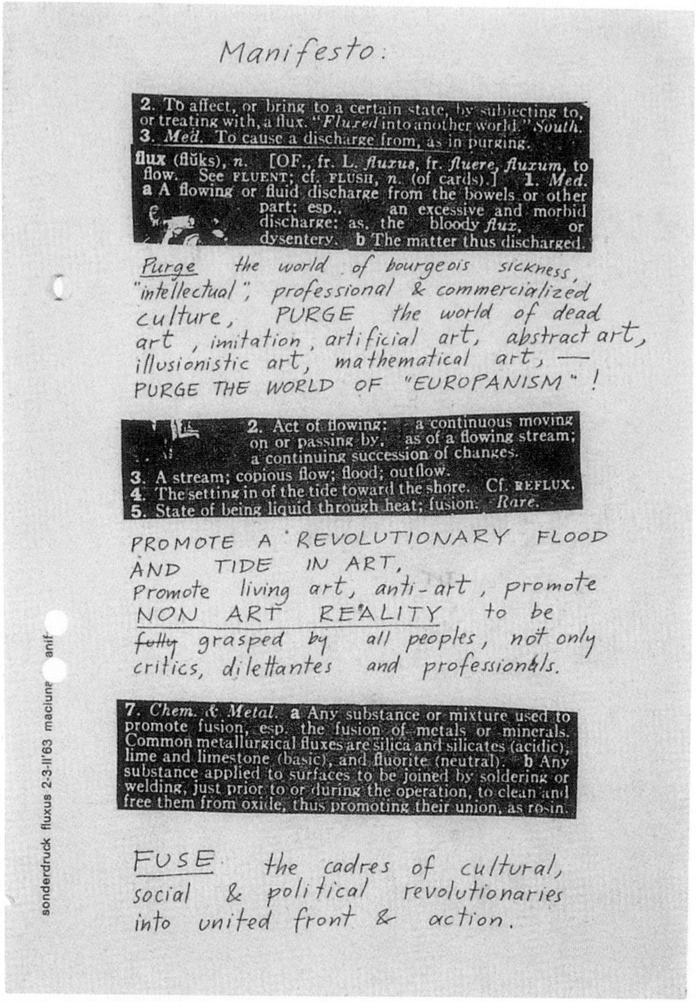

Manifesto:

2. To affect, or bring to a certain state, by subjecting to, or treating with, a flux. "*Fluxed* into another world." *South.*
3. *Med.* To cause a discharge from, as in purging.

flux (flŭks), *n.* [OF., fr. L. *fluxus*, fr. *fluere*, *fluxum*, to flow. See FLUENT; cf. FLUSH, *n.* (of cards).] **1.** *Med.* **a** A flowing or fluid discharge from the bowels or other part: esp., an excessive and morbid discharge: as, the bloody *flux*, or dysentery. **b** The matter thus discharged.

Purge the world of bourgeois sickness, "intellectual", professional & commercialized culture, PURGE the world of dead art, imitation, artificial art, abstract art, illusionistic art, mathematical art, — PURGE THE WORLD OF "EUROPANISM"!

2. Act of flowing: a continuous moving on or passing by, as of a flowing stream; a continuing succession of changes.
3. A stream; copious flow; flood; outflow.
4. The setting in of the tide toward the shore. Cf. REFLUX.
5. State of being liquid through heat; fusion. *Rare.*

PROMOTE A REVOLUTIONARY FLOOD AND TIDE IN ART,
Promote living art, anti-art, promote NON ART REALITY to be ~~fully~~ grasped by all peoples, not only critics, dilettantes and professionals.

7. *Chem. & Metal.* **a** Any substance or mixture used to promote fusion, esp. the fusion of metals or minerals. Common metallurgical fluxes are silica and silicates (acidic), lime and limestone (basic), and fluorite (neutral). **b** Any substance applied to surfaces to be joined by soldering or welding, just prior to or during the operation, to clean and free them from oxide, thus promoting their union, as rosin.

FUSE the cadres of cultural, social & political revolutionaries into united front & action.

sonderdruck fluxus 2-3-II'63 maciuna anif

1
〈선언〉 조지 마키우나스, 1963년

추상을 중심으로 한 모더니즘이 종언을 고하면서, 전전의 다다이즘이 아방가르드 운동의 새로운 원천으로 부상한다. 이 네오 다다에 예술적 영감을 준 것은 물론 마르셀 뒤샹이다. 플럭서스(Fluxus)의 스승인 존 케이지는 뒤샹의 열렬한 추종자였다. 케이지는 1957~1959년 사이에 뉴욕의 뉴 스쿨에서 실험음악을 가르쳤는데, 이 수업에는 조지 마키우나스(George Maciunas, 1931~1978), 라몬테 영(La Monte Young, 1935~), 조지 브레히트(George Brecht, 1926~2008), 딕 히긴스 등 훗날 플럭서스의 멤버가 될 이들이 참가했다. 케이지를 통해 이들은 자연스레 뒤샹의 유산에 주목하게 된다.

플럭서스는 처음부터 자신을 '네오 다다'로 의식했지만[1], 정작 뒤샹과 케이지는 플럭서스에 대해 유보적 태도를 보였다고 한다. 플럭서스의 창시자 마키우나스는 라울 하우스만(Raoul Hausmann, 1886~1971)에게 플럭서스의 구상을 담은 편지를 보냈다. 하지만 그의 편지에 원조 다다이스트는 이렇게 답했다.

> 독일의 네오 다다이스트에 관한 당신의 언급에 대해 기꺼이 논평하겠습니다. 나는 미국인들도 '네오 다다이즘'이라는 말을 써서는 안 된다고 생각합니다. '네오'라는 말은 아무 의미도 없고, '이즘'이라는 말은 구식이기 때문입니다. 왜 그냥 '플럭서스'라고 하지 않습니까? 내게는 그게 더 나아 보입니다. 그것은 새로운 것이고, 다다는 이미 역사 속에 들어갔으니까요.[2]

'플럭서스' 라는 그룹의 명칭은 이렇게 탄생했다. '플럭서스'는 '흐르다'를 의미하는 라틴어 'fluere'에서 비롯되었다. 마키우나스는 이 말을 사전을 들춰보다가 우연히 찾아냈다고 한다. 이 역시 사전에 칼을 찔러 칼끝이 닿은 데 있는 낱말을 이름으로 골랐다는 '다다'의 전설을 의식적으로 반복한 것이다. 마키우나스의 플럭서스 〈선언〉[1]은 '플럭서스'의 사전적 정의들을 인용하며 플럭서스의 정신을 이렇게 요약한다.

> 세계에서 부르주아적 질병, 지성적·직업적·상업적 문화를 씻어내라. 세계에서 죽은 예술, 모방, 인공적 예술, 추상예술, 환영주의 예술, 수학적 예술을 씻어내라. 세계에서 유럽주의를 씻어내라! 예술에서 혁명적 밀물과 썰물을 촉진하라. 산 예술, 반예술을 진흥하고, 비평가들, 딜레탕트들, 전문가들만이 아니라 모든 이가 파악할 수 있게 비(非)예술 현실(Non Art Reality)을 촉진하라. 문화적·사회적·정치적 혁명의 간부들을 통일된 전선과 행동으로 결집하라.

〈선언〉은 마키우나스가 애초에 플럭서스를 부르주아 사회와 문화를 전복하는 좌익 아방가르드의 "통일된 전선과 행동"으로 구상했음을 보여준다. 마키우나스는—마치 초현실주의 운동에서 앙드레 브르통이 그랬듯이—플럭서스의 교황을 자임하며, 제 뜻에 따르지 않는 멤버들을 제명하기도 했다. 하지만 플럭서스 멤버들은 통일된 전선과 행동으로 집결하지 않았으며, 좌익적 정치색을 띤 마키우나스의 강령에도 동의하지 않았다. 플럭서스의 정체성은 그 이름만큼이나 유동적이었다. 그것은 그저 서로 유사한 작업을 하는, 다양한 배경을 가진 예술가들의 느슨한 모임에 불과했다. 또한 명확한 강령을 가진 운동이라기보다는 차라리 모든 것을 변화의 상태로 바라보는 하나의 태도—이른바 '플럭서스 태도'—에 가까웠다.

해프닝과 플럭서스

플럭서스는 당시에 존재했던 세 갈래의 운동, 즉 해프닝, 개념미술, 팝아트와의 관련 속에서만 제대로 이해될 수 있을 것이다.3 그중에서 플럭서스와 가장 관련이 깊은 것은 카프로의 '해프닝'일 것이다. 해프닝과 플럭서스는 삶과 예술의 경계를 허물고, 사회를 변화시키려 한다는 점에서 목표를 공유했다. 실제로 카프로는 그 둘을 하나로 묶어 '삶 같은 예술(lifelike art)'로 분류하며, 그것들을 '예술 같은 예술(artlike art)'과 대립시켰다.4 플럭서스 멤버 조지 브레히트와 딕 히긴스[2] 역시 해프닝과 플럭서스가 공통의 기원을 갖는다고 보았다. 해프닝처럼 플럭서스도 추상표현주의에서 기원했다는 것이다. 딕 히긴스가 생각하는 '플럭서스의 진정한 계보'는 다음과 같다.

1. 옛날 옛적에 콜라주라는 기법이 있었다…….
2. 콜라주가 2차원 평면을 떠나서 투사될 때, 그것은 콤바인이 되었다(라우센버그의 용어).
3. 콤바인이 관객을 포괄하기 시작할 때 그것은 환경이 되었다.
4. 환경이 실시간 퍼포먼스를 포함하기 시작할 때, 그것은 해프닝이 되었다(카프로의 용어).
5. 해프닝이 최소의 구성 부분으로 쪼개질 때, 그것들은 이벤트가 되었

다…….

6. 이벤트가 극소이면서 극대의 함의를 가질 때, 그것들은 플럭서스 예술가들이 그들의 퍼포먼스에서 전형적으로 하는 핵심적인 것들 중 하나가 되었다.5

1에서 4까지는 액션 콜라주에서 출발하여 아상블라주와 환경을 거쳐 해프닝에 도달한 카프로의 궤적과 일치한다. 플럭서스는 해프닝이 '이벤트'라는 최소의 구성 요소로 쪼개질 때 탄생한다는 것이다. 하지만 플럭서스의 다른 멤버들은 히긴스와 달리 해프닝과 플럭서스의 퍼포먼스를 본질적으로 구별하려 한다. 이를테면, 토마스 슈미트(Tomas Schmit, 1943~2006)는 둘의 관계에 대해 이렇게 말한다.

둘은 거의 공통성이 없으며 많은 점에서 서로 떨어져 있다. '해프닝'이라는 용어는 카프로에 의해 최초로 특정한 형태의 퍼포먼스, 즉 표현주의적이고 상징주의적이며 거창한 오페라 유형의 공연을 가리키는 데 사용되었다. 반면 플럭서스는 일군의 사람들, 일군의 활동들, 일종의 운동의 이름이었다. 그것들은 완전히 비(非)상징주의적이고 반(反)표현주의적이며, 반(反)형식적이 아니라 무(無)형식적이고 극단적으로 단순한 사건, 행동, 선(禪)의 훈련, 지루함의 작품 등이다.6

슈미트는 해프닝의 표현주의적-상징주의적 특징에 플럭서스의 반표현주의적-반상징주의적 특징을 대립시킨다. 이는 플럭서스가 해프닝과는 전혀 다른 기원을 갖고 있음을 시사(示唆)한다. 즉 해프닝의 모

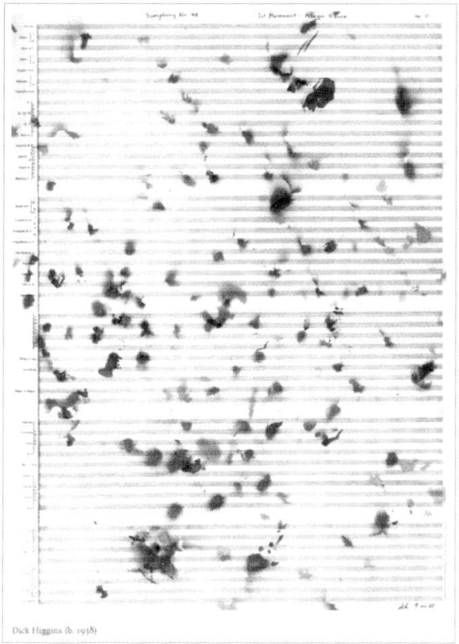

2
〈사계절〉 딕 히긴스, 1995년

태가 된 추상표현주의가 '입체주의' 노선을 이은 것이라면, 플럭서스의 스승인 케이지의 실험음악은 '다다이즘'의 전통에 속한다. 폴록에서 출발한 해프닝이 '표현적'이라면, 케이지에서 출발한 플럭서스는 반(反)표현적이다. 다다는 예술가 개인의 표현을 배격하기 때문이다. 플럭서스의 반(反)상징주의 역시 자신을 "아무것도 아닌 것"으로 규정한 다다에서 유래한 특성이라고 할 수 있다.

당시의 관객들 역시 해프닝과 플럭서스를 '다르게' 수용했다. 그나마

3
〈4분 33초〉의 악보, 존 케이지, 1952년

볼 것이 있는 해프닝과 달리 극단적으로 단순한 플럭서스 퍼포먼스는 '지루하다'고 여겼기 때문이다. 해프닝의 '스코어(score)'가 비교적 복잡한 서사를 갖는다면, 플럭서스의 '스코어'는 간단한 명령어만으로 이루어지곤 했다. 이 지루함의 미학은 물론 존 케이지를 통해 받아들인 선(禪)이나 하이쿠(俳句)의 요소와 관련이 있을 것이다. 〈4분 33초〉[3]를 비롯한 케이지의 작품은 플럭서스 퍼포먼스의 성격을 결정하는 데 범례적 역할을 했을 것이다. 백남준은 자신의 작품에 대해 이렇게 말했다.

> 처음에는 (아마도) 재미있을 것이나 나중엔 계속 지루하다. 포기하지 마라. 그러면 아마도 다시 재미있을 것이나 다시 지루해질 것이다. 포기하

지 마라. 그러면 아마도 다시 재미있을 것이나 다시 지루해질 것이다. 포기하지 마라.7

정신병자들이 탈출했다

1950년대 말에는 이미 플럭서스의 전사에 속하는 작업들이 존재했다. 하지만 그들의 활동이 '플럭서스'라는 명칭과 더불어 국제적 주목을 받는 계기가 된 것은 역시 비스바덴의 페스티벌이었다. 1961년 조지 마키우나스는 뉴욕을 떠나, 서독에 주둔 중인 미 공군에서 그래픽 디자이너로 일하기 위해 비스바덴으로 이주한다. 그곳에는 이미 칼하인츠 슈톡하우젠(Karlheinz Stockhausen, 1928~2007)을 따르는 전위적 음악가들이 존재했고, 1958년에 존 케이지가 다녀간 적도 있어, 실험 음악과 행위예술에 대한 관심은 이미 지대한 편이었다. 마키우나스는 해외 거주 미국인과 라인란트와 네덜란드의 작가들을 끌어모아 이제는 전설이 된 일련의 이벤트를 개최한다. 이것이 플럭서스의 창세기다.

1962년 9월 1일부터 23일까지 마키우나스는 요셉 보이스와 볼프 포스텔의 도움을 받아 비스바덴에서 '플럭서스 페스티발(festum fluxorum)'을 개최한다. 여기에는 딕 히긴스, 조지 브레히트, 백남준을 비롯한 여러 작가가 참여했다. 가장 악명 높은 것은 필립 코너(Philip Corner, 1933~)가 작곡한 〈피아노 활동〉이었다.[4] 이 곡의 악보는 '뽑거나 두드려라', '물건을 떨어뜨려라', '음향판을 때려라' 등의 명령어로 이루어졌다. 연주가 끝났을 때 피아노는 완전히 부서져 있었다. 이는 물론 피아노로 상징되는 전통적인 음악과 기존의 음악 제도에 대한 다

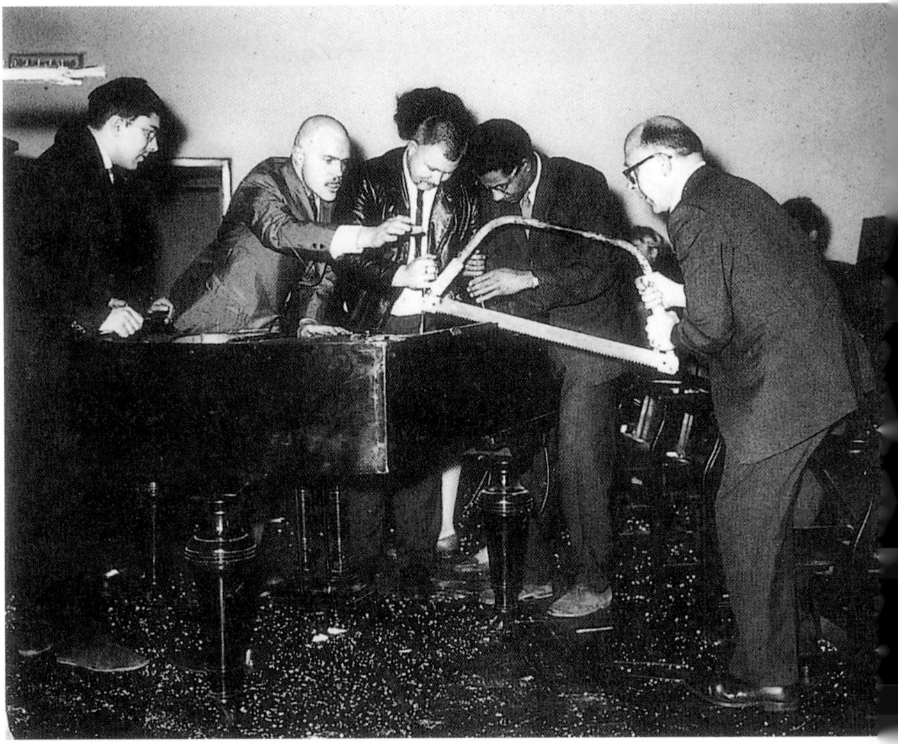

4

〈피아노 활동〉 필립 코너, 1962년

다적 공격이라고 볼 수 있다. 서독의 언론은 이 사건을 "정신병자들이 탈출했다."고 보도했다.

플럭서스의 작업은 '개념미술'에 '해프닝'을 결합한 것에 가까웠다. 실제로 헨리 플린트는 플럭서스의 예술을 '개념예술'로 규정하기도 했다. (이 표현은 개념미술 이전에 이미 플럭서스의 활동을 가리키는 데 사용되었다.) 이를테면, 라몬테 영의 작품 〈밥 모리스에게 보내는 콤퍼지션 1960 10번〉[5]은 단 하나의 문장으로 되어 있다. "직선을 하나 그리고 그것을 따라 가라." 작품의 실연은 백남준이 맡았다. 그는 기다란 종이 두루마리를 바닥에 깔아놓고, 먹물에 머리를 담근 후 바닥에 엎드려 잉크 묻은 머리로 종이 위에 긴 선을 그렸다. 이는 물론 해프닝의 요소라고 할 수 있다. 백남준은 이 퍼포먼스에 〈머리를 위한 선(禪)〉[6]이라는 제목을 붙였다.

중요한 것은 행위의 결과가 아니라 악보와 실연이다. 물리적 오브제로서 작품(기다란 선이 그려진 종이)은 별 의미가 없다. 퍼포먼스가 끝난 후 종이는 사실 내버려도 무방할 것이다. 보존해도 기껏해야 '기록'으로서의 의미만을 가질 것이다. (카프로가 자신이 벌인 해프닝의 기록을 거의 남기지 않은 것과 달리, 플럭서스는 비교적 '기록'에 충실했다. 이는 아마도 플럭서스에 내재된 개념미술의 속성일 것이다.) 플럭서스는 고급 예술은 물론이고, 일상생활에 속하는 레디메이드마저 해체시켜버린다. 이 점에서 그것은 누보리얼리즘과 구별된다. 플럭서스의 '작품'은 사물이 아니라 흐름, 글자 그대로 플럭서스로 존재한다. 그것은 그 이름이 암시하듯이 일시적인 예술이다.

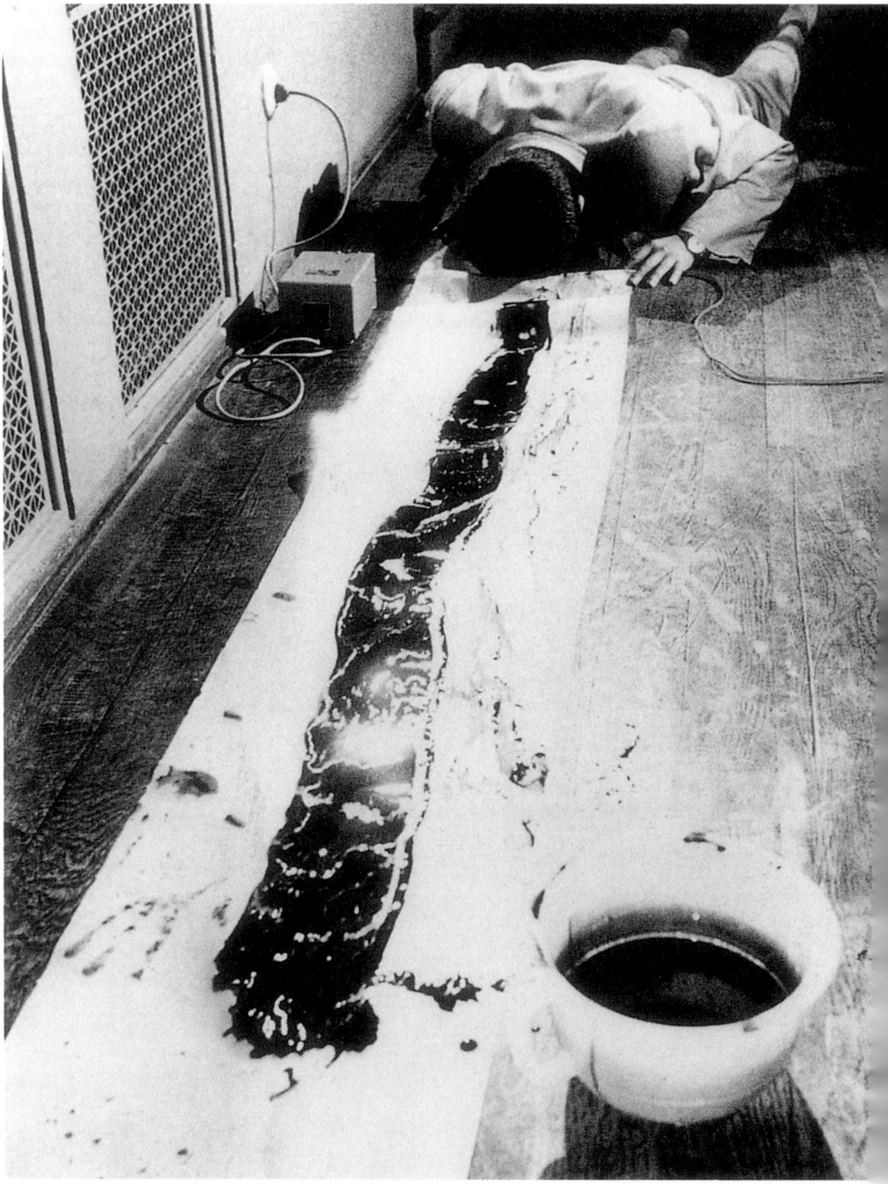

5
라몬테 영의 작품 〈밥 모리스에게 보내는 콤퍼지션 1960 10번〉을 실연하는 백남준, 1962년

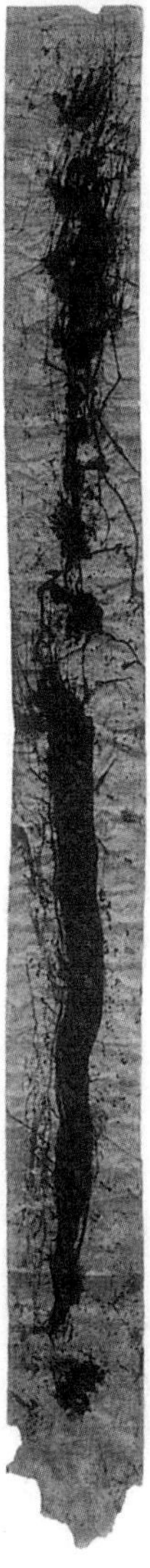

6
〈머리를 위한 선(禪)〉 백남준, 1962년

다다와 레프

이보다 복잡한 것은 플럭서스와 팝아트의 관계다. "모든 것이 예술이고 누구나 예술을 할 수 있다." 이렇게 예술과 생활의 경계를 무너뜨리는 것이 아방가르드의 신조다. 마키우나스는 흥미롭게도 플럭서스의 기획을 소비에트 아방가르드의 가장 급진적 날개인 '레프'(LEF : 예술의 좌익전선)와 연결시킨다. 레프는 인민의 삶과 유리된 예술을 포기하고 인민의 생활에 필요한 물건을 만들기 위해 아틀리에를 떠나 아예 공장으로 들어간 바 있다. 비록 실패로 끝났지만, 레프의 생산주의 노선은 예술을 생활 속에 실현하려는 미술사에서 가장 급진적인 시도였다.

> 사회에서 예술가의 비전문적 지위를 확립하기 위해 그는 예술가의 불필요성을 입증해야 하고, 관객의 자족성을 입증해야 하며, 무엇이든 예술이 될 수 있고 누구나 예술을 할 수 있음을 입증해야 한다. 따라서 예술-오락은 단순하고, 즐겁고, 꾸밈이 없고, 하찮은 것에 관심을 기울이며, 아무런 기술도 수많은 리허설도 요하지 않아야 하며, 어떠한 상품가치나 제도적 가치도 갖지 않아야 한다. 무제한으로 대량 생산하여 누구나 가질 수 있고, 마침내 누구나 생산할 수 있게 만듦으로써 예술-오락의 가치를 저하시켜야 한다.8

이 언급은 다다의 장난스러운 오락과 레프의 진지한 생산주의 노선을 하나로 결합시킨다. 이 결합이 한편으로 플럭서스를 체제 순응적인 팝아트와 구별시켜주지만, 다른 한편으로 그것을 팝아트에 근접시켜주

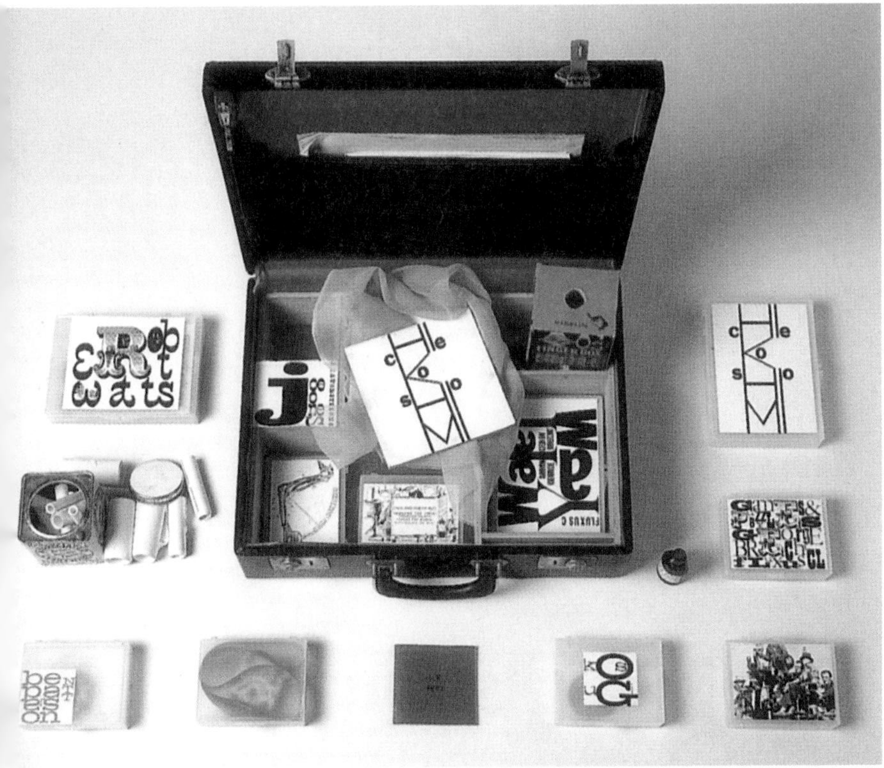

7

〈플럭서스 상자〉 조지 마키우나스, 1964년

기도 한다. 워홀 역시 아틀리에를 '공장'이라고 부르고, 작품 제작을 대량생산에 맡기며, 고급 예술과 일상생활의 위계를 무너뜨리고, 예술가의 주체성을 부정했다. 워홀이 꿈꾸는 사회 역시 "대중이 제작한 실크스크린이 내가 만든 것과 구별되지 않는 사회"였다.

마키우나스가 "상품이야말로 예술이 생산되고 지각될 수 있는 유일한 오브제 유형이자 유통"이라고 정의한 것은 의도에 대한 판단을 어렵게 한다. 실제로 그는 뉴욕에 플럭서스 숍을 열어, 플럭서스 작가들이 만든 오브제들을 판매하려 했다. 물론 거기에 진열된 상자나 기계장치, 대량생산된 싸구려 작품들은 하나도 팔리지 않았다.[7] 이렇게 상업적 유통 방식을 흉내 낸 것이 과연 예술을 "모두가 가질 수 있는 것"으로 만들려는 시도인지, 아니면 자본주의적 유통을 비판하려는 농담인지 구별하기 힘들다. 마키우나스는 다소 자조적으로 플럭서스를 "아방가르드와 한 발 앞서는 경쟁을 하고 싶은 요구나 충동이 없는 후위(rear-garde)"라고 규정한 바 있다.

할 포스터는 마키우나스의 전략에 내재된 모순을 지적한다. 플럭서스는 "우연적 이벤트와 일시적 오브제를 미학적 표준"으로 만들려 했다. 하지만 이러한 시도 자체가 "무한한 상품들 속에서 다른 모든 사물과 함께 예술적인 대상도 덧없고 일회적이며 폐기 가능한 영역으로 좌천시키는 뚜렷한 사회적 경향을 맹목적으로 지지했다는 오해를 받을 수 있다."[9] 말하자면 플럭서스가 하려던 그 일을, 문화 산업이 이미 부정적인 맥락에서 하고 있다는 사실을 몰랐다는 것이다.

인터미디어

그런 한계에도 불구하고 플럭서스는 이후에 펼쳐질 어떤 경향들의 맹아를 보여주었다. 플럭서스는 동양과 서양의 사상이 본격적으로 만난 최초의 예술운동이었다. 플럭서스의 인큐베이터였던 존 케이지는 널리 알려진 것처럼 선(禪)에 심취해 있었다. 로베르 필리우(Robert Filliou, 1926~1987)는 1950년 한국부흥위원단(UNKRA)의 일원으로 한국에 배치되어 아시아 문화를 처음 접했다고 한다. 거기에 백남준을 비롯하여 구보다 시게코(久保田成子, 1937~2015), 오노 요코(小野洋子, 1933~), 시오미 미에코(塩見允枝子, 1938~) 등 한국과 일본의 작가들이 참여함으로써 플럭서스는 진정한 의미의 국제적 운동이 될 수 있었다.

또 하나 주목할 만한 사실은 플럭서스가 여성주의 예술의 맹아를 품고 있었다는 점이다. 플럭서스 퍼포먼스 중에서 시각적으로 인상적이었던 것은 외려 여성 작가들의 것이었다. 이를테면, 후에 존 레논의 부인이 되는 오노 요코는 도쿄에서 실연된 〈자르기 작품〉[8]에서 무대 위에 다소곳이 앉은 채 관객들로 하여금 자신이 걸친 옷을 가위로 조금씩 잘라내게 했다. 이 작품은 페미니스트 행동주의의 도래를 알리는 사건이었다.[10] 그보다 충격적인 것은 구보다 시게코의 〈보지 회화〉[9]로, 그 내용은 음부에 붓을 꽂아 종이 위에 그림을 그리는 것이었다. 이는 벌거벗은 여성을 붓처럼 사용한 이브 클랭(Yves Klein, 1928~1962)의 퍼포먼스보다 더 자극적으로 여겨졌다. 여성이 음부에 팔루스(=붓)를 꽂고 나타난 것 자체가 기괴하고 위협적으로 느껴지기 때문이다.[11]

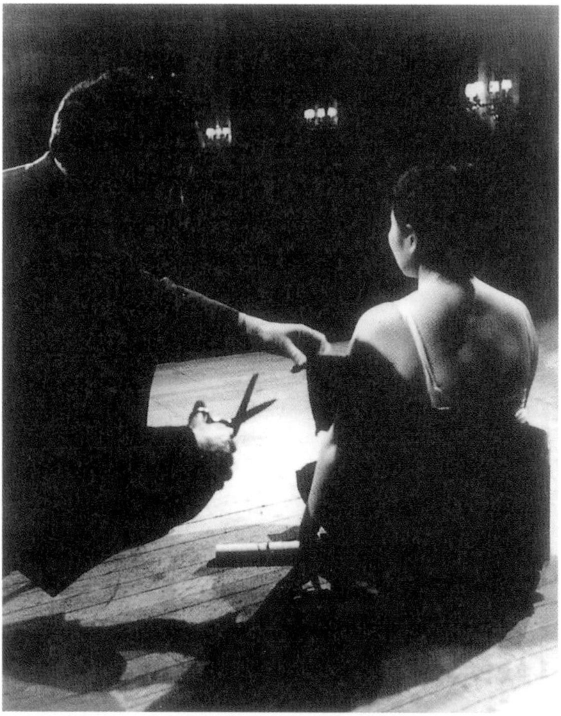

8
〈자르기 작품〉 오노 요코, 1964년

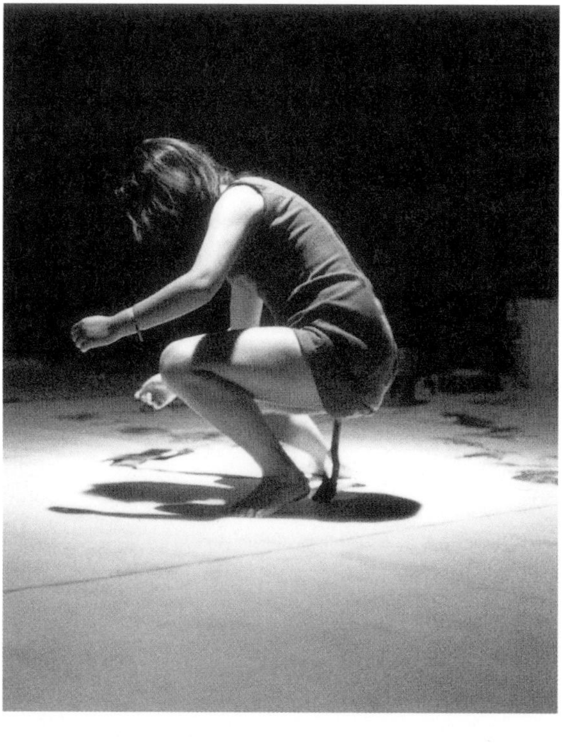

9
〈보지 회화〉 구보다 시게코, 1965년

플럭서스가 남긴 가장 중요한 유산은 아마도 '인터미디어'의 경향일 것이다. 다양한 장르의 작가들이 참가했기에, 플럭서스의 작업은 자연스레 매체와 매체를 넘나드는 경향을 띤다. '플럭서스'라는 명칭 자체가 응고된 '작품'보다는 시간 속에 흘러가는 '실행'을 지시한다. 그 결과 물리적 대상을 만드는 작업이었던 미술이 연극성과 음악성 사이에 있는 어떤 지점으로 이동하게 된다. 사실 오브제를 만들 때조차도 플럭서스의 작업에서는 언어학적 생산과 시각적 생산의 차이가 흐려진다.[10, 11] 딕 히긴스는 〈인터미디어〉(1965)라는 글에서 이렇게 말한다.

> 뒤샹의 오브제가 매혹적으로 여겨지는 반면, 피카소의 목소리가 수그러드는 이유 중 하나는 뒤샹의 작품들이 진정으로 매체들 사이, 이를테면 조각과 다른 무언가의 사이에 존재하는 반면, 피카소의 작품은 이미 물감이 칠해진 장식으로 분류될 수 있기 때문이다. …… 1950년대에 많은 화가들이 당시에 지배적 양식이던 추상표현주의의 근본적 문제를 깨닫기 시작했다. 미국에서는 앨런 카프로와 로버트 라우센버그, 독일에서는 볼프 포스텔이 콜라주 혹은—후자의 경우—데콜라주로 돌아섰다. …… 그들은 자신들의 작품에 점점 더 이질적인 오브제를 포함시키기 시작했다. …… 카프로는 …… 1958년 마침내 살아 있는 사람들을 콜라주의 일부로 포함시키기 시작하며, 이를 해프닝이라고 불렀다. 해프닝은 인터미디어로, 즉 콜라주와 음악과 연극 사이의 등재되지 않은 땅으로 발전했다. 그것은 규칙의 지배를 받지 않는다. 개별 작품은 필요에 따라 자기 고유의 매체와 형식을 결정한다.12

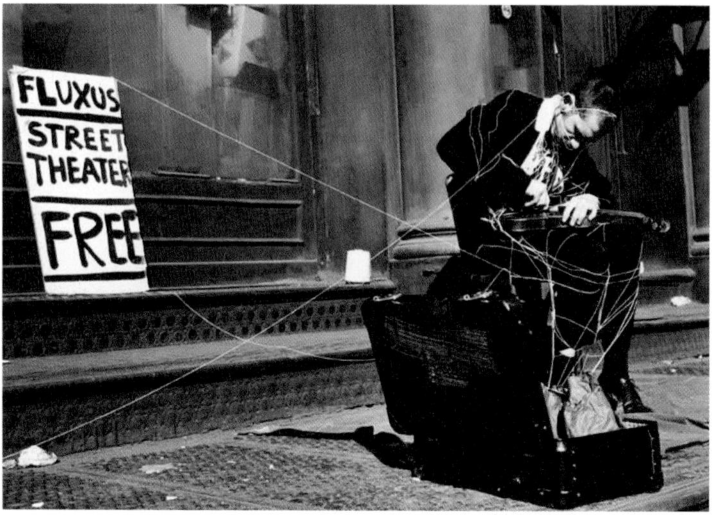

10
〈미키우나스 초상〉 딕 히긴스, 1964년

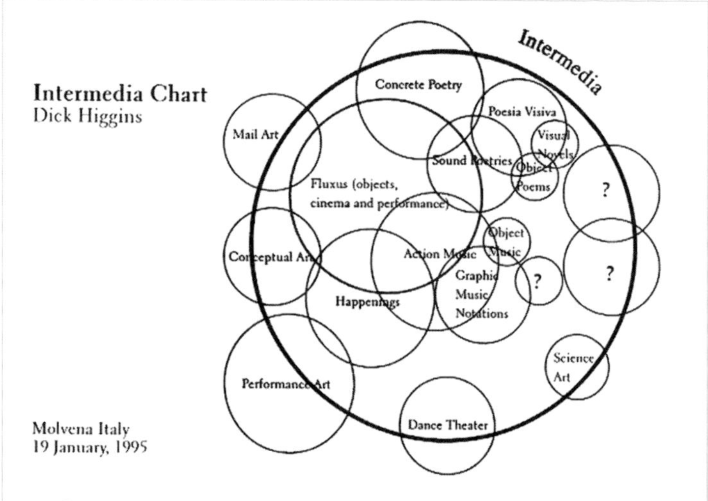

11
〈인터미디어 차트〉 딕 히긴스, 1965년

이를테면, 백남준의 퍼포먼스로 돌아가 보자. 우선 거기에는 악보와 연주, 말하자면 음악적 요소가 있다. 그 악보가 문장으로 되어 있다는 점에서 우리는 그것의 문학적 성격을 말할 수 있다. 머리에 잉크를 묻혀 종이 위에서 선을 그린다는 점에서 거기에는 회화적 요소가 있다. 게다가 관객 앞에서 신체를 이용해 연기를 하는 것은 명백히 연극적이다. 하지만 인터미디어를 '멀티미디어(multimedia)'로 이해해서는 안 된다. 멀티미디어가 여러 매체를 통합하는 것을 의미한다면, 인터미디어는 시로서 회화, 혹은 회화로서 음악 등 매체 사이의 경계를 허무는 데 그 본질이 있기 때문이다.[13] 매체의 고유성과 순수성에 집착하던 모더니즘의 붕괴를 이보다 더 웅변적으로 말해주는 것은 없을 것이다.

화가나 조각가나 사진가의 구별은 점점 사라져가고 있다. 오늘날의 작가들은 더 이상 매체의 고유성을 고집하려 하지 않는다. 그들은 필요하면 드로잉을 하거나 페인팅을 할 수도 있지만, 필요하면 펜이나 붓 대신에 언제라도 카메라나 비디오를 잡을 준비가 되어 있다. 혹은 일상의 오브제로 설치 작업을 하거나, 혹은 자신의 신체로 퍼포먼스를 할 수도 있을 게다. 이는 공교롭게도 아날로그 매체들 사이의 질적 차이가 지워지는 디지털의 기술적 조건과도 맞아떨어진다. 플럭서스의 작가들은 텍스트와 이미지와 사운드의 사이를 자유로이 오갔다. 그 세 가지 모드로 상호 변환될 수 있는 것이 또한 디지털 매체의 특성이기도 하다.

11 게르하르트 리히터

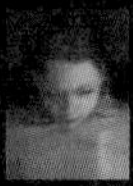

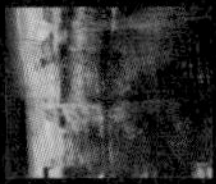

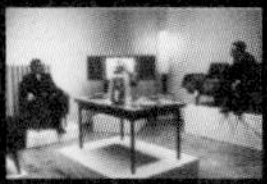

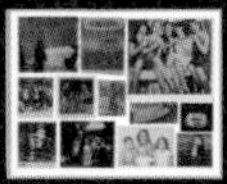

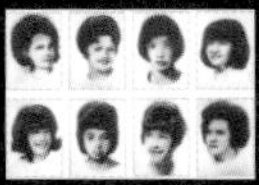

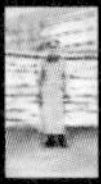

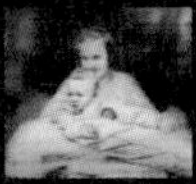

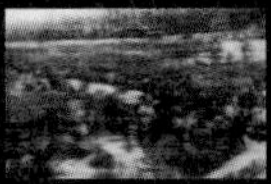

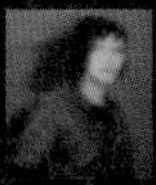

리히터의 '흐리기'

980년대에 '포스트모던'이라고 불리는 현상은 1960년대 일군의 동독 작가들의 작업을 통해 최초로 모습 드러낸다. 동구의 사회주의 리얼리즘과 서구의 추상표현주의를 동시에 거부하려 한 것이 결과적으로 포 트모던의 경향으로 이어진 것이다. 리히터는 사진과 회화의 경계를 무너뜨린 최초의 화가들 중 한 사람이 . 사진과 회화, 추상과 구상을 오가며 다양한 예술언어를 구사하는 것, 완성된 화면을 흐리는 블러링 lurring)으로 의미 작용 자체를 교란시키는 것, 그리고 일체의 정치적·미학적 이념에 반대하며 현실에 대 판단중지를 실천하는 것 등에서 그 작업의 포스트모던한 면모를 엿볼 수 있다.

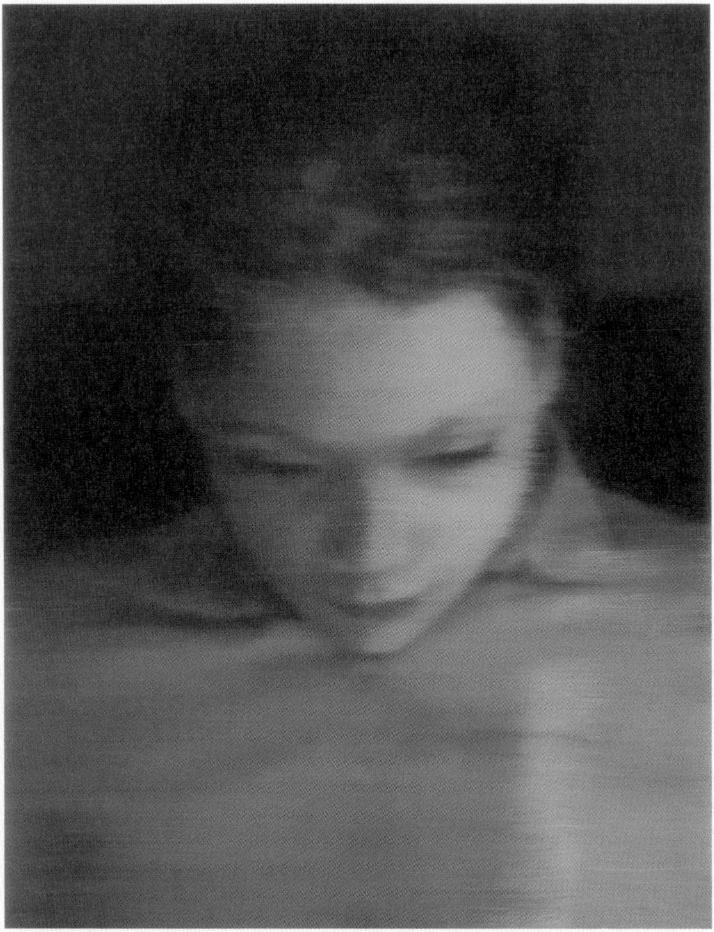

1
〈엘라〉 게르하르트 리히터, 2007년

1960년대에 독일 미술에는 프랑스의 앵포르멜과 미국의 팝아트에 맞서 서로 대립되는 두 가지 흐름이 일어났다. 하나는 게오르크 바젤리츠(Georg Baselitz, 1938~)와 안젤름 키퍼(Anselm Kiefer, 1945~)의 신표현주의 노선으로, 이들은 독일 표현주의의 전통을 계승하여 미술의 민족적 정체성을 확립하려 했다. 신표현주의자들은 사진과 대중문화를 배격하고 '회화'를 통해 독일의 굴절된 역사를 다루었다. 다른 하나는 게르하르트 리히터(Gerhard Richter, 1932~)[1]의 작업으로, 그는 세계화의 흐름 속에서 더 이상 독일만의 예술은 가능하지 않다고 보았다. 리히터는 회화가 역사에 관해 진리를 말할 수 있는지 회의하며 차라리 '사진'을 신뢰했다.[1]

카멜레온

"내 작업은 그 밖의 어떤 것보다도 전통적 예술과 관계가 있다." 노골적으로 전통과의 연대를 선언하는 데서 짐작할 수 있듯이, 리히터의 작업은 애초부터 모더니즘과는 거리가 멀었다. 오늘날 그가 그토록 주목을 받는 것은, '포스트모던'의 특성이 그의 작업에서 수미일관하게 드러나는 것과 관련이 있을 것이다. 1966년의 어느 날, 그는 자신의 노트에 이렇게 적었다.

> 나는 어떤 목표도, 어떤 체계도, 어떤 경향도 추구하지 않는다. 나는 어떤 강령도, 어떤 양식도, 어떤 방향도 갖고 있지 않다. …… 내가 무엇을 원하는지 모르겠다. 나는 일관성이 없고, 충성심도 없고, 수동적이다.

나는 무규정적인 것을, 무제약적인 것을 좋아한다. 나는 끝없는 불확실성을 좋아한다.2

양식의 다양성은 모더니즘에서도 나타난다. 하지만 모더니즘의 양식적 다양성은 의도된 것이 아니었다. 모더니즘의 목표는 어디까지나 '새로움'의 추구에 있었고, 그러다 보니 결과적으로 언어가 다양해진 것일 뿐이다. 오히려 모더니즘의 강령들은 저마다 '오직 내 것만이 진정으로 새롭다.'는 식의 배타성을 갖고 있었다. 하지만 포스트모던은 다르다. 여기서는 '다원주의'가 처음부터 의식적으로 추구된다. 심지어 전통으로 복귀하면 안 된다는 모더니즘의 터부마저 포기된다.

리히터의 작품 세계는 온갖 예술언어로 짜인 모자이크다. 거기에는 포토리얼리즘과 같은 사진적 재현이 있는가 하면, 구상성이 배제된 회화적 추상이 있다.[2] 추상의 경우에도 추상표현주의나 앵포르멜을 닮은 게 있는가 하면, 구성주의나 미니멀리즘, 색면추상이나 모노크롬을 연상시키는 것도 있다. 마르셀 뒤샹의 개념적 도발에 가까운 게 있는가 하면 초현실주의적 공간감을 주는 것도 있다. 심지어 카스파르 다비드 프리드리히를 연상시키는 낭만주의적 풍경도 존재한다. 또한 고급 예술에 속하는 이미지가 있는가 하면, 신문이나 잡지 등 대중문화에서 차용한 이미지도 존재한다. 이렇게 끝없이 새로운 언어를 가지고 나타남으로써 그는 늘 주위를 놀라게 한다.

물론 한 화가가 여러 언어를 사용하는 것은 흔히 보는 현상이나, 대개의 경우 한 예술가에게서 언어의 교체는 통시적으로, 즉 시간의 축을 따라 이루어진다. 이를테면, 우리는 피카소의 청색시대, 홍색시대, 큐

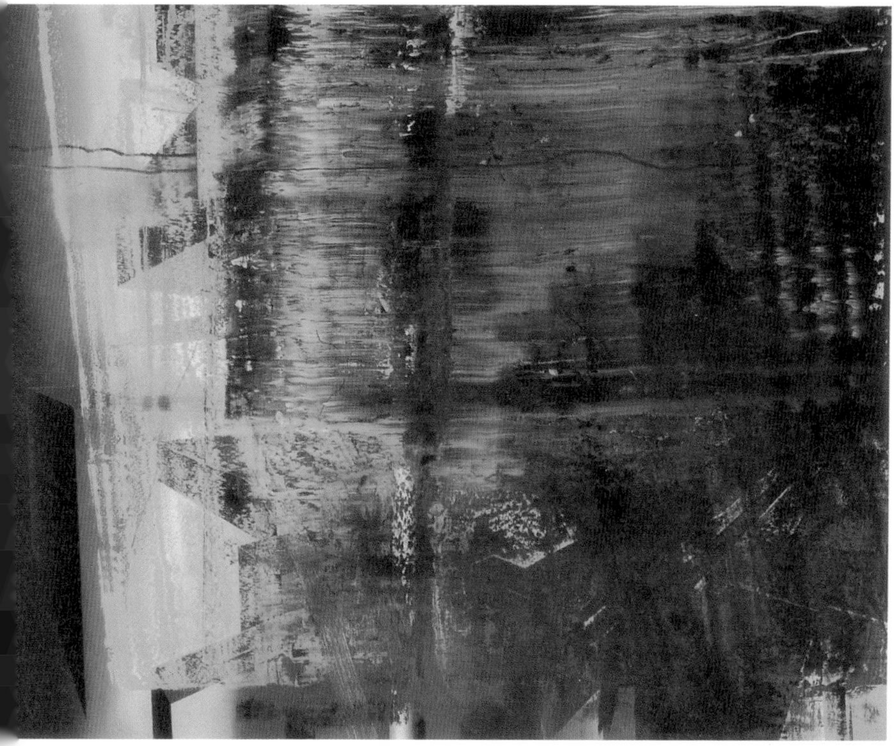

2
〈S. D. I〉 게르하르트 리히터, 1986년

비즘에 대해 얘기한다. 리히터는 다르다. 그는 이 모든 예술언어를 공시적으로 사용한다. 즉 같은 시기에 하나의 언어에서 다른 언어로, 이를테면 사진적 재현에서 회화적 추상으로 스위치하곤 한다. 이렇게 "거의 모든 예술양식을 차용할 뿐 아니라 그것들을 완성"한다는 점에서, 그는 종종 '카멜레온'이라고 불린다.3 리히터 자신은 이 비유를 좋아하지 않았으나 결국 그것을 수용하게 된다.

> 그것은 너무나 적응한다는 의미로 들린다. 하지만 동시에 적응이란 뭔가 긍정적인 것이기도 하다. 그것은 결국 어떻게 살아남느냐의 문제다.4

실제로 리히터의 혼합적 양식은 한편으로는 프랑스의 앵포르멜과 미국의 팝아트의 틈바구니에서, 다른 한편으로는 종말을 고한 모더니즘의 추상회화와 팝아트를 통해 부상하는 구상회화의 틈바구니 속에서 살아남기 위한 '회화'의 생존 전략이기도 했다.

자본주의 리얼리즘

리히터는 동독의 드레스덴에서 태어나 1961년 베를린 장벽이 세워지기 몇 달 전에 서독으로 탈출한다. 그 몇 해 전에 그는 카셀 도쿠멘타 II(1959)에서 잭슨 폴록의 작품을 접했고, 서독으로 망명한 후에는 미국에서 건너온 팝아트를 보았다. 당시 독일에서는 마침 플럭서스의 반미학운동이 일어나고 있었다. 동독에서 사회주의 리얼리즘의 교리만 배운 그에게 이 모든 것이 충격이었다. 히틀러와 스탈린의 전체주의를 체

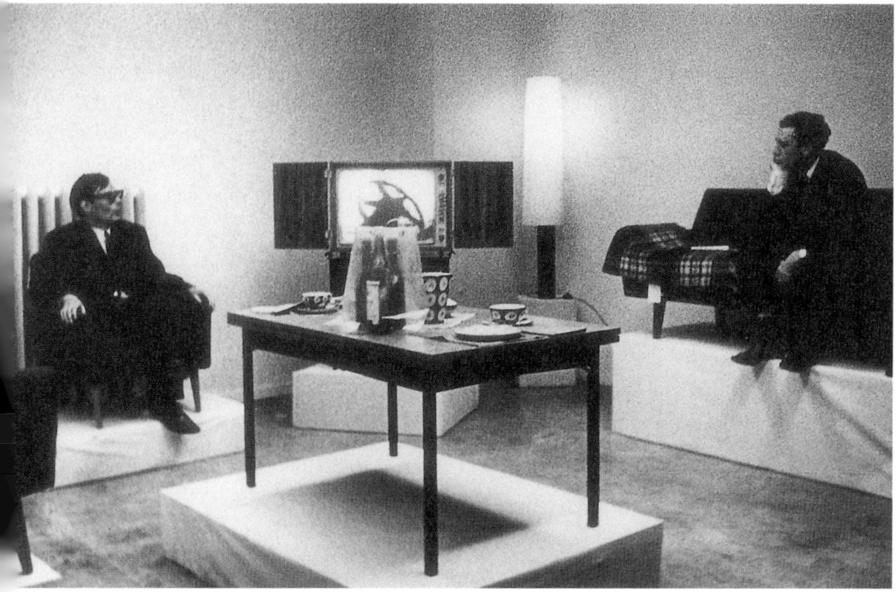

3
〈팝과 더불어 살기—자본주의 리얼리즘의 실연〉 게르하르트 리히터와 콘래드 피셔, 1963년

험한 그는 이데올로기를 극도로 싫어했다. 정치 이데올로기만이 아니라 예술 이데올로기도 그에게는 혐오의 대상이었다. 그가 고정된 양식에 안착하기를 거부하고 끝없이 언어를 바꾼 것은 이와 관련이 있다.

> 나는 스타일이 없는 것을 좋아한다. 사전, 사진, 자연, 나와 내 그림들—왜냐하면 스타일은 폭력이고, 나는 폭력적이지 않기 때문이다.5

서독에 망명한 지 얼마 지나지 않아 그는 첫 작품으로 동료 콘라드 피셔와 함께 퍼포먼스를 연출한다. 가구 상점의 공간에 탁자와 소파 같은 부르주아 생활의 도구가 마치 예술 작품처럼 받침대 위에 놓여 있다. 두 명의 예술가는 역시 받침대로 드높여진 소파에 앉아 텔레비전에서 흘러나오는 정치적 내용의 방송을 시청한다. 그날은 마침 콘라드 아데나워 총리가 사임하던 날. 이날을 맞아 서독의 경제 기적에 만족해하는 부르주아 시민의 모습을 냉소적 뉘앙스로 연출한 것이다. 이 퍼포먼스에 그는 〈팝과 더불어 살기—자본주의 리얼리즘의 실연〉[3]이라는 제목을 붙였다.

가구를 받침대 위에 올려놓은 것은 일상을 예술로 끌어들이는 팝아트의 제스처를 차용한 것이고, 텔레비전을 시청하는 것은 플럭서스 퍼포먼스에서 영향을 받은 것이다. '자본주의 리얼리즘'이라는 제목은 동독 예술의 강령이었던 사회주의 리얼리즘을 패러디한 것으로, 그것은 동독에서 사회주의 리얼리즘에 복무했던 체험에 대한 '자기 치유'였을 것이다.6 그 이후 그의 작업은 '자본주의 리얼리즘'이라고 불리게 되나, 후에 그는 그 명칭에 거리를 두었다. '자본주의 리얼리즘'은 그저 사회주의 리얼리즘을 조롱하기 위해 일시적으로 사용한 도발적 표현에 불과할 뿐, "그것을 진지하게 의도한 것은 아니었다."는 것이다.

사진과 회화

실제로 리히터의 예술적 의도는 다른 데 있었다. 리히터가 작업을 시작했을 때, 매체의 순수성을 강조하는 그린버그의 모더니즘, 즉 잭슨 폴록에서 출발한 미국의 추상운동은 사실상 종말을 고한 상태였다. 그가 추구한 것은 회화의 위축이 아니라 '회화의 갱신'이었다.[7] 현대미술이 회화의 영역을 떠나 '연극성'을 지향하던 시절에, 리히터는 계속 회화의 전통을 이어가려 했다. 한편, 모더니즘의 추상이 사진이 던져준 충격에 대한 회화의 반응이었다면, 추상이 생명을 다한 이상 사진과 회화의 관계 역시 재정립되어야 했다. 리히터의 전략은 구상과 추상, 혹은 사진과 회화의 차이를 넘어 양자를 모두 포괄하는 의미에서 '그림(picture)'으로 나아가는 것이었다.

> 물론 아주 오래전에는 그림이 오로지 그려질 때에만 그림이라고 생각했다. 후에 나는 놀랍게도 사진도 하나의 그림으로 볼 수 있다는 사실을 발견했다. 그리고 내게는 종종 사진이 둘 중에서 더 나은 그림으로 보였다.[8]

1962년 이후 리히터는 사진을 회화로 베끼는 작업을 시작한다. 그가 사진에 매료된 것은 회화와 달리 양식화를 강요하지 않기 때문이라고

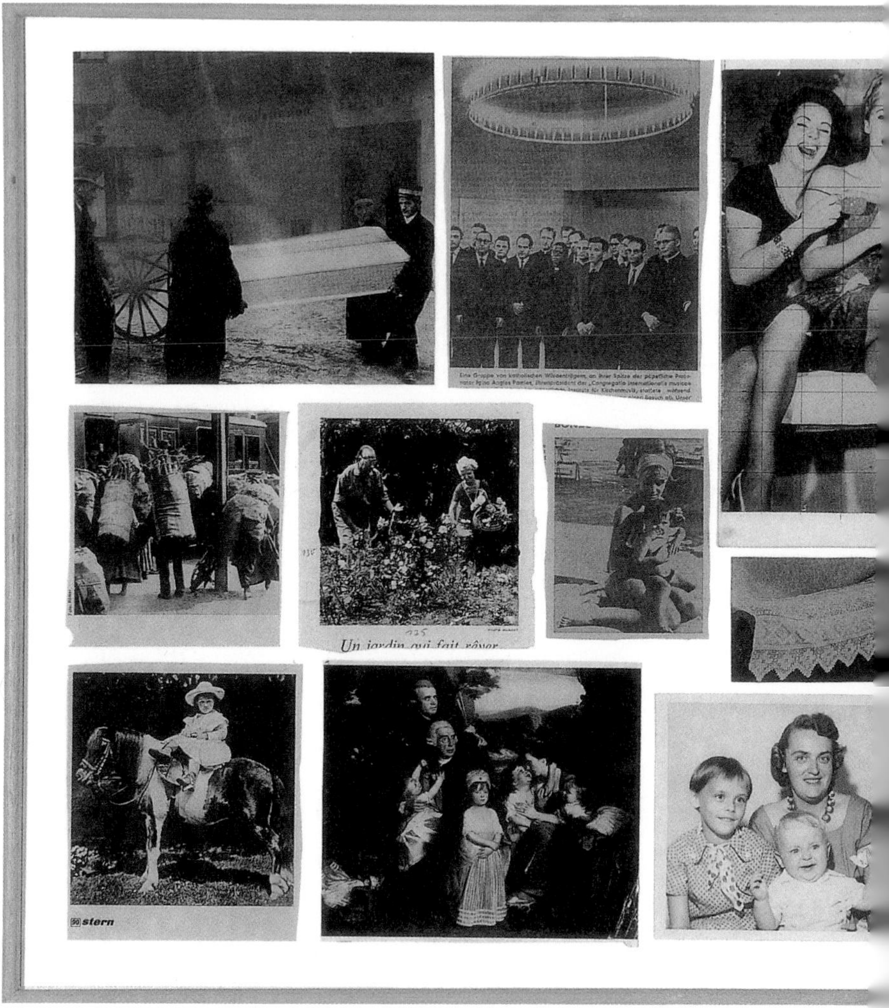

4
〈아틀라스 — 패널 9〉 게르하르트 리히터, 1962~1968년

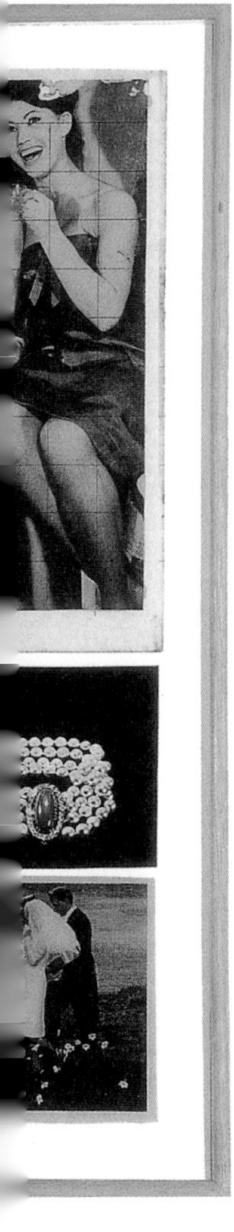

한다. 사진에는 양식도 없고, 구성도 없고, 판단도 없다. 사진은 대상을 회화와는 다른 방식으로 재현한다. 카메라는 대상을 이해하지 않고, 그것들을 그냥 본다. 반면 손으로 그린 그림들은 일종의 시각적 종합이기에 현실을 왜곡시키고 특정한 종류의 양식화로 흘러간다. 그 결과, 현실은 이미 알려진 것으로 상투화되고 정형화된다는 것이다.

> 사진은 재현된 현실에 관한 정보를 제공하기 위해 사용되는 모든 회화, 소묘, 삽화의 자리를 차지해버렸다. 사진은 그 일을 그 어떤 회화보다 더 신뢰하고 신용할 수 있는 방식으로 수행한다. 그것은 절대적 진리를 말하는 유일한 이미지다. 왜냐하면 그것은 '객관적'으로 보기 때문이다.[9]

1964년 이래 그는 '아틀라스'[4]라는 이름의 사진첩을 마련해두고 거기서 골라낸 사진을 원작 회화의 밑그림으로 사용해왔다. 사진첩은 가족사진, 직접 찍은 스냅숏, 신문이나 잡지에서 오려낸 사진들로 이루어져 있었다. 사진을 그린다는 점에서 리히터의 작업은 워홀의 것을 닮았다. 하지만 워홀과 달리 리히터는 자신의 작품이 정말 사진처럼 보이기를 원했다. 이 점에서 그의 작업은 포토리얼리즘에 가깝다. 하지만 포토리얼리즘이 사진보다 더 높은 해상도를 구현하려 한다면, 리히터는 이들과 반대 방향으로 나아가려 한다. 그는 사진을 그릴 때에 물감이 마르기 전에 표면 전체를 한 번 쓸어줌으로써 윤곽을 흐리게 만든다.10 리히터를 포토리얼리스트들과 구별시켜주는 것이 '리히터의 블러(Richter's blur)'라고 불리는 이 흐리기 효과다.

리히터의 블러

'블러링(blurring)'은 사진에—뵐플린이 르네상스 미술과 대립시켜 바로크 회화의 특징으로 꼽은—회화적(malereisch) 특징을 부여한다. 이를테면, 포토리얼리즘의 이미지는 거의 사진처럼 보이지만, 리히터의 작품은 사진을 베낀 것임에도 불구하고 블러링으로 인해 회화적인 느낌을 준다.[5]

> 관습적으로 캔버스 위에 유화물감이 칠해진 표면에 관한 한, 내 그림들은 원래의 사진과 거의 아무 관계도 없다. 그것들은 전적으로 회화다. 다른 한편, 그것들은 너무나 사진 같아서 사진을 다른 모든 이미지로부터 구별시켜주는 특징이 그대로 남아 있다.11

'리히터의 블러'가 갖는 의미는 두 가지 측면으로 해석될 수 있다. 먼저 매체의 측면에서 그것은 사진과 회화라는 매체의 차이를 흐리기 위한 장치다. 벤야민 부흘로의 말처럼 그의 작품에서는 사진과 회화가 변증법적으로 종합되어 사진이면서 동시에 회화인 상태가 된다. 아니

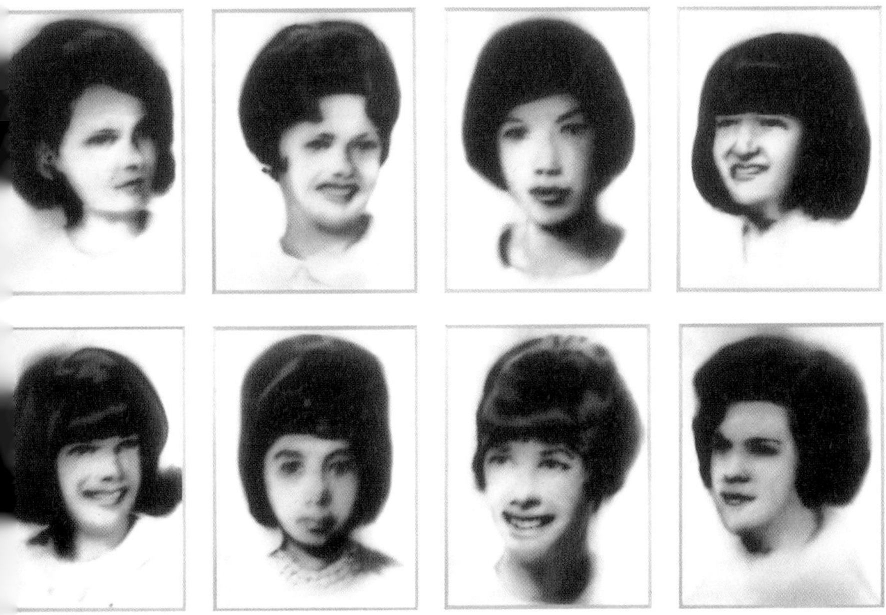

5
〈8명의 간호 실습생〉 게르하르트 리히터, 1966년

면 사진과 회화가 상호 부정하여 사진도 아니고 회화도 아닌 상태가 된다고 할 수도 있을 것이다. 1986년의 어느 인터뷰에서 리히터는 이렇게 말했다.

> 유일하게 역설적인 것은 이것입니다. 언제나 적절한, 구성된 모티프로 완결된(closed) 사진을 얻으려는 의도를 가지고 시작하는데, 조금씩 그 의도를 파괴하여 마침내 작품이 완성되었을 때에는 개방성(openness) 외에는 아무것도 남지 않게 된다는 것입니다.[12]

'주제'의 관점에서 블러링에는 모종의 '접촉공포(haphephobia)'가 표현되어 있다. 한마디로 그것은 대상을 손으로 잡지 못하게 함으로써 작품에 최종적 의미를 주지 않으려는 장치라고 할 수 있다. 이로써 대상의 의미는 고정되지 않은 채 열리게 된다. 현실의 사물과 흐려진 영상 사이에는 건널 수 없는 간극이 존재한다. "텍스트의 바깥은 없다."는 데리다의 말처럼, 가능한 것은 현실에 대한 해석뿐, 현실 자체는 파악될 수 없는 것으로 남는다. "현실이 이해될 수 없다면, 현실에 가장 적합한 그림은 의미론적 약속을 가장 적게 하는 그림일 것이다."[13] 사물에 대한 명확한 파악을 거부하는 블러링은 "의미론적 약속을 가장 적게 하는" 장치인 셈이다.

리히터에게 중요한 것은 현실이었다. 하지만 그 현실은 어느 하나의 그림 혹은 텍스트 안에서 단 한 번에 남김없이 포착되지 않는다. 남는 것은 결코 손으로 잡지 못한 채 현실에 접근하려는 끝없는 시도뿐이다. 데리다의 텍스트가 결코 초월적 기의에 도달하지 못하고 기표의 무한

연쇄의 놀이를 하듯이, 리히터의 그림도 결코 현실에 도달하지 못한다. 그의 현실은 수많은 예술언어들의 놀이를 풀어놓으면서 안개 속으로 모습을 감춘 채 늘 우리의 손아귀(手握)를 빠져나간다. 이렇게 리히터는 1980년대에 비로소 전면화하는 어떤 경향, 즉 포스트모던의 시대정신을 구현한다.

푼크툼

이것이 리히터의 블러에 대한 포스트구조주의적 해석이라면, 할 포스터가 앤디 워홀의 작품에 대해 그렇게 했듯이, 그것에 정신분석학적 관점에서 접근할 수도 있을 것이다. 이 경우 블러링을 통해 표현되는 현실에 대한 '접촉공포'는 라캉이 말한 '실재계'에 대한 공포로 해석될 것이다. 사실 블러 처리된 희미한 이미지는 기억의 영상을 닮았다. 그것은 끝없이 표상되려 하나 끝내 명확히 표상되지는 못한다. 무의식은 반복적으로 억압된 기억으로 돌아가나, 의식은 그 기억을 그대로 드러낼 수 없다. 리히터가 사진을 통해 외상적 기억을 반복적으로 불러오면서 동시에 그것을 늘 블러 처리하여 지워버리는 것은 그와 관련이 있을 것이다.

그 외상적 기억은 리히터 가족의 사적인 기억일 수도 있다. 나치 장교의 군복을 입고 포즈를 취한 〈삼촌 루디〉[6]는 1944년에 전사한다. 열두 살 소녀의 모습으로 아기 리히터를 품에 안고 있는 〈숙모 마리안네〉[7]는 정신병력이 있어 훗날 나치의 우생학 정책에 따라 강제로 단종 수술을 받은 후 결국 안락사의 대상이 된다. 더 충격적인 것은 리히터의 장인

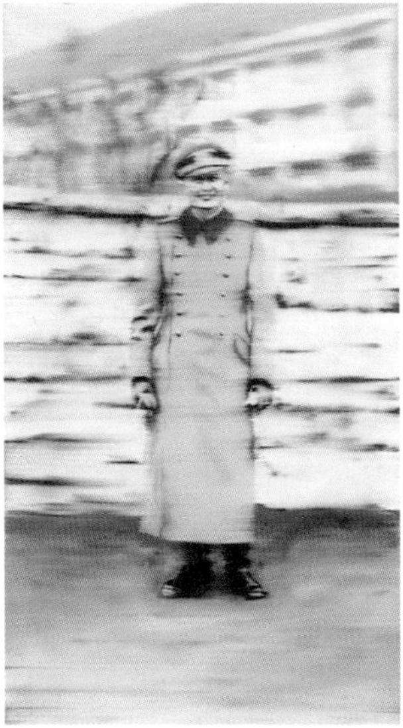

6
〈삼촌 루디〉 게르하르트 리히터, 1965년

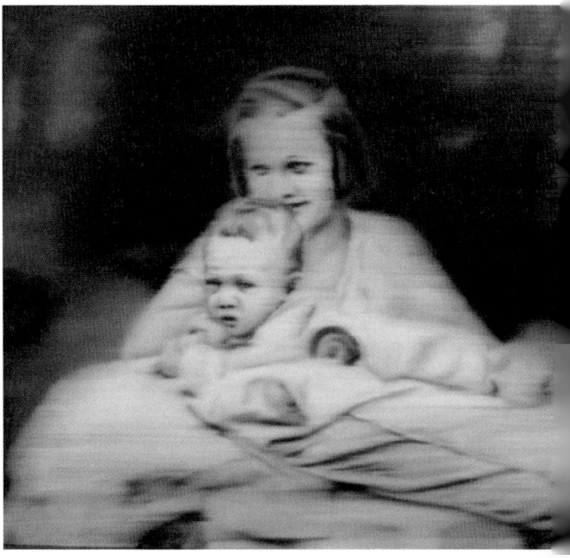

7
〈숙모 마리안네〉 게르하르트 리히터, 1965년

이 그 시절 SS 군의관으로 나치 안락사 프로그램의 실행자였다는 사실이다. 한편, 반복적으로 회귀하는 외상적 기억은 동시에 공적 기억일 수도 있다. 나치에 협력하고도 그 기억을 덮고 뻔뻔하게 살아가는 기성세대에 대한 젊은 세대의 반항은 결국 바더-마인호프의 테러리즘으로 이어졌다.

이 극단적 사건은 젊은 세대나 기성세대 모두에게 떠올리기 괴로운 일이었다. 리히터는 〈바더-마인호프〉 연작[8, 9]을 통해 과감하게 이 기억을 그러잡는다. 연작 속의 자살한 테러리스트의 모습은 심하게 블러 처리되어, 그저 목에 난 줄 모양의 상처만이 그 죽음의 방식을 암시할 뿐이다. 테러리스트를 소재로 삼았다고 파문을 일으키기도 했던 이 작품은 작가가 테러리스트들에게 은밀한 동정을 품은 게 아니냐는 추측을 낳기도 했다.[14] 하지만 그는 이 작품이 정치적으로 해석되는 것을 거부했다. 자신의 작품과 정치 사이에 뭔가 관계가 있다면, 그것은 "모든 유토피아적 기획의 미심쩍은 본성을 드러내는 데 목적을 둔 것"이라고 주장했다. 이 유토피아에 대한 불신 역시 포스트모던하다.

역사의 기억은 집요하게 자신을 주장하나, 살기 위해서는 그것을 외면해야 한다. 그 공포는 이 불편한 기억을 대면하는 데서 비롯되는 것이리라. 리히터의 작품에서 사진을 통해 복귀하는 것은 독일 역사의 외상적 기억이고, 블러링을 통해 가려지는 것은 독일 사회의 외상적 실재다.

테러리스트들의 죽음과 그 전후에 벌어진 관련 사건들은 내게 고통을 주었고, 그것을 억누르려는 나의 노력에도 불구하고 그 이후 미완의 작

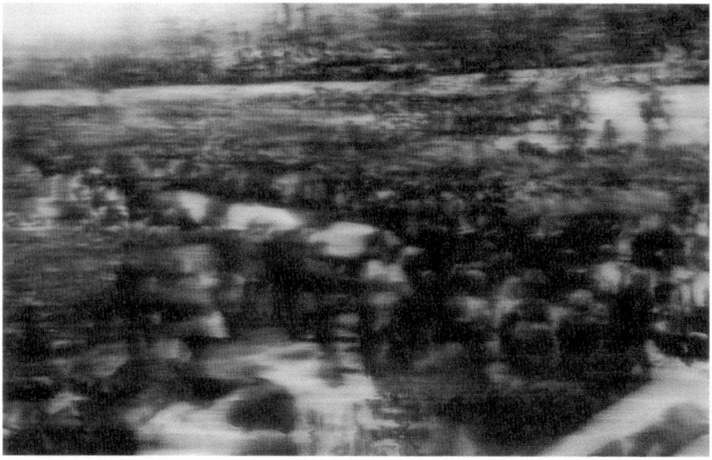

8
〈1977년 10월 18일 — 장례식〉 게르하르트 리히터, 1977년

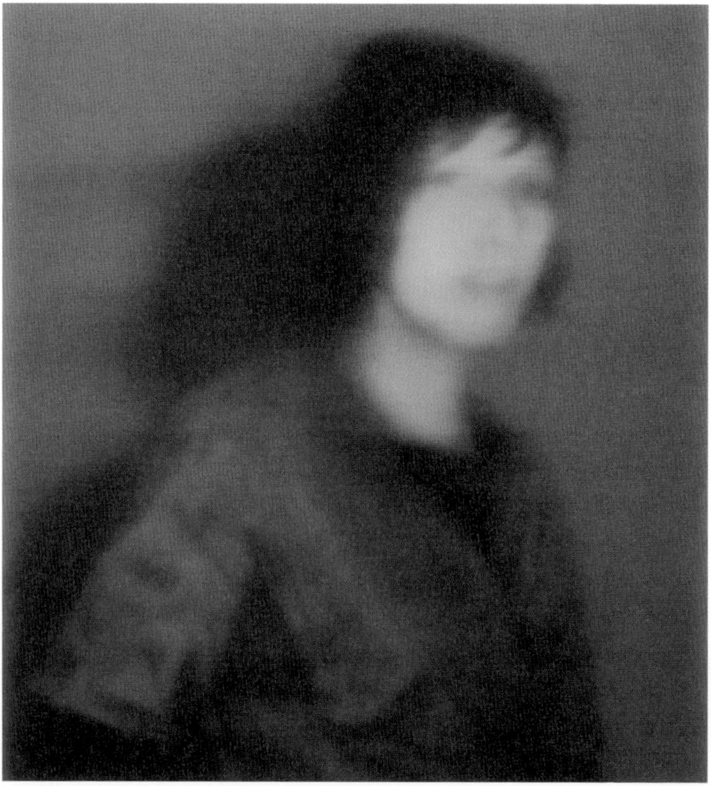

9
〈1977년 10월 18일 — 대면〉 게르하르트 리히터, 1988년

업처럼 내게 유령처럼 계속 떠오르는(haunt) 공포를 상징한다.[15]

다시 라캉의 용어를 빌리면, 그가 반복적으로 사진을 복제하여 블러 처리하는 것은 '오토마톤'의 작용이라고 할 수 있다. 하지만 외상적 실재는 바로 그 블러링을 뚫고 자신을 주장한다. 할 포스터가 리히터의 '푼크툼'이 블러링에 있다고 하는 것은 이 때문이리라.

숭고의 부정적 묘사

1980년대 중반부터 리히터는 포토리얼리즘 작업과 나란히 추상회화를 제작하기 시작한다. 포토리얼리즘의 구상과 모더니즘의 추상이라는 두 개의 극단이 동시에 공존하게 된 것이다. 리오타르의 설명에 따르면, 현대 예술은 '숭고의 부정적 묘사'다. 즉 묘사를 포기함으로써 이 세상에 묘사할 수 없는 어떤 것이 있음을 말하는 방식이라는 것이다. 이와 비슷한 어조로 리히터는 이렇게 말한다.

> 추상화는 허구적 모형이다. 그것은 우리가 볼 수도, 기술할 수도 없으나, 그것의 존재를 요청할 수 있는 어떤 현실을 가시화시키기 때문이다. 그 세계를 우리는 알려지지 않은 것, 파악할 수 없는 것이라는 부정적 개념으로 표시한다. 그것을 우리는 수천 년 전부터 천국, 지옥, 신과 악마라는 그림으로 대체하여 묘사해왔던 것이다. 추상회화와 더불어 우리는 그 보이지 않는 것, 이해할 수 없는 것에 직접 다가갈 수 있는 더 좋은 기회를 갖게 되었다. 왜냐하면 추상회화는 직접적인 직관성 속에서

예술의 모든 수단을 가지고 무(無)를 묘사하기 때문이다.[16]

리히터의 추상은 마치 추상표현주의 작품처럼 자유로워 보이지만, 실은 자신의 작품의 디테일을 찍은 사진에 토대를 둔 것이다.[17] 사진을 이용한 '복제 미학'과 추상회화를 이용한 '숭고 미학'의 두 흐름이 리히터에게서는 하나로 합류한다.

그러고 보면, 나는 그림 속에서 가장 다양한 것을, 가장 모순적인 것을 가능한 한 최대의 자유를 가지고 생동적이며 생명력 있게 결합하려고 하는 셈이다.[18]

포스트모던

리히터의 작업은 '포스트모던'하다. 매체의 순수성을 부정하고, 자신이 주제화하는 현실에 명확한 의미를 주기를 거부하기 때문이다. '매체'의 측면에서 양식의 혼합주의는 그가 사회주의 리얼리즘의 구상과 서구 모더니즘의 추상을 모두 지양해야 했던 사정과 관련이 있을 것이다. 다른 한편, '주제'의 측면에서 해석의 개방성은 두 개의 전체주의 체제를 경험한 리히터가 일체의 이데올로기를 혐오한 것과 관련이 있을 것이다. 그가 사진의 형식으로 제재를 도입한 후 그것을 다시 흐릴 때 제재가 있는 사회주의 리얼리즘과 제재가 없는 모더니즘은 동시에 지양된다.

벤야민 부흘로와 가진 인터뷰에서 리히터는 이렇게 말한다.

리히터 : 나는 근본적인 이슈를 '중심의 상실'이라고 보고 싶습니다.

부흘로 : 제들마이어의 의미에서? 진심이신가요?

리히터 : 예, 그 용어로 그는 정말로 진정한 것을 말했기 때문입니다. 하지만 거기서 그는 그릇된 결론을 끄집어냈습니다. 그는 중심을 회복하려 했으니까요. 나는 그것을 전혀 회복하고 싶지 않습니다.19

이 대화는 리히터가 무엇을 지향했는지 잘 보여준다. 리히터에 따르면, 한스 제들마이어는 모더니즘의 문제를 제대로 지적했다. 다만, 중심을 회복하기 위해 모던 이전으로 돌아가야 한다는 그릇된 결론을 내렸을 뿐이다. 결국 리히터의 예술적 기획은 굳이 모던 이전으로 돌아가지 않고, 모던의 한계를 넘어서는 데 있었다고 할 수 있다. 그의 작업이 '포스트모던'이라 불리는 것은 그 때문이다.

12 신표현주의

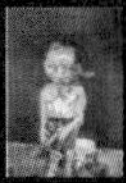

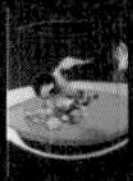

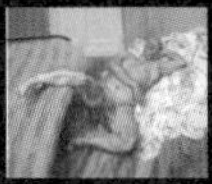

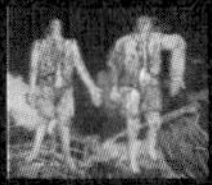

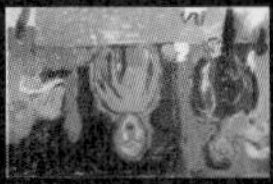

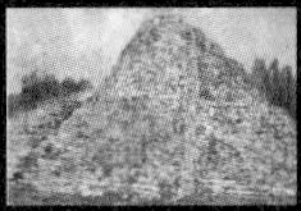

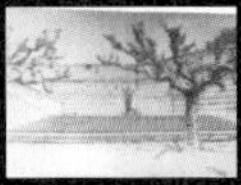

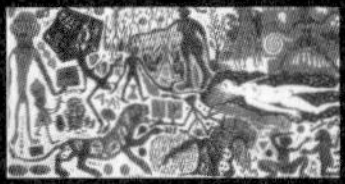

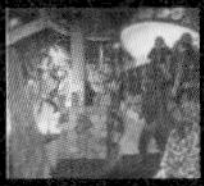

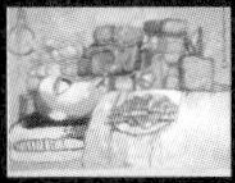

새로운 야만인들

표현주의 운동은 사진보다 회화라는 전통적 매체를 선호하고, 미술의 국제적 흐름보다 지역적 정체성을 조하며, 민족의 역사와 신화를 주제화한다는 점에서 다분히 복고적 성격을 띠고 있었다. 레이건-대처 시 의 보수적인 분위기에 힘입어 동독 출신 작가들의 새로운 구상 회화는 1980년대 예술 시장에서 커다란 공을 거두었다. 미니멀리즘이나 개념미술 등 그 형상이 빈곤한 예술에 지쳤던 대중과 컬렉터들에게 강렬 표현으로 가득 찬 신표현주의의 타블로는 매력적인 아이템이었다. 전전의 표현주의처럼 신표현주의도 그 치적·미학적 함의를 둘러싸고 치열한 논란에 휘말린다.

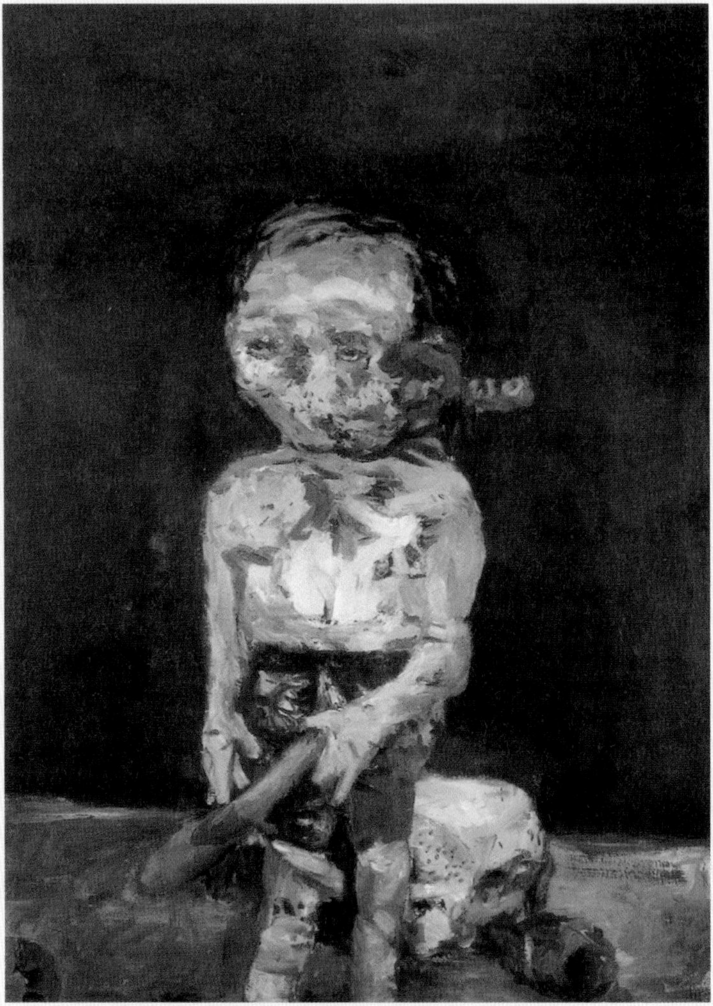

1
〈수포로 돌아간 위대한 밤〉 게오르크 바젤리츠, 1962~1963년

미니멀리즘과 개념미술, 플럭서스를 거치면서 전통적 의미의 '작품'은 사라져가는 듯했다. 하지만 '회화'라는 것이 아직도 가능한지 의문이 제기되던 시대에 갑자기 새로운 구상회화가 나타나, 1970년대 후반과 1980년대 초반의 미술계를 주도하게 된다. 거대한 포맷, 요란한 주제, 격정적 표현, 두꺼운 임파스토로 이루어진 이 새로운 구상회화는 곧 '신표현주의'라고 불리게 된다. 신표현주의는 어떻게 보면 뻔뻔할 정도로 복고풍이나, 미니멀리즘이나 개념미술과 같이 작품 같지 않은 작품에 식상해 있던 눈에는 이 복고풍의 예술이 차라리 전복적이며 충격적으로 보였다. 묘한 역설이 아닐 수 없다.

새로운 야만인들

사람들은 이 새로운 구상회화의 원조로 종종 추상의 시대에 꿋꿋이 구상을 고집했던 프랜시스 베이컨(Francis Bacon, 1909~1992)[2]과 루치안 프로이트(Lucian Freud, 1922~2011)[3]를 꼽곤 한다. 하지만 1970~1980년대에 구상회화가 '신표현주의'의 이름으로 전면화하는 직접적 계기를 제공한 것은 게오르크 바젤리츠[1], 안젤름 키퍼, 외르크 임멘도르프(Jörg Immendorf, 1945~2007), A. R. 펭크(A. R. Penck, 1939~2017) 등 일군의 독일 화가들이었다. 이 독일 화가들은 주제와 표현의 그 강렬한 효과 때문에 '새로운 야만인(neue Wilden)'이라고 불린다. 이들 중 상당수는 동독 출신으로, 그곳에서 공식 교리였던 사회주의 리얼리즘으로 예술 훈련을 받은 바 있다. 그들이 가진 구상회화의 취향은 물론 이 경력과 무관하지 않다.

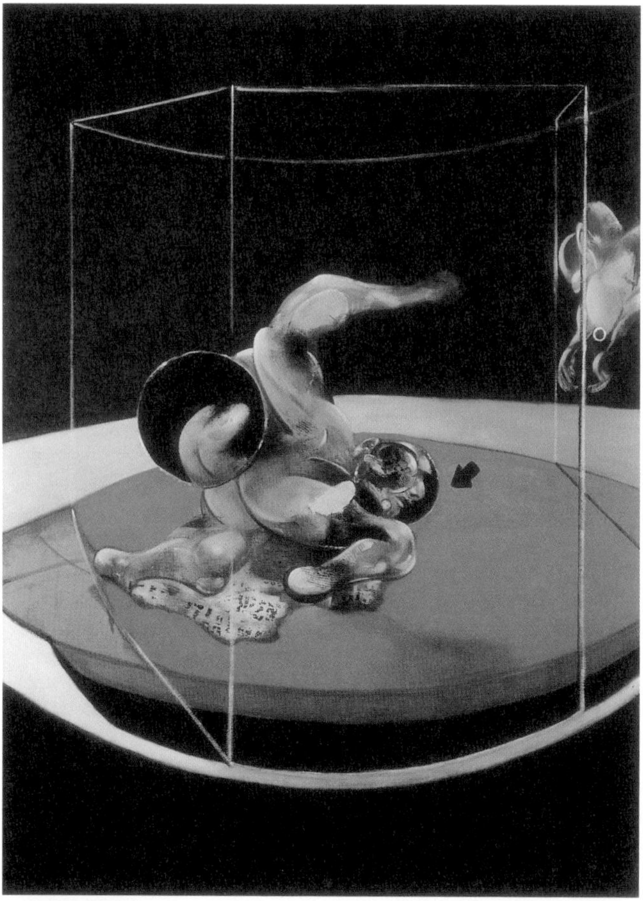

2
〈움직이는 인물〉
프랜시스 베이컨, 1976년

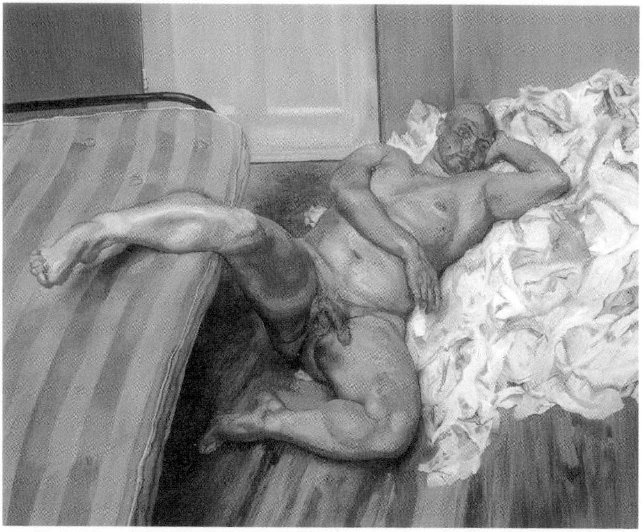

3
〈다리를 올린 누드〉
루치안 프로이트, 1992년

이 야만인들 사이에서 주도적 역할을 한 것은 역시 바젤리츠였다. 그가 동독에서 서독으로 이주했을 당시, 서독 사회는 두 개의 전체주의, 즉 나치의 기억 및 동독의 현실과 씨름하고 있었다. 예술의 영역에서 이는 나치의 민족적 예술과 동독의 사회주의 리얼리즘에 동시에 거리를 두어야 함을 의미했다. 이런 상황에서 구상으로 돌아가는 것은 전체주의 예술에 대한 향수로 오해 받을 수도 있었다. 그렇다고 추상으로 나아갈 수 있는 상황도 아니었다. 1960년대에 독일의 미술계는 이미 유럽의 앵포르멜(혹은 타시즘)과 미국의 추상표현주의에 점령당한 상태였기 때문이다. 거기에 그가 낄 틈은 존재하지 않았고, 그 이전에 추상 자체가 국제적으로 퇴조하던 시기였다.

바젤리츠가 국제적 추상운동에 맞서 독일 미술의 지역적 정체성을 다시 확립하기로 결심했을 때, 그가 의지할 유일한 전통은 전쟁 전의 표현주의뿐이었다. 표현주의는 민족적 양식이자, 동시에 독일의 것으로는 최초로 국제적 양식이기도 했다. 양식만이 아니라 이념의 측면에서도 표현주의는 참조하기 안전한 전통이었다. 그 유명한 '표현주의 논쟁'에서 표현주의는 루카치와 같은 마르크스주의 비평가들에게 "파시즘의 전조이자 선구"라고 비난을 받았지만[1], 정작 나치 정권에게는 외려 '퇴폐예술'로 낙인찍혀 탄압을 받은 바 있다. 그렇기 때문에 표현주의는 민족적 정체성으로 돌아가면서도 우익적이라는 혐의를 벗을 알리바이를 제공해준다.

민족의 정체성과 주체성

바젤리츠는 전후 독일 사회가 겪은 정체성 위기의 예술적 화신이다. '민족적 정체성'이 곧 나치를 연상시키는 상황에서 혐의를 벗으려면 국제적 흐름에 동참해야 하나, 그 경우 곧바로 미국이 주도하는 전후의 민주주의와 소비주의에 투항하게 된다. 이 딜레마에서 벗어나기 위해 바젤리츠는 위험하지 않은 표현주의 전통을 끄집어내어 다시 민족적 양식을 세우려 한다. 이 점에서 바젤리츠의 미학은 본질적으로 보수주의적이다. 그가 오이겐 쇠네베크(Eugen Schönebeck, 1936~)와 함께 발표한 〈지옥 선언〉(1961/1962)은 이 보수적 미학의 급진적 출발이었다. 선언문은 당시 미술계에서 주도적이었던 추상적 양식을 도발적인 언어로 공격한다.2

> 내 눈에는 자연의 제단, 살(肉)의 희생, 배수관 속의 약간의 음식, 이부자리로부터의 증발, 그루터기와 허공의 뿌리에서 흘러나오는 피, 사랑스런 여인들의 진주 빛 치아 위의 동양적 광채, 연골, 부정적 형상들, 그림자의 지점들, 왁스 방울, 간질병 환자들의 퍼레이드, 가스가 차고, 사마귀투성이의 곤죽이 된 해파리 같은 존재들의 오케스트라, 신체 지절들, 엮인 발기성 조직, 곰팡이 핀 반죽, 사막 풍경 속 연골질의 성장들이 보인다.3

고트프리트 벤, 아르토와 로트레아몽의 어조로 작성된 선언문은 거의 절규에 가까워 알아듣기 힘들다. 이 시적 이미저리(imagery)에는 구

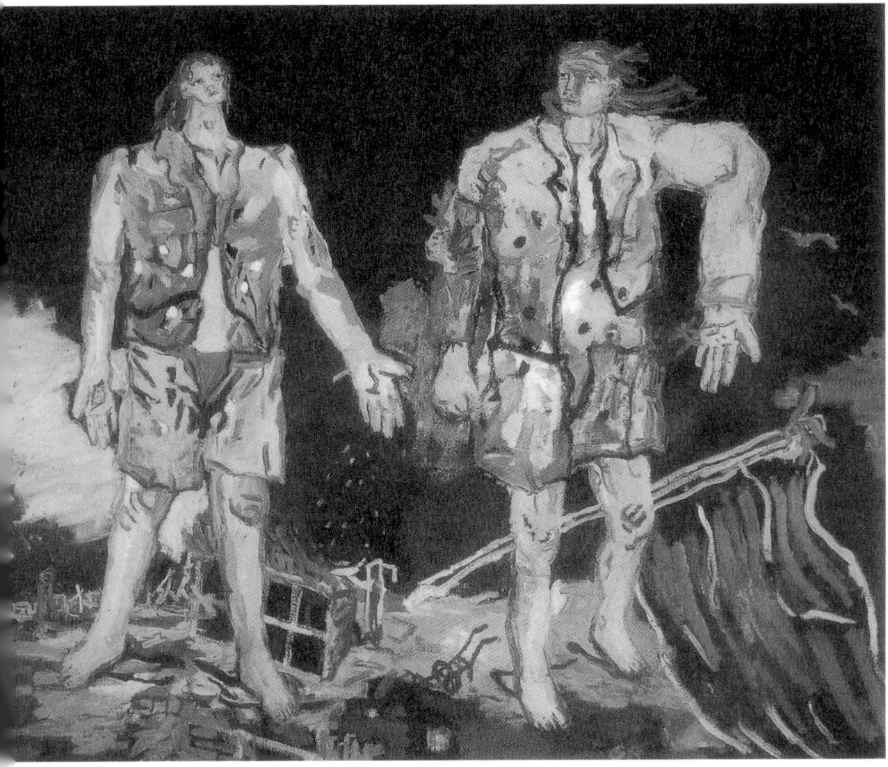

4

〈위대한 친구들〉 게오르크 바젤리츠, 1965년

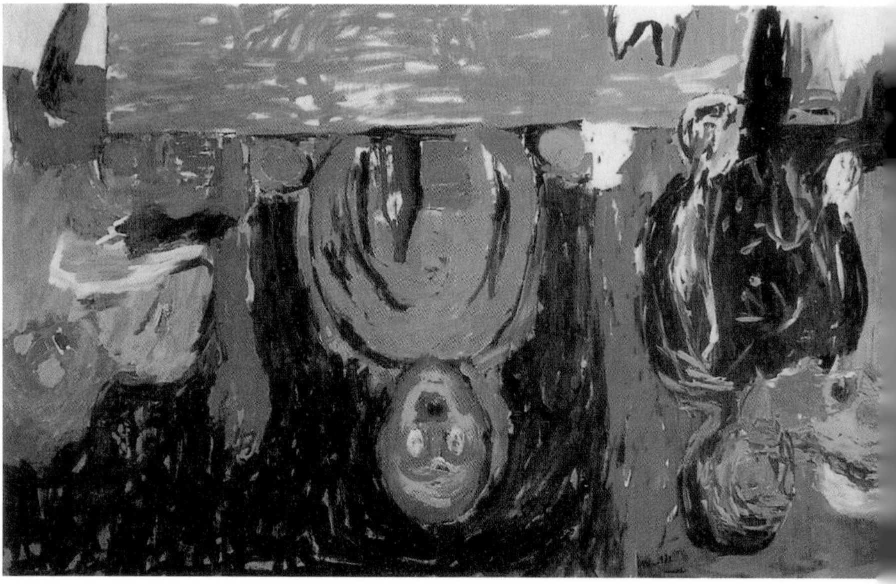

5

〈드레스덴의 저녁식사〉 게오르크 바젤리츠, 1983년

상이 존재한다. 하지만 그것은 파편화, 물질화한 상태로 존재한다. 여기서 사회주의 리얼리즘에서 유래하는 구상과 앵포르멜에서 유래하는 추상은 상호 부정하는 가운데 종합에 이른다. 바젤리츠가 동독에서 사회주의 리얼리즘을 배운 후 서독에서 앵포르멜의 예술적 훈련을 받은 것을 생각하면, 이는 당연한 현상이리라. 〈선언〉에서 바젤리츠는 화가를 니체주의적 영웅으로 묘사한다. 그가 이 시기에 발전시킨 '영웅'이 언뜻 보기에 형상은 사회주의 리얼리즘을 연상시키나, 그 분위기는 정치적이라기보다는 신화적이다.[4]

할 포스터에 따르면, 그들이 예술가를 위대한 범죄자로 보는 니체의 시각을 내세운 것은 "전후 독일 민주주의 체제의 구축에 반대"하는 "우익의 반동적 엘리트주의"의 표현으로, "민주주의 일상의 기만과 허위를 혐오했던 바이마르 시대의 초기 파시스트적 태도"에 맞닿아 있다고 한다.[5] 바젤리츠의 영웅들은 누더기를 걸치고 머리가 너무 작아 영웅이라고 하기에는 거북스럽고 우스꽝스러워 보인다.[4] 이는 민족적 주체성과 정체성을 다시 세운다는 기획 자체가 시대착오("역사적 오류")임을 말해주는 듯하다. 그가 구상의 방식을 사용하면서도 동시에 얼룩이나 흔적으로 사실적 묘사의 관례를 파괴하는 것은 이 정체성 혼란의 또 다른 표현이리라. 바젤리츠는 그림을 거꾸로 그리곤 했다.[5] 내용보다는 형식에 주목하라는 얘기인데, 이 역시 구상의 본질과 배치되는 측면이 있다.

스스로 부과한 억압 장치

신표현주의 경향을 대표하는 또 하나의 인물은 안젤름 키퍼다. 바젤리츠처럼 키퍼도 표현주의 전통의 연장선 위에서 예술의 민족적 정체성과 지역적 특수성을 수립하려 했다. 양식이나 기법의 면에서 키퍼는 바젤리츠와 매우 유사하다. 다만 유리, 짚, 나무, 식물 등 이물질을 회화에 끌어들인다는 점에서 바젤리츠와 달리 그에게서는 부분적으로나마 반(反)회화적 충동을 엿볼 수 있다.[6, 7] 키퍼는 원래 사진에서 출발하여 회화로 넘어왔다. 하지만 사진을 가지고 작업을 할 때조차도 그는 장인적 생산물로서 회화의 아우라를 의심하지 않았다. 신표현주의자로서 키퍼 역시 형식 위주의 추상회화가 포기해버린 회화의 발언 능력을 회복하려 했다.

키퍼는 회화라는 매체로 독일의 참혹한 역사적 기억과 정면으로 대결한다. 이때 그에게 영감을 준 것은 아우슈비츠를 다룬 파울 첼란(Paul Celan, 1920~1970)의 시 〈죽음의 푸가〉였다. 인물화 작업에서 그는 횔덜린, 하이데거, 몰트케, 비스마르크 등 독일사의 유명한 인물들을 다루었다. 이런 식으로 단절된 독일의 문화적 전통을 다시 이으려는 시도에는 당연히 위험이 따른다. 이들 인물들이 직간접적으로 나치와 연결되어 있었기 때문이다. 키퍼의 주제는 역사를 넘어 독일의 신화와 전설로 확대된다. 여기에도 어떤 불편함이 존재한다. '독일적'이라고 할 수 있는 신화와 전설의 이미지는 이미 나치의 이데올로기의 구축에 오용된 바 있기 때문이다. 전후 독일에서 이 이미지들은 물론 금기의 대상이었다.

키퍼의 업적은 흔히 '파시스트 이미저리'로만 여겨지던 도상적 전통을 과감하게 복원한 데 있다.[8] 에릭 샌트너(Eric Santner, 1955~)는 과거의 기억을 복원하려는 키퍼의 작업을 일종의 '동종요법(homeopathic)'

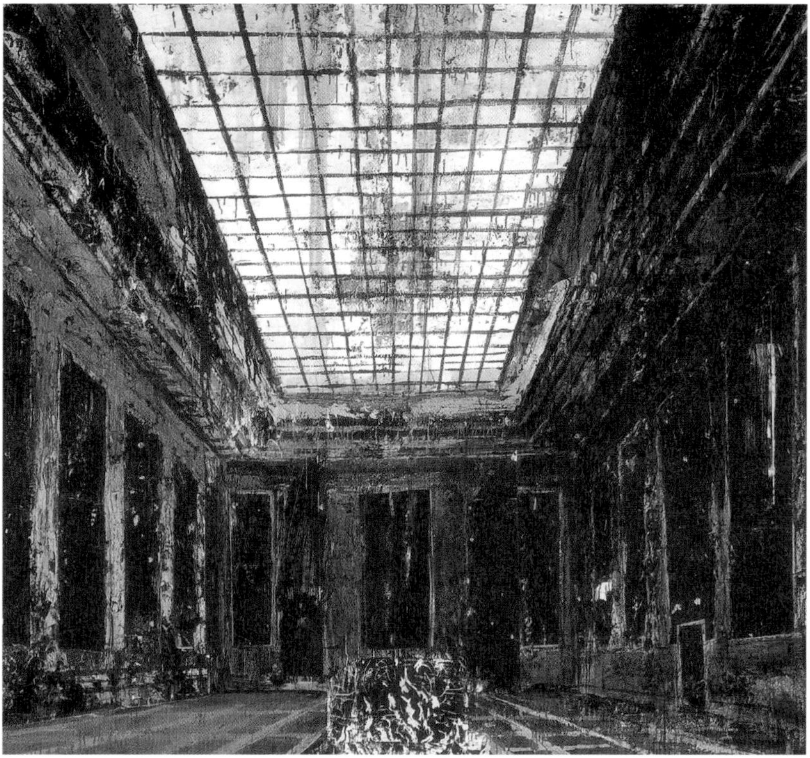

6
〈내부〉 안젤름 키퍼, 1981년

7
〈교황 알렉산드르 6세〉 안젤름 키퍼, 1996년

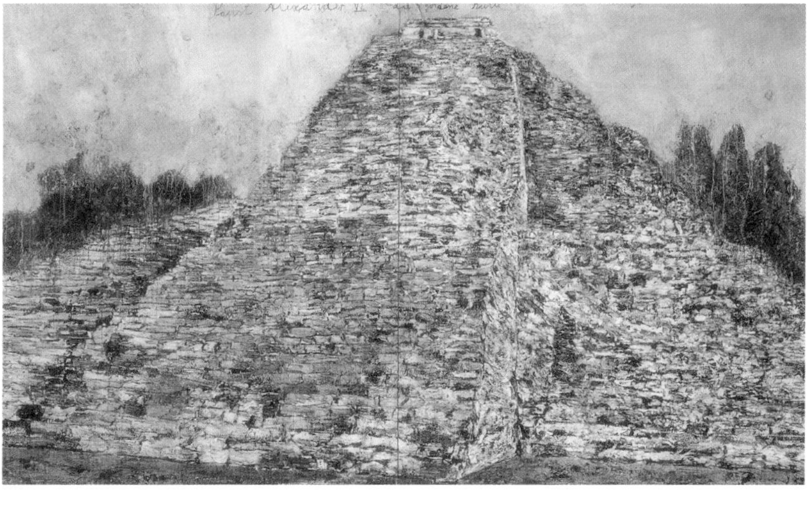

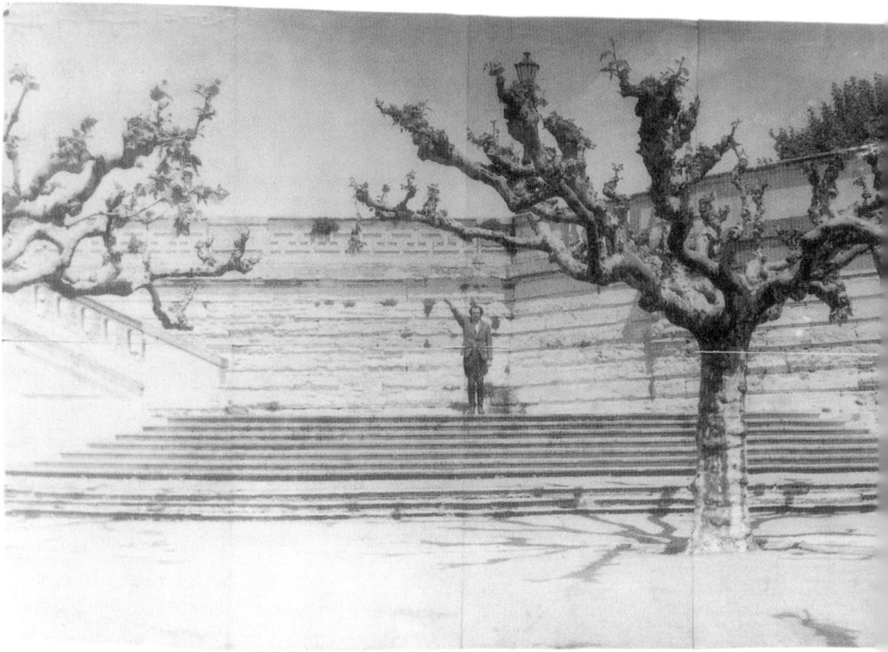

8

〈점거 — 몽펠리에〉 안젤름 키퍼, 1969년

으로 규정한다.

> 현실의 외상적 손실을 극복하기 위해 어떤 부정적—죽음의—요소를 처방하는 것은 근본적으로 동종요법적이다. 동종요법적 절차에서는 부정적 요소—상징적 독, 혹은 의학적 맥락에서는 진짜 독—의 통제된 주입이 비슷한 독성 물질에 감염된 체계의 치유에 도움을 준다. 개인으로 하여금 형태학적으로 유사한 과도한 분량의 독이 잠재적으로 외상적인 효과를 극복하게 해줌으로써 독이 약이 된다.[6]

동종요법이란 '인체에 치료해야 할 질병의 증상과 비슷한 증상을 유발시켜 치료하는 대체 의학'을 말한다. 결국 이들 독일 작가들의 이미저리는 언뜻 보기에는 파시스트 이미저리 같으나, 실은 인위적으로 그와 비슷한 증상을 일으켜 그것을 치유하는 행위로 봐야 한다는 것이다. 샌트너는 이 요법이 전후 독일 사회가 자신에게 부과해왔던 억압 기제를 해제하는 데 필요한 시도였다고 주장한다.[7]

독일 카페

펭크는 바젤리츠보다 20년 늦게 동독에서 서독으로 이주했다. 그는 정치적 제재보다는 인간이나 토템을 닮은 신(新)원시주의 이미지를 즐겨 그렸다.[9] 비평가들은 이를 구석기의 동굴벽화와 연결시키곤 하나, 펭크는 그 연관을 부정하며 "지나간 시대의 미학을 다시 불러내는 것은 유용하지 않다."고 잘라 말한다. 펭크의 이미지들은 곧 특유의 그림

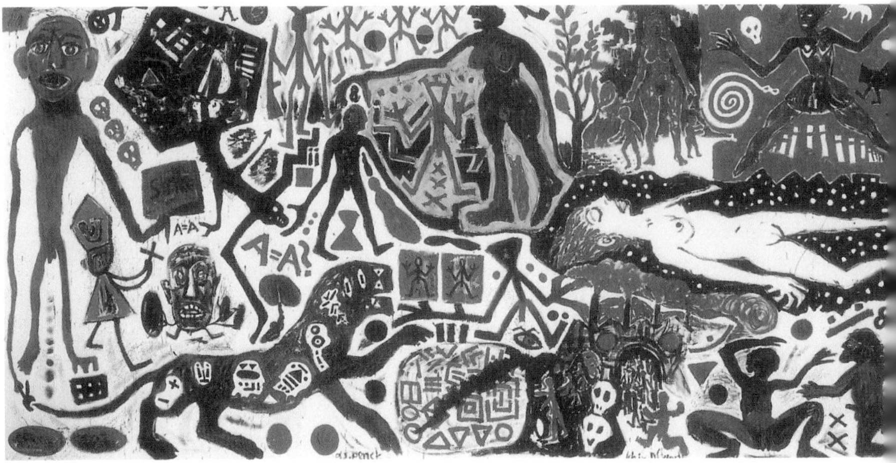

9

〈서독에서의, 나〉 A. R. 펭크, 1984년

문자(pictogram)로 발전한다. 그는 이를 일종의 보편문자와 같은 것으로 생각했는데, 훗날 이 기획이 실패했다고 선언한다. 픽토그램은 그 표현적 격렬함을 잃고 문양으로 전락하는 경향이 있기 때문이다. 그의 픽토그램은 종종 뉴욕 지하철의 그래피티 예술과 비교되나, 펭크 자신은 그래피티 예술과 분명한 거리를 두었다.

> 우리는 10년 전에, 그러니까 1970년대에 동구권에서 〔그래피티 예술과〕 비슷한 것을 했습니다. 한 가지 차이가 있다면, 우리에게는 스프레이 캔이 없었다는 것뿐이죠. 그렇기 때문에 우리는 벽에 학교에서 쓰는 단순한 분필로 낙서를 했지요. 나는 그것이 중요하다고 생각하지만, 나 자신은 그래피티 아티스트가 아닙니다. 왜냐하면 나는 전혀 다른 배경에서 나왔기 때문이죠.8

임멘도르프는 독일의 현대사를 주제로 한 작업을 해왔다. 그는 초현실주의에 가까운 이미지에 반어와 상징의 뉘앙스를 섞어 정치적 관념을 전달하곤 한다. 레나토 구투소의 〈그리스 카페〉에서 영감을 받은 〈독일 카페〉 연작[10](1977~1984)은 모두 16점으로 이루어진 대형포맷의 작업이다. 여기서 임멘도르프는 디스코텍에 온 사람들을 통해 독일의 분단과 미소 냉전 체제라는 부조리한 현실을 냉정하게 비웃는다. 하지만 이는 정치에 대한 직접적 언명이라기보다는 알레고리에 가깝다.9 그림에 담긴 정치적 입장은 애매모호한 상태로 남는다. 독일 공산당의 당원이었던 임멘도르프는 회화와 정치의 연관을 굳게 믿었으나, 1970년대 이후 점차 정치적 예술의 효과에 대해 회의적 생각을 갖게 된다.

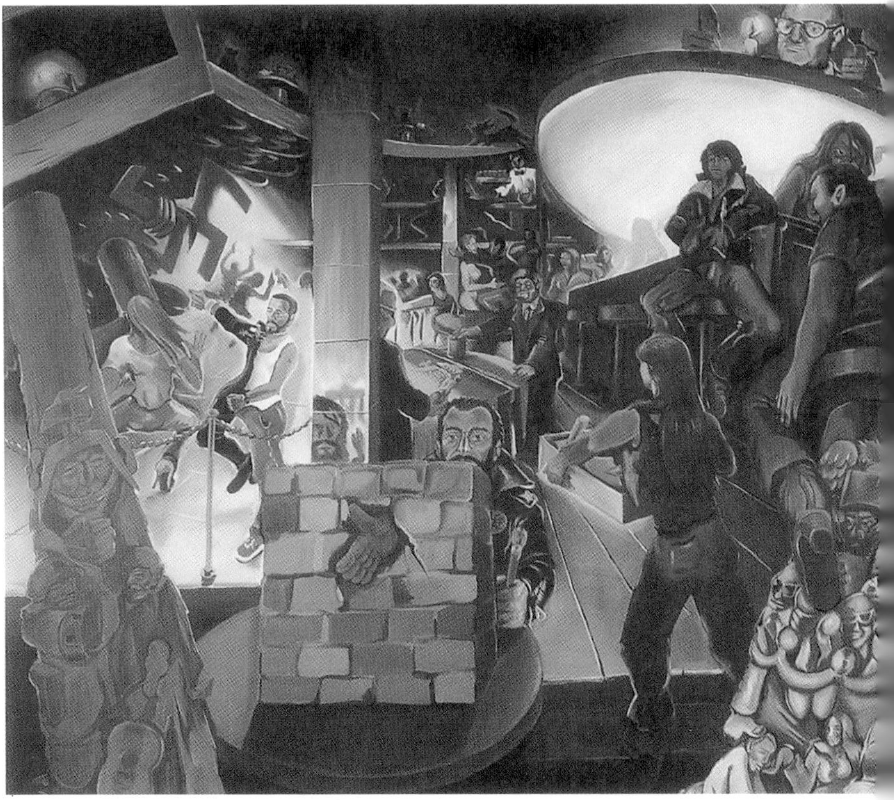

10
〈독일 카페 1〉 외르크 임멘도르프, 1978년

지역적 현상에 불과했던 독일의 신표현주의가 1980년대 이후 국제적 명성을 누리게 된 데에는 크게 세 가지 맥락이 존재했다. 하나는 파스빈더(Rainer Werner Fassbinder, 1945~1982)와 빔 벤더스(Wim Wenders, 1945~)로 대표되는 '뉴저먼 시네마'로, 이 영화들은 신표현주의 회화와 비슷하게 독일 역사를 주제로 끌어들였다. 한편, 1980년대 중반 우익 수정주의자들이 촉발한 '역사학자 논쟁(Historikerstreit)' 역시 신표현주의에 국제적 관심을 모아주었다. 마지막으로 이탈리아의 '트랜스-아방가르드(trans-avantgarde)', 프랑스의 '자유구상(figuration libre)', 미국의 '뉴이미지 페인팅(new image painting)' 등 국제적 신구상 운동 속에서 독일의 신표현주의는 자연스레 주도적 역할을 인정받을 수 있었다.

구상이 복귀한 데에는 그럴 만한 이유가 있다. 사실 전후의 모더니즘은 형식주의로 흐르는 가운데 상상을 자극하고, 정서적 감동을 주며, 서사를 전달할 능력을 잃어버렸다. 게다가 미니멀리즘과 개념미술을 거치면서 모더니즘도 이미 생명력을 다해가고 있었다. 어떤 맥락에서는 과거로 돌아가는 것이 외려 새로워 보일 수가 있다. 미국에서는 필립 거스턴(Philip Guston, 1913~1980)[11]이 바젤리츠의 역할을 했다. 추상표현주의의 대표자 중 하나였던 그는 1960년대 후반 돌연 재현으로 돌아서, 인체를 마치 만화의 형상처럼 왜곡한 이미저리를 선보인다. 그의 말은 거의 반(反)모더니즘의 선언으로 들린다.

> 우리가 추상예술에서 계승한 신화에는 뭔가 우습고 인색한 구석이 있다. 회화는 자율적이고, 순수하며, 자족적이라고 한다. …… 하지만 회

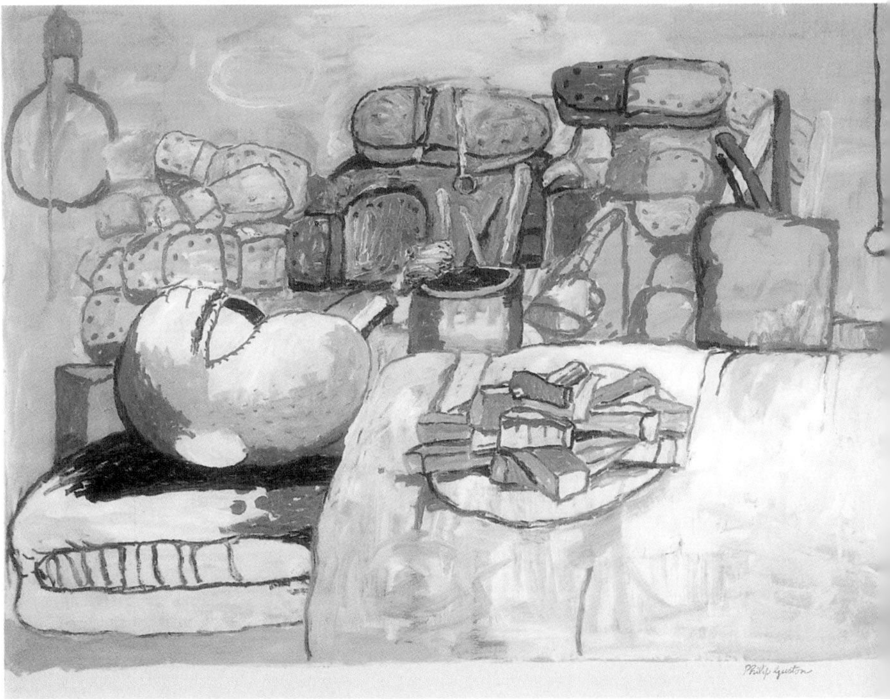

11
〈그림 그리고, 담배 피우고, 먹기〉 필립 거스턴, 1973년

화는 순수하지 않다. 회화의 연속성을 강요하는 것은 불순물의 조정이다. 우리는 이미지-제작자이며, 이미지를 뒤집어쓴 존재다.[10]

신표현주의 논쟁

신표현주의 역시 전쟁 전의 표현주의 못지않게 뜨거운 정치적, 미학적 논쟁의 대상이 되었다. '형식'의 측면에서 논쟁은 '모던과 포스트모던의 대결'로 나타난다. 모던의 관점에서 회화에 구상과 서사를 다시 들여오는 것은 퇴행이다. 세계화의 시대에 예술의 지역성을 주장하고, 사진의 시대에 장인적 수공을 고집하고, 대중문화의 시대에 고급 예술에 집착하는 것 역시 모더니스트의 눈에는 보수적으로 보일 것이다. 하지만 "대담함이 하나의 전통이 되어버린 곳에서는 예전의 양식을 부활하는 것이 특별한 종류의 새로움을 창조할 수 있다."[11] 이렇게 "워즘(wasm)이 이즘(ism)이 되었다."(찰스 젠크스)는 의미에서 신표현주의는 포스트모던하다.

'주제'의 측면에서는 바젤리츠나 키퍼의 작품에 등장하는 이미저리의 정치적 함의가 문제가 된다. 예술이 국가의 정체성을 강조하며 독일의 '이야기'(역사, 신화, 전설 등)를 다루는 것 자체가 이미 정치적으로 위험한 일이다. 독일의 맥락에서 보수주의와 극우 성향은 말끔하게 분리되지 않기에, 민족서사의 묘사가 자칫하면 파시스트 이미저리로 전락할 수 있기 때문이다. 미국의 평론가들은 이를 예술적 표현의 영역을 확장시켜주는 '동종요법' 정도로 가볍게 바라볼 수 있을지 모르나, 정작 그 어두운 기억을 자기 것으로 가져야 하는 독일에서는 상황이 다르다. 거기서 역사적 기억의 처리와 민족적 서사의 도입은 정치적으로 매우 민감한 문제들과 맥이 닿아 있다.

'수용'의 측면에서는 시장 친화성이 문제가 된다. 사실 미니멀리즘이나 개념미술에는 구입할 만한 '작품'이랄 게 없다. 바닥에 깐 벽돌이나 철판 몇 개가 고작이다. 해프닝이나 퍼포먼스에는 아예 물리적 대상으로서 작품이 존재하지 않는다. 신표현주의는 이렇게 '작품' 자체가 사라지는 상황에서 작품을, 그것도 전통적 '회화'를 부활시켰다. 한마디로 그것은 굶주린 수집가들에게 구입할 만한 타블로를 제공함으로써 국제적으로 성공을 거둘 수 있었던 것이다. 이 때문에 조셉 코수스는 신표현주의가 "시장 지향적이며 퇴행적"이라고 비난했다. 할 포스터에 따르면, "그 모든 외견상의 자유로움에도 불구하고 신표현주의는 레이건-부시 정권 하의 문화적 퇴행에 참여했다."[12]

이 논쟁에서 도널드 쿠스핏(Donald Kuspit, 1935~)과 벤야민 부흘로는 대립하는 두 입장을 대표한다. 쿠스핏은 신표현주의가 역사와 죽음이라는 주제를 탐구함으로써 비극적인 독일의 역사에 조의를 표하는 방식이라고 본다. 그는 신표현주의가 건조한 개념미술과 달리 예술에 상상력을 회복시키고 현대인의 자기표현에 관련된 심리적 이슈들을 진지하게 탐색했다고 주장한다. 쿠스핏에 따르면, 신표현주의는 "예술이 여전히 역사를 넘어서는 변형의 구원적 능력을 갖고 있으며, 예술이 재료를 사용하여 그로부터 분리될 수는 없으나 그보다 더 근본적인 것을 드러냄으로써 역사에 효과적으로 개입할 수 있음"을 보여주었다.[13]

반면 부흘로에게 신표현주의는 예술적 '반동'일 뿐이다. 사실 구상으로의 복귀는 20세기 예술에서 주기적으로 반복되는 현상이다. 이미

1920년대에 피카소와 미래주의자들은 전통적 회화로 돌아갔다. 신즉물주의와 형이상학적 회화는 '질서의 요구(appel à l'ordre)'라는 이 퇴행적 분위기의 산물이다. "신즉물주의와 형이상학파의 태도는 독일과 이탈리아의 파시스트 회화나 스탈린 치하 러시아의 사회주의 리얼리즘처럼 재현이라는 명백한 권위적 양식을 만드는 데 기여했다."[14] 부흘로에 따르면, 1920년대의 구상처럼 신표현주의 역시 자본주의 체제의 경제적 위기와 정치적 보수화에 따른 현상에 불과하다.

> 우리는 포스트모더니즘과 아방가르드의 종말과 같은 오늘날의 소동 속에서 모더니즘 패러다임의 몰락이 20세기 예술의 순환적 현상인 동시에 20세기 정치사에서 자본주의 경제 위기, 즉 과잉생산, 의도된 실업, 이윤의 확장과 시장 확대의 요구, 자본주의 문제의 최종 해결을 위한 비밀 조약들로 인한 전쟁 도발 등과 동일한 것임을 잊어서는 안 된다.[15]

부흘로에게 신표현주의는 레이건-대처 시기의 보수적 정책과 1980년대 예술시장의 자본주의적 팽창에 징후적인 "멜랑콜리 모드"일 뿐이다. 물론 그 우울함은 강요된 것이기도 하다. "멜랑콜리가 알레고리적 양식의 기원이라는 사실을 깨닫는다면, 이러한 멜랑콜리가 금기와 억압으로 인해 강요된 것임을 깨달을 수 있을 것이다."[16]

나가기

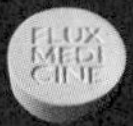

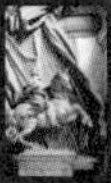

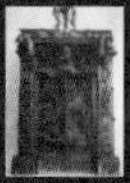

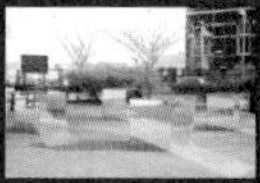

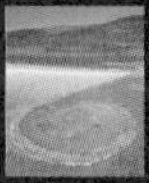

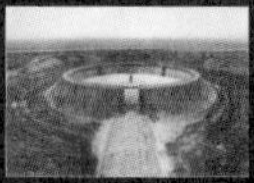

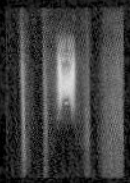

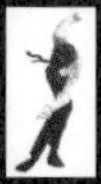

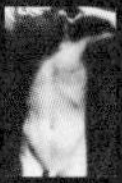

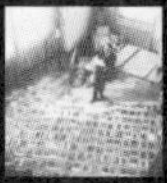

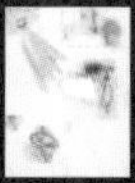

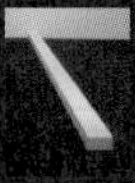

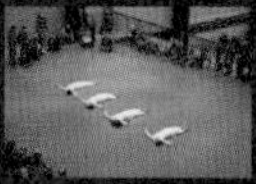

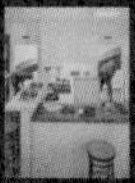

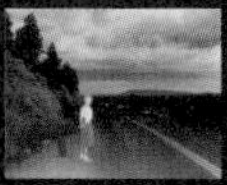

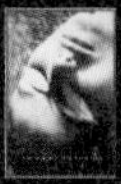

후기 모던이냐
포스트모던이냐

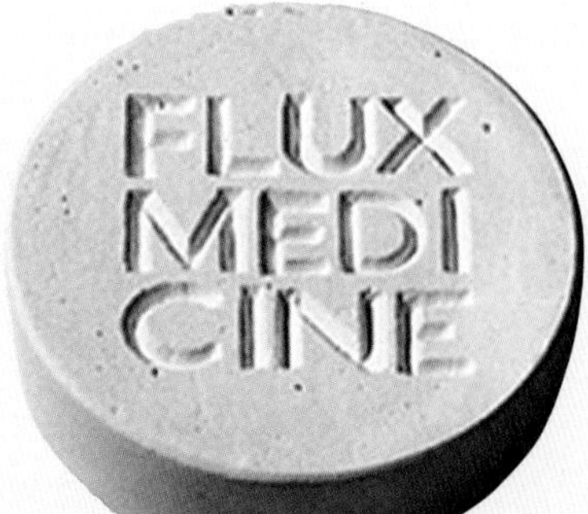

1
〈플럭서스 알약〉 구보타 시게코, 2008년

2차 세계대전 이후의 현대미술을 가리켜 흔히 '후기 모더니즘(late modernism)'이라고 부른다. 앞에서 살펴본 것처럼 1960년대를 전후하여 이 후기 모더니즘의 흐름에는 주목할 만한 변화가 생긴다. 1960년대에 처음 나타난 이 새로운 경향은 그 특징이 전면화하는 1980년대에 이르러 '포스트모더니즘(postmodernism)'이라는 새로운 명칭으로 불리게 된다. 후기 모더니즘과 포스트모더니즘의 관계에 대해서는 서로 대립되는 두 가지 설명이 전재해왔다. 그 하나는 둘의 관계를 '연속'으로 보는 것으로, 이 경우 포스트모더니즘은 모더니즘의 한 국면으로 여겨질 것이다. 다른 하나는 둘의 관계를 '단절'로 보는 것으로, 이 포스트모던은 모더니즘의 반(反)명제로 이해될 것이다.

연속이냐 단절이냐

넓은 문화적 맥락에서 장-프랑수아 리오타르나 프레드릭 제임슨(Fredric Jameson, 1934~)은 포스트모더니즘을 성기 모더니즘(high modernism)과 본질적 단절을 이루는 또 하나의 단계가 아니라, 새로운 모더니즘들을 만들어내기 위한 성기 모더니즘 실험의 일부로 규정한다. 할 포스터 역시 미술의 영역에서 포스트모던을 "모더니즘의 단절이라기보다는 모더니즘의 형태를 바꾸는 변증법적 단절"1이라고 본다. 형식을 개방하고, 이미지를 차용하며, 기호들을 변질시킴으로써[1] 지시작용을 문제시하는 것이 "모더니즘과 얼마나 다르냐."고 물으며, 그는 차용과 해체라는 포스트모던의 전략이 "근본적으로 모더니즘적"이라고 주장한다.

할 포스터에 따르면, 포스트모더니즘이 모더니즘과 근본적 단절을 이룬다고 보는 시각은 모더니즘을 그린버그류의 협소한 형식주의로 '축소'한다. 이를테면, 포스트모던의 주창자들은 그린버그에 따라 모더니즘 전체를 매체의 순수성을 지향하는 순수 형식주의 운동으로 규정하고, 거기서 벗어나는 모든 것을 포스트모던의 특징이라고 선언하는 경향이 있다. 하지만 그린버그의 모더니즘에 위배된다고 해서 그것이 곧 모더니즘과의 단절을 의미하는 것은 아니다. 그린버그의 관념은 모더니즘에서 추상의 경향만을 포괄할 뿐, 뒤샹으로 대변되는 모더니즘의 더 넓은 흐름은 도외시하기 때문이다. 따라서 "필요한 것은 모더니즘의 축소가 아니라 확장이다."

여기서 포스트모던은 모던의 '확장'으로 나타난다. 하지만 1980년대 이후의 미술의 발전 과정에서 "모던의 기획이 깊은 문제에 빠졌다."는 사실이 점차 분명해진다. 포스트모던을 그저 모던의 '확장'으로만 볼 수는 없게 된 것이다. 이에 따라 할 포스터 자신도 포스트모던을 하나의 "단절"로, 즉 "특수한 문제 제기의 국면"으로 보게 된다. 이제 그는 포스트모던을 수용하되 그 안에서 저항의 요소를 부각시키기로 한다.

> 문화 정치학에서 오늘날 기본적인 대립은 모더니즘을 해체하여 현상(status quo)에 저항하려 하는 포스트모더니즘과 현상을 옹호하기 위해 모더니즘을 반박하는 포스트모더니즘, 즉 저항의 포스트모더니즘과 반동의 포스트모더니즘 사이에 있다.2

하지만 '단절이냐, 연속이냐'보다 중요한 것은 물론 "모더니즘과 구별되는 포스트모더니즘의 구체적 특성이 구체적으로 무엇이냐."는 물음일 것이다. 할 포스터에 따르면, 모더니즘에 포스트모더니즘을 대립시키는 입장에는 크게 세 부류가 존재한다. '확장된 장'으로서 포스트모더니즘(로잘린드 크라우스), '연극성'으로서 포스트모더니즘(더글러스 크림프), '알레고리 충동'으로서 포스트모더니즘(크레이그 오웬스)이 그것이다. 이 세 비평가가 각자의 기준으로 제시한 특성들은 서로 교차하는 공통성(이른바 '가족 유사성')을 이루어 모더니즘과 구별되는 포스트모더니즘의 특징을 보여준다.

'확장된 장'으로서 포스트모던

로잘린드 크라우스에게 '모더니즘'이란 조각이 현실의 시공간적 맥락에서 떨어져 나와 박물관 안에서 순수한 조형물로 변하는 과정이다. 원래 전통적 조각의 논리는 '기념비적'이었다. 이를테면, 캄피돌리아의 중앙에 세워진 마르쿠스 아우렐리우스의 기마상이나 성 베드로 성당으로 이어지는 바티칸의 계단실에 놓인 베르니니의 조각 〈콘스탄티누스의 개종〉[2]처럼, 과거의 조각은 특정한 장소에서 상징적 어조로 그 장소의 의미나 용도를 말해주었다. 하지만 19세기 말부터 이 논리는 파괴되기 시작한다. 그 전조가 된 것은 로댕(François Auguste René Rodin, 1840~1917)의 두 작품, 즉 1880년에 위촉을 받은 〈지옥의 문〉[3]과 그 이듬해에 위촉을 받은 〈발자크상〉이었다. 이 두 작품의 성격은 물론 기념물이었다.

하지만 커미션이 취소되는 바람에 두 작품은 결국 예정된 장소에 세

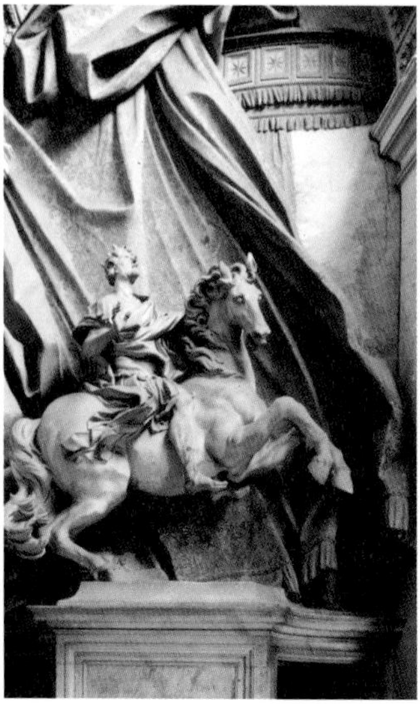

2
〈콘스탄티누스의 개종〉 조반니 로렌초 베르니니, 1670년

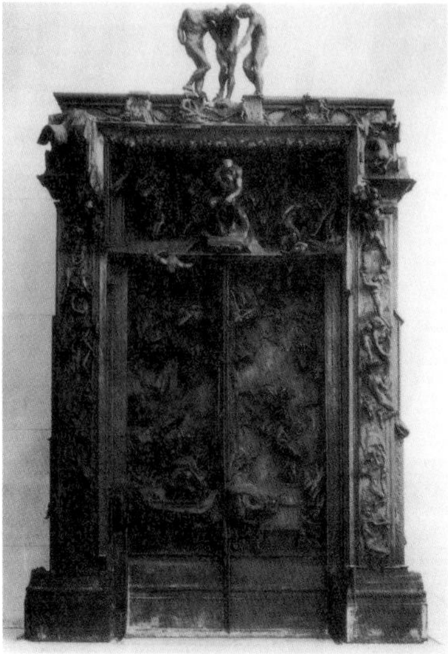

3
〈지옥의 문〉 오귀스트 로댕, 1880~1917년

워지지 못했다. 대신 두 작품의 다양한 버전이 오늘날 전 세계의 여러 박물관에 흩어져 있다. 기념물이 그것이 속하는 시공간에서 떨어져 나와 순수 조형물이 된 것이다. 사실 로댕 자신도 작품을 위촉한 측에서 자신의 작품을 받아들일 것이라고 믿지 않았다고 한다. 왜냐하면 기념물로 사용되기에는 과도할 정도로 주관적 표현이 강했기 때문이다. 결국 작가 자신도 애초에 그 작품들을 특정한 장소에 귀속되는 것으로 간주하지 않았다는 얘기다. 크라우스는 이를 "일종의 무장소성(siteless-ness), 무거주성(homelessness), 장소의 절대적 상실"이라고 부르며, 그

로써 조각이 모더니즘의 시대로 들어섰다고 말한다.

> 왜냐하면 이 장소의 상실과의 관계 속에서 작동하여 기념물을 추상으로, 즉 기념물을 기능적으로 장소성이 결여된, 대체로 자기 지시적인 순수 표지 혹은 토대로 생산하는 것이 모더니즘 시기의 조각 생산이기 때문이다.3

이 설명은 사실 그린버그가 모더니즘 회화의 역사를 매체의 순수성을 향한 운동으로 규정했던 것과 크게 다르지 않다. 하지만 이 모더니즘 조각의 원리도 1950년대에 생명력을 다하고, 1960년대 초부터 조각은 이른바 '확장된 장(expanded field)'으로 들어간다. 그 첫걸음은—미니멀리즘이 회화도 조각도 아니었던 것처럼—조각이 자신을 순수한 부정성, 즉 풍경도 아니고 건축도 아닌 것(Neither~nor)으로 규정하는 것이었다. 이를테면, 로버트 모리스의 〈그린 갤러리 설치〉(1964)는 유사 건축적 구조를 갖고 있어 안으로 걸어 들어갈 수 있으나, 실은 건축이 아니라 조각이다. 〈무제—거울상자들〉[4]에서 거울에 비친 풍경은 바깥의 풍경과 연속을 이루나, 실은 풍경이 아니라 조각이다. 1960년대 후반 이 순수 부정성의 논리는 간단한 역전을 통해 긍정성(both~and)으로 전환한다. 이를테면, 로버트 스미슨(Robert Smithson, 1938~1973)의 〈나선형 둑〉[5]은 '풍경이면서 비(非)풍경'으로서 조각이다. 이를 크라우스는 '표시된 현장(marked sites)'이라고 부른다. 한편, 브루스 나우먼(Bruce Nauman, 1941~)의 〈비디오 복도〉[7]는 '건축이면서 비(非)건축'으로서 조각을 보여준다. "건축적 체험의 공리적 특징을 주어진 현실

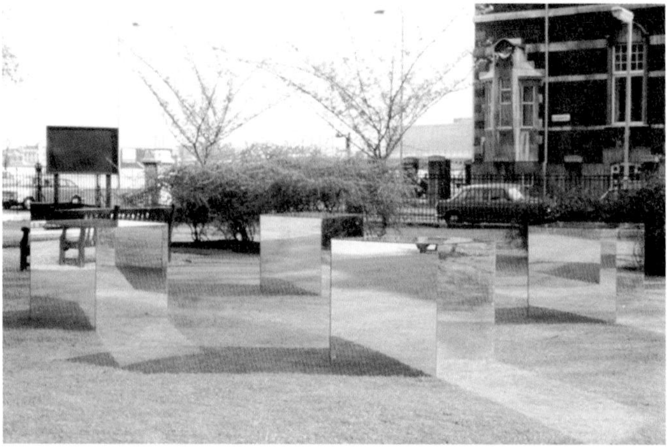

4
〈무제 — 거울 상자들〉
로버트 모리스,
1965년

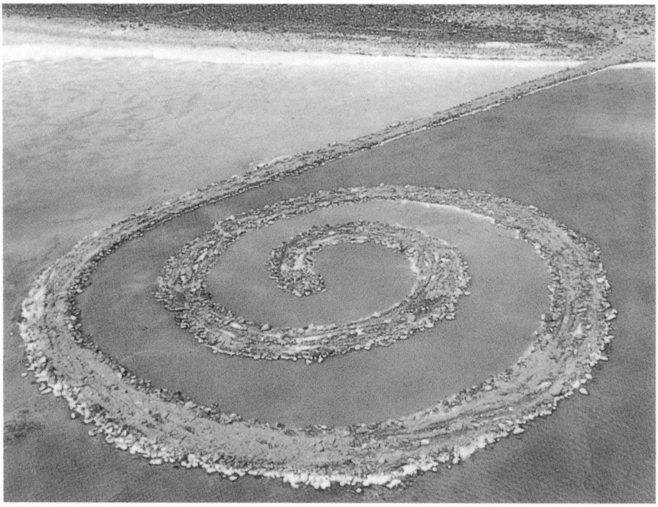

5
〈나선형 둑〉 로버트 스미슨,
1970년

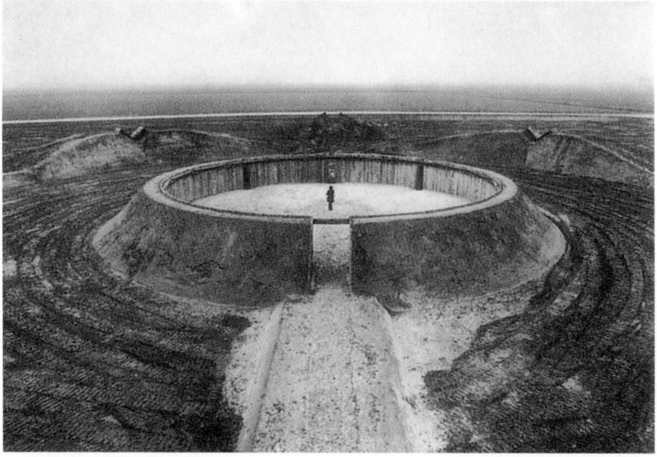

6
〈천문대〉 로버트 모리스,
1971년

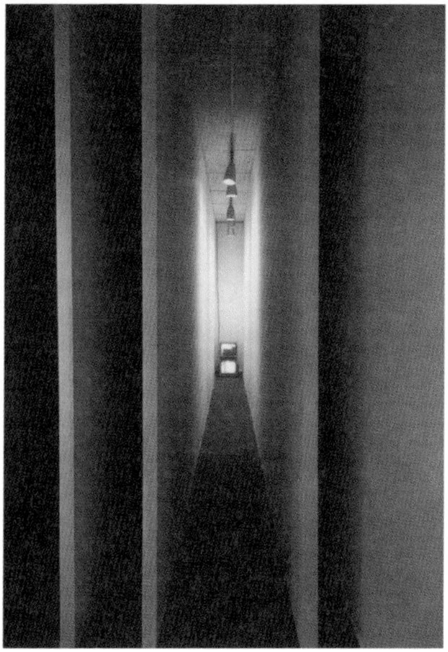

7
〈비디오 복도〉 브루스 나우먼, 1970년

에 매핑"시킨다는 의미에서 이런 종류의 조각을 '공리적 구조(axiomatic structures)'라고 부른다. 마지막으로 로버트 모리스의 〈천문대〉[6]는 스톤헨지처럼 '풍경이면서 건축'인 조각의 모습을 보여준다. 이를 크라우스는 '현장 구축(site construction)'이라고 부른다.

크라우스에 따르면, 포스트모던 조각을 특징짓는 "확장된 장은 그 사이에 모더니즘 조각의 범주가 유예되는 일련의 대립들을 주제화함으로써 생성된다." 여기에서 모더니즘 조각의 원리를 유예시키는 "일련의 대립"이란 물론 '비건축–비풍경', '건축–비건축', '풍경–비풍경',

'풍경–건축' 등의 개념적 대립들을 가리킨다.

포스트모더니스트의 실천 공간의 논리는 더 이상 재료, 혹은 재료에 대한 지각을 토대로 한 주어진 매체의 정의를 중심으로 조직되지 않는다. 그 대신에 그것은 한 문화적 상황 내부의 대립 속에 존재하는 것으로 파악되는 용어들의 우주를 통해 조직된다.[4]

1960년대 이후 조각은 이렇게 (1) 확장된 장을 이루는 네 가지 조합의 다양한 가능성을 실험하기 위해, (2) 특정한 매체에 구애받지 않고 조경이나 건축, 사진, 비디오 등 다양한 매체들을 사용한다. 이는 미술관이라는 제한된 장에서 단 하나의 매체만을 사용하는 모더니즘 조각의 논리를 정면으로 거스른다는 점에서 '포스트모던'하다고 할 수 있다.

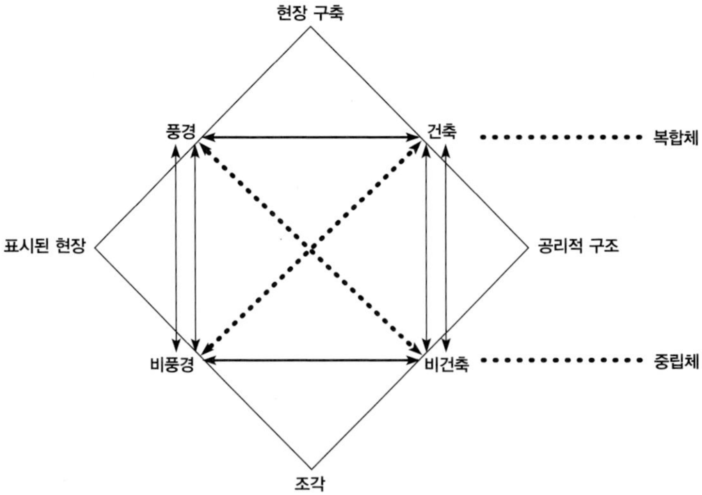

'연극성'으로서 포스트모던

더글러스 크림프(Douglas Crimp)는 1997년 '그림들'이라는 제목의 전시회를 큐레이팅한다. 이 전시회에는 트로이 브라운터크(Troy Brauntuch, 1954~), 잭 골드스타인(Jack Goldstein, 1945~2003), 로버트 롱고(Robert Longo, 1953~)[8], 셰리 레빈(Sherrie Levine, 1947~)[9], 필립 스미스(Philip Smith, 1952~) 등 젊은 작가들이 참여했다. 이들의 특징은 식별 가능한 구상적 이미지를 도입할 뿐 아니라, 특정 매체에 국한되지 않고 사진이나 영화, 퍼포먼스 등 다양한 매체를 활용한다는 데 있었다. 이는 물론 '포스트모더니즘'의 전형적 특징이다. 전시회의 제목으로 사용된 '그림(picture)'은 사진과 회화를 모두 가리킬 뿐 아니라, 이미지 제작의 물리적 행위는 물론이고 그 정신적 과정까지 가리킨다.

크림프가 포스트모더니즘의 특징으로 든 것은, 마이클 프리드가 미니멀리즘을 비난하는 데 사용한 '연극성(theatricality)'의 개념이었다. 프리드에게 연극성이란 "회화와 조각 사이라는 변태적 장소"만이 아니라, "시간, 더 정확히 말하면 체험의 지속성에 대한 관심"을 의미했다. "범례적으로 연극적"인 것은 시간성(temporality)이었으며, 프리드는 그것이 "모더니즘의 추상을 위협"한다고 느꼈다. 하지만 1970년대의 예술의 흐름은 퍼포먼스 아트처럼 글자 그대로 시간성을 갖거나, 그렇지 않은 조형예술의 경우에도—프리드가 비난하는 미니멀리즘 조각이 그랬던 것처럼—관객과 작가의 현존(presence)을 요구하는 어떤 지속적 상황 속에서 구성된다.

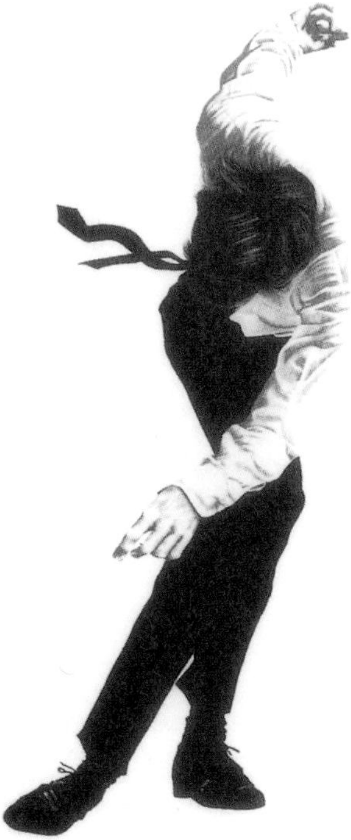

8
〈무제－도심 속 남자〉 로버트 롱고, 1981년

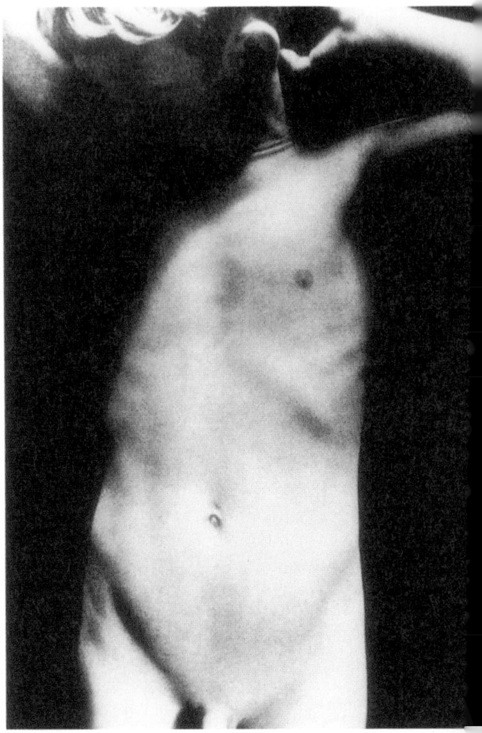

9
〈무제－에드워드 웨스턴 이후〉 셰리 레빈, 1980년

글자 그대로 시간성과 연극의 현전성에 기초한 전략을 사용하는 예술이야말로 현재 뉴욕에서 전시를 시작한 작가들의 결정적인 형성 체험이다. 하지만 이 체험이 그들의 작품에 얼마나 철저히 침투해 있는지 분명한 것은 아니다. 그것의 연극적 차원이 변형되어 예상과 달리 도상적(pictorial) 이미지에 재투자되었기 때문이다. 이들 예술가의 상당수가 미니멀리즘에서 나온 퍼포먼스의 영역에서 훈련을 받았지만, 그럼에도 그들은 순위를 뒤집어 실행된 이벤트의 축어적 상황과 지속을 타블로로 만들었고, 거기서 현전성과 시간성은 철저히 심리화한다. 퍼포먼스는 그저 그림을 '무대화(staging)'하는 방법 중 하나가 된다.5

포스트모더니즘의 또 다른 특징으로 크림프는 이미지의 '차용(appropriation)'을 든다. 마찬가지로 1970년대 젊은 작가들의 구상적 이미지도 그 속에 재현된 대상과는 아무 상관이 없다. '재현된 대상'이 아니라 '재현의 조건'을 주제화하기 때문에, 그들의 작업은 '대상의 재현'이 아니라 '재현의 재현'으로 봐야 한다. 그들이 차용하는 이미지는 수없이 복제되는 과정에서 이미 원본(즉 대상)과의 연관이 끊어진 것들이다. 그리하여 그 차용은 우리의 관심을 대상 자체가 아니라 대상이 재현되는 방식으로 이끈다는 것이다.

포스트모더니즘이 이론적 가치를 가지려 한다면, 그것은 그저 또 다른 시대적 용어로 사용되어서는 안 된다. 그보다는 모더니즘과 단절되는 특정한 본성을 드러내야 한다. 바로 그런 의미에서 매체에 대하여 급진적으로 새로운 접근이 중요하다. 지형학적(topographical)인 것, 즉 구조를 결정하기 위해 표면이나 작품을 매핑하는 것이 모더니즘 예술에 대한 형식적 기술의 특징이었다면, 이제는 그 기술을 지층학적(stratigraphic) 활동으로 생각할 필요가 있다. 이제까지 내가 논의한 작품들의 전략을 이루는 인용, 발췌, 액자화, 무대화의 과정들은 재현의 층위들을 드러내는 것을 필요로 한다. 말할 필요도 없이 우리는 의미 작용의 원천이나 근원이 아니라 그것의 구조들을 찾으려는 것이다. 모든 그림 아래에는 언제나 다른 그림이 있다.6

레오 스타인버그 역시 일찍이 '평판화면'의 개념을 통해 라우센버그 이후의 이미지가 '대상의 그림'이 아니라 '정보의 그림'이라고 지적한 바 있다. 하지만 모더니즘에서와는 달리 포스트모더니즘에서 '차용'의 전략은 체험의 시간성에 관계한다.

모더니즘 예술에서의 (이를테면, 라우센버그에게서의) '발견된 이미지'의 용도와 달리, 이 작품에서 그림의 제시는 형식적 변형보다는 '시간적'이라고 불려야 할 과정들에 연루되어 있다. 이는 그저 사용된 시간, 낭비된 시간을 포함할 뿐 아니라, 동시에 시간에 관한 것, 즉 독해의 시간, 기억의 시간, 그리고 갈망, 향수, 상기, 불안, 기대, 공포 등 근본적으로 시간적인 감정에 관한 것이기도 하다.7

마지막으로 크림프는 미술관 밖의 "대안적 공간"에서 행해지는 활동을 포스트모더니즘의 특징으로 든다. 당시에 유행하던 미술관의 신구상 전시회가 "가장 중요하지 않은 특징", 즉 "식별 가능한 대상"에만 초

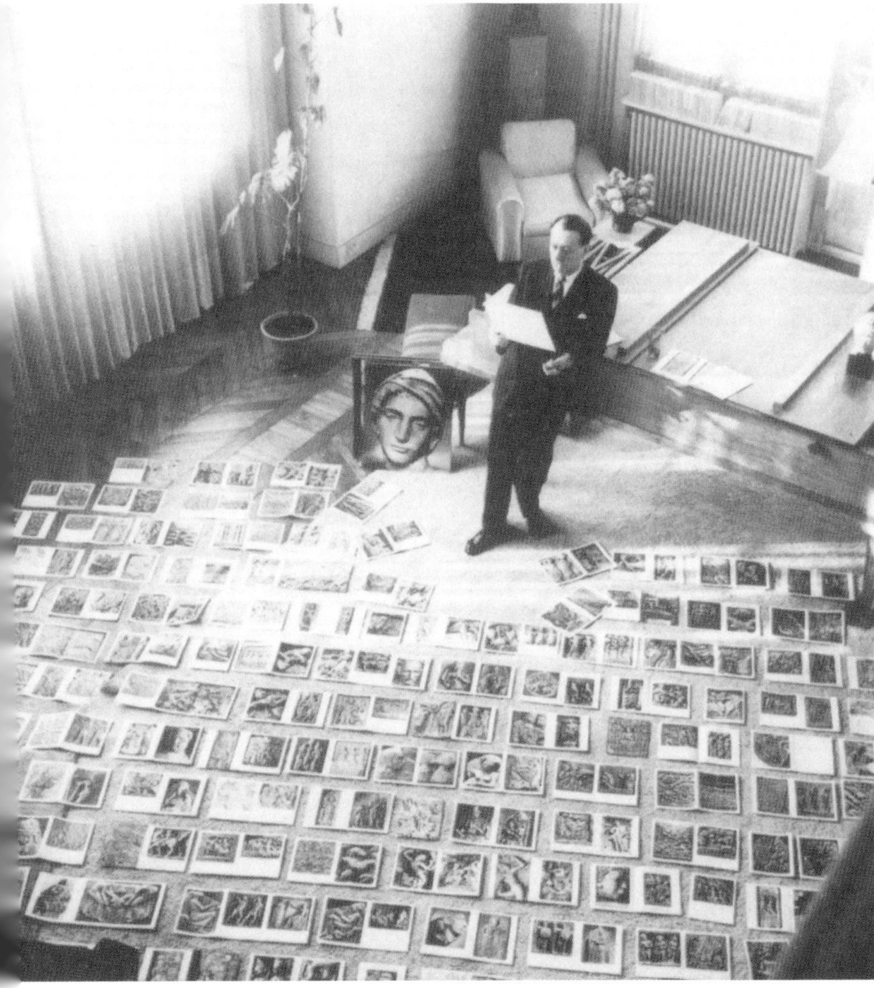

10

앙드레 말로의 〈벽 없는 미술관〉을 위한 사진 도판들, 1950년경

점을 맞춘다고 비판하며, 그것이 실은 미술을 모더니즘의 미적 범주에 가둬놓는 것이라고 지적한다.

> 뉴이미지 페인팅은 최근 미술관 전시의 전형적인 형태로, 미술관이 제도화한 모더니즘의 미적 범주들을 보존하려는 예술과의 공모라고 할 수 있다. 결국 모더니즘의 시대가 박물관의 시대와 일치하는 것은 우연이 아니다. 우리가 이른바 대안적 공간, 즉 미술관 밖에서 미적 활동을 추구한다면, 그것은 그 활동들, 그 그림들이 포스트모던한 질문들을 제기하기 때문이다.[8]

이는 포스트모던 조각의 특징이 미술관 밖의 "확장된 장"으로 나아가는 데 있다는 로잘린드 크라우스의 지적과도 일치한다. 하지만 여기서 "미술관 밖"이라는 것은 그저 물리적으로 미술관을 벗어나는 것만을 의미하는 것이 아니다. 그는 '차용'의 전략과 연관시켜 이 고찰을 새로운 차원으로 전개한다.

〈미술관의 폐허 위에서〉(1980)라는 에세이에서 크라우스는 포스트모더니즘의 이미지를 앙드레 말로의 '벽 없는 미술관'[10], 즉 작품의 사진으로 이루어진 가상의 미술관에 비유한다. 말로는 미처 의식을 못했지만, 작품을 사진으로 복제할 경우, 그것은 스타인버그의 말대로 '자연적' 이미지가 아니라 '문화적' 텍스트가 된다. 복제를 통해 이미지가 자유롭게 인용과 차용과 발췌가 가능한 시각적 정보가 될 경우, 미술관 속에 존재하던 동질적 작품의 연쇄는 텍스트들의 이질성에 위협받게 된다. 이것이 포스트모더니즘 이미지의 조건이라는 것이다. 이 맥락에

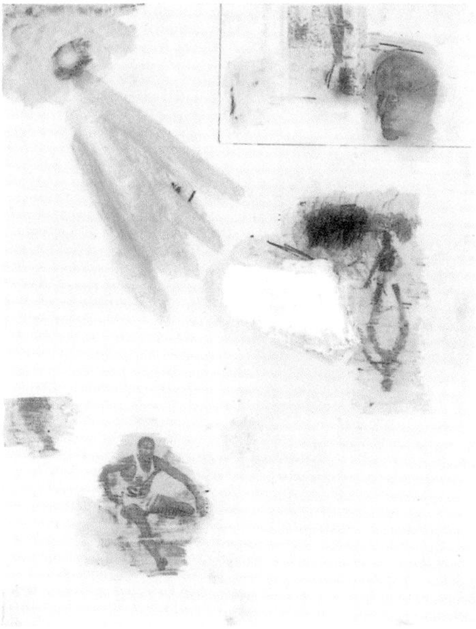

11
〈칸토 15〉 로버트 라우센버그, 1963년

서 그는 라우센버그를 포스트모던의 선구로 내세운다.

1960년대 초, 그가 체계적으로 사진 이미지를 수용하면서부터 그의 작품을 회화로 생각하기는 점점 더 어려워졌다. 라우센버그는 생산의 기술(콤바인, 아상블라주)로부터 단호하게 복제의 기술(실크스크린, 전사 드로잉)[11]로 옮겨갔다. 라우센버그의 예술을 포스트모던이라고 생각하게 만드는 것은 바로 이 이동이다. 복제 기술을 통해 포스트모더니즘 예술은 아우라 없이 지내게 된다. 창조하는 주체라는 허구는 이미 존재하는 이미지의 솔직한 차용, 인용, 발췌, 축적 및 반복에 자리를 내준다. 미술관의 담론에 필수적인 독창성, 원본성, 현전성의 관념들은 무너진다.9

'알레고리 충동'으로서 포스트모던

크레이그 오웬스(Craig Owens)는 포스트모더니즘의 특징으로 '알레고리적 충동'을 꼽는다. 이 생각의 바탕에는 물론 알레고리에 관한 발터 벤야민의 이론이 깔려 있다. 벤야민에 따르면, 알레고리의 충동은 "과거로부터 멀리 떨어져 있다는 확신과 그 과거를 현재를 위해 다시 되살리려는 욕구"다. 알레고리는 이렇게 "하나의 텍스트가 또 다른 텍스트에 의해 중첩될 때면 언제나 발생하는 것"이다. 예를 들어, "《구약성서》는 《신약》의 예시로서 해독될 때 알레고리적인 것이 된다." 오웬스는 이 알레고리적 충동이 현대 문화의 다양한 측면에서 다시 등장하고 있다고 진단한다. 미술에서 그것은 먼저 '차용'의 전략으로 나타난다.

알레고리적 이미지는 차용된 이미지다. 알레고리를 사용하는 작가는 이미지를 발명하는 게 아니라 차압한다. 그는 문화적으로 중요한 것에 대한 권리를 주장하며, 그것에 관해 해석자의 입장을 취한다. 그리고 그의 수중에서 이미지는 뭔가 다른 것(allos=다른+agoreuei=말하다)이 된다. 그는 상실되었거나 모호해졌을지도 모르는 원래의 의미를 복구하지 않는다. 알레고리는 해석학이 아니다. 오히려 그는 이미지에 또 다른 의미를 덧붙인다. 하지만 그가 덧붙인다면, 그것은 오직 (의미를) 교체하기 위해서다. 알레고리적 의미는 이전의 의미를 대신한다. 그것은 보충이다.10

오웬스에 따르면, 알레고리와 현대미술 사이의 최초의 연계는 트로이 브라운터크, 셰리 레빈, 로버트 롱고와 같은 작가들을 통해 이루어진다. 이들은 다른 이미지를 복제하는 방식으로 이미지를 제작한다. 사진, 드로잉, 영화 스틸 등 그들이 차용한 이미지의 상당수는 그 자체가 이미 복제 이미지다. 이들이 이미지를 차용할 때, 그 이미지는 원래의 의미를 박탈당한다. 차용은 원 이미지의 의미를 해체한다. 이를테면, 히틀러의 드로잉처럼 브라운터크가 아무 설명 없이 확대 복사한 그림들은 의미가 모호해진다. 이는 사실 '차용'에 관한 크림프의 설명과 크게 다르지 않다. 그저 원래 이미지와 차용된 이미지의 관계를 '알레고리'로 해석한다는 차이가 있을 뿐이다.

알레고리와 현대미술 간의 두 번째 연계는 주변 환경과 물리적으로 융합된 작품을 통해 이루어진다. 오웬스는 다시 한 번 "폐허에 대한 알레고리적 숭배"에 관한 발터 벤야민의 이론을 원용한다. 벤야민에 따르면, 폐허는 시간과 죽음의 알레고리다. 이로써 차용의 전략이 함축하는 의미 해체의 충동은 폐허의 시각적 이미지와 연결된다. 폐허와 관련된 알레고리의 충동은 장소 특수성을 가진(site specific) 작품으로 나타난다. 로버트 스미슨의 대지예술, 이를테면 〈나선형 둑〉은 시간이 흐르면 침식이 되어 다시 자연에 합류할 것이다. 그로써 그것은 현상의 덧없음을 인정하는, 현대의 메멘토 모리(Memento mori)가 된다. 이 설명은 물론 로잘린드 크라우스의 것과 크게 다르지 않다.

알레고리와 현대미술 사이의 세 번째 연계는 하나에 이어 다른 하나를 단순히 배치해 나가는 병렬적 작품을 통해 이루어진다. 알레고리의 언어학적 특성은 "범열의 축을 연사의 축에", 혹은 "은유의 축을 환유

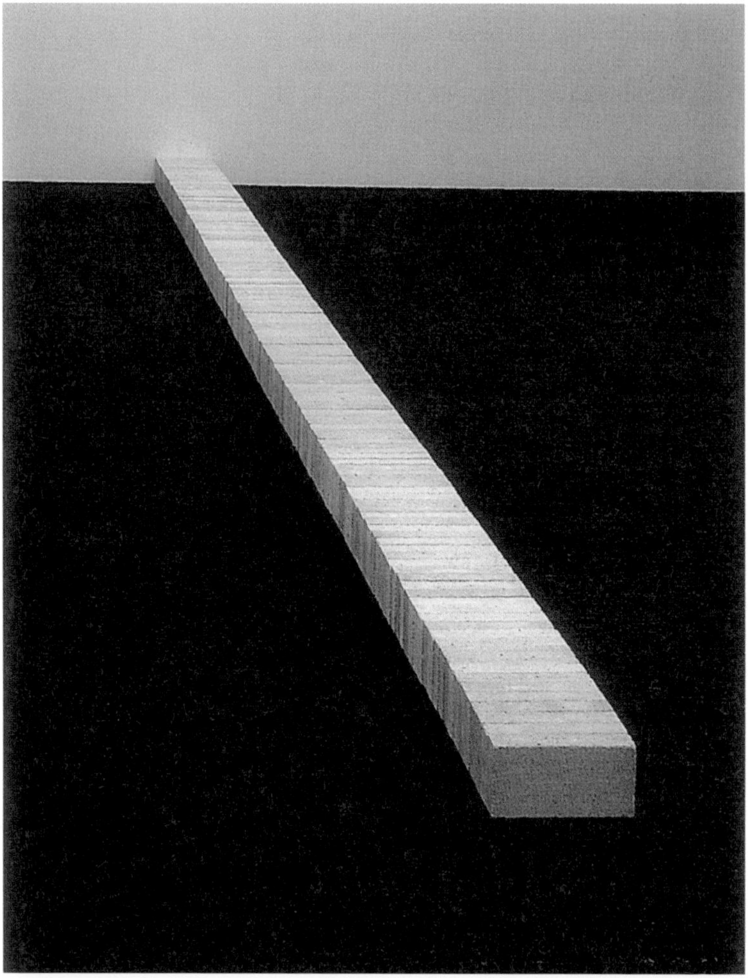

12
〈지렛대〉 칼 안드
1966년

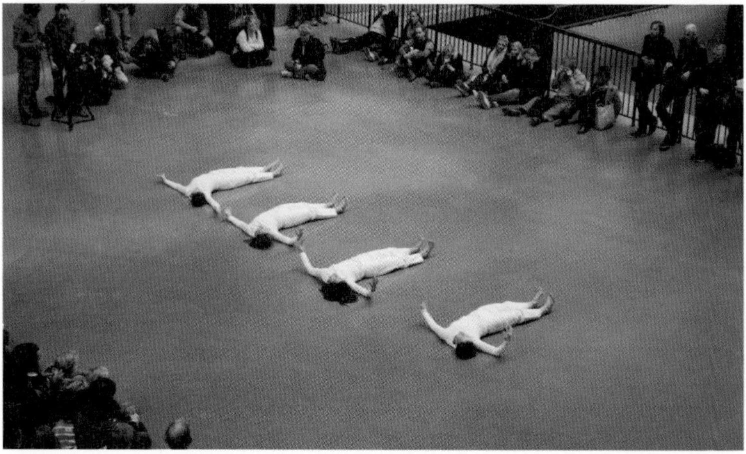

13
〈기본 축적〉 트
라운, 1970년

의 축"에 투사하는 데 있다. 로만 야콥슨은 이를 시어(詩語)의 특성으로 꼽은 바 있다. 한마디로, 알레고리는 연속체로서 구조를 시간적, 공간적, 혹은 시공간적으로 구체화하려 한다. 이는 머릿속의 공식에 따라 현실의 시공간에서 수열을 이어 나가는 것에 비유할 수 있다. 이를테면, 139개의 벽돌을 한 줄로 늘어놓은 칼 안드레의 〈지렛대〉[12]나 무용수들을 동일한 포즈로 배열하는 트리샤 브라운의 〈기본 축적〉[13]은 이 "축적의 전략"을 보여준다.

타자의 담론

오웬스는 이렇게 '차용', '장소 특정성', '축적'이라는 현대미술의 상이한 세 흐름 속에서 '알레고리'라는 해체의 충동을 보고, 그것을 포스트모더니즘의 본질적 특성으로 규정한다. 한편 그는 〈타자의 담론〉(1980)이라는 에세이에서 포스트모던의 또 다른 중요한 특징의 하나로 1950년대 이후에 대두한 페미니즘을 든다. 모던의 사유와 달리 포스트모던의 사유는 견해와 시각들 사이의 통약 불가능한 차이를 인정한다. 이는 더 이상 자신의 시각에 다른 시각보다 더 낫다고 할 만한 특권이 존재하지 않는다는 것을 의미한다. 오웬스는 "차이와 통약 불가능성을 주장하는 여성의 입장이 포스트모던 사유와 양립 가능할 뿐 아니라 그것의 한 계기일 수도 있다."[11]고 제안한다.

근대 이후 세계를 지배한 것은 서구의 남성이었다. "남근은 기표다. 그것은 특권적 기표, 특권의 기표, 우리 사회에서 남성에게 축적되는 권력과 위엄의 기표다." 하지만 1950년대 이후 이 서구 남성의 지배는

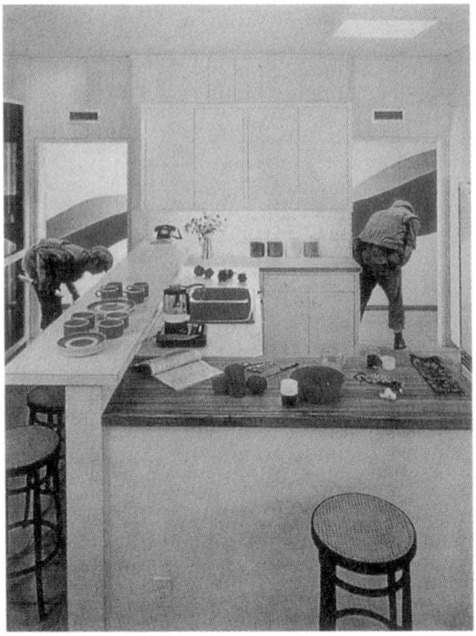

14
〈빨간 줄무늬 부엌〉 마사 로즐러,
1966~1972년

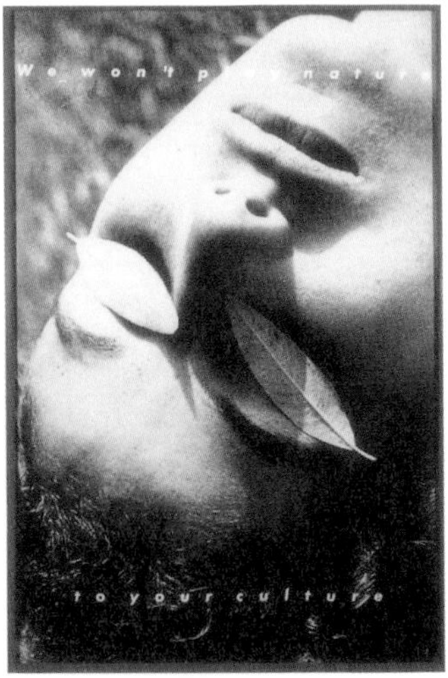

15
〈우리는 당신 문화에 대해 자연이 되지는 않겠다〉
바바라 크루거, 1983년

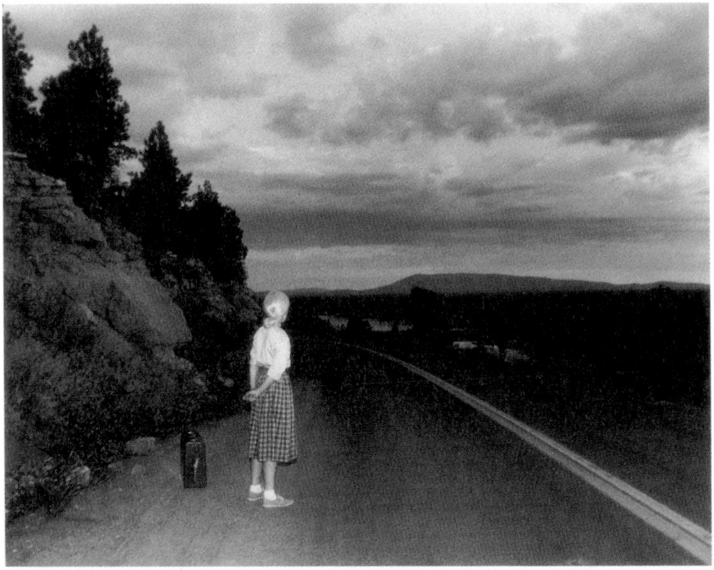

16
〈무제 48번〉 신디 셔먼, 1979년

탈식민주의와 페미니즘의 도전을 받기 시작한다. 그 뒤를 이어 포스트모더니티는 대서사(grand récit)를 위기에 빠뜨렸고, 이는 재현의 위기로 이어졌다. 모던은 대서사의 시대인 동시에 재현의 시대였기 때문이다. 하이데거에 따르면, 모더니티로의 이행은 중세의 세계상(Weltbid)이 모던의 세계상으로 대체되는 식으로 이루어진 것이 아니다. 외려 세계 자체가 상(Bild)이 되는 것이 모던이라는 시대의 본질이다. 그 시기에 세계는 그림이 되고, 인간, 아니 남성은 (재현의) 주체가 되었다.

물론 그 "재현의 주체는 절대적으로 중심화되어 있고, 단일하며, 남성적"이었다. 이 재현-주체의 관계 속에서 여성은 '주제'가 될지언정 '주체'가 될 수는 없었다. 하지만 포스트모더니티는 재현의 위기를 가져옴으로써 이 전통적 지배의 체제에 균열을 낸다. 바로 이 지점에서 "가부장제에 대한 페미니즘의 비판과 재현/대리에 대한 포스트모더니즘의 비판은 서로 교차한다." 마사 로즐러(Martha Rosler, 1943~)[14], 셰리 레빈, 바바라 크루거(Barbara Kruger, 1945~)[15], 신디 셔먼(Cindy Sherman, 1954~)[16] 등 1980년대에 등장한 여성 작가들은 여성의 '눈'으로 모던의 남성 중심주의적 재현의 체제를 동요시켰고, 그로써 페미니즘은 "포스트모던 사유의 한 계기"가 된다.

미주

들어가기

1 Max Kozloff, American Painting during the Cold War. In : Francis Frascina (ed.), *Pollock and After*. Routledge 1985/2000. pp.130~146 (p.131).

2 같은 책, 134쪽.

3 같은 책, 133쪽에서 재인용.

4 클레멘트 그린버그, 조주연 옮김, 〈아방가르드와 키치〉(1939), 《예술과 문화》(1961), 경성대학교 출판부, 2004.

5 Harold Rosenberg, The American Action Painters, Art News, New York LI, (December 1952, pp.22ff). In : Harold Rosenberg, *The Tradition of the New*. New York. 1959. pp.23~39.

6 같은 책, 134쪽.

7 Eva Cockcroft, Abstract Expressionism, Weapon of Cold War. In : Francis Frascina (ed.), pp.147~154 (p.148).

8 같은 책, 150~151쪽.

9 Jane de Hart Mathews, Art and Politics in Cold War America. In : Francis Frascina (ed.), pp.155~180.

10 George A. Dondero, Modern Art Shackled to Communism (1949). In : Herschel Browning Chipp, *Theories of Modern Art: A Source Book by Artists and Critics*. The University of California Press. 1968. pp.496~497 (p.497).

11 David and Cecile Shapiro, Abstract Expressionism : The Politics of Apolitical Painting. In : Francis Frascina (ed.), pp.181~196 (p.194).

12 클레멘트 그린버그, 〈아방가르드와 키치〉(1939), 위의 책, 13~33쪽.

13 클레멘트 그린버그, 〈더 새로운 라오콘을 향하여〉 (1940), 위의 책, 325~343쪽.

14 클레멘트 그린버그, 〈모더니즘 회화〉(1960), 위의 책, 344~354쪽.
15 같은 책, 353쪽.
16 마이클 프리드, 이영철 엮음, 〈미술과 사물성〉, 《현대미술과 모더니즘론》, 시각과 언어, 161~185쪽.
17 로잘린드 크라우스, 윤난지 옮김, 《현대조각의 흐름》, 예경, 1997, 334쪽.
18 같은 책, 282쪽.
19 마이클 프리드; 로잘린드 크라우스; 벤야민 부흘로의 토론, 이영철 엮음, 〈형식주의와 반형식주의 사이에서〉, 《현대미술과 모더니즘론》, 시각과 언어, 1995, 233~266쪽 (242쪽).
20 Leo Steinberg, *Other Criteria*, University of Chicago Press, 1972.
21 아서 단토, 이성훈 옮김, 《예술의 종말 이후》(1997), 미술문화, 2004, 42쪽.
22 같은 책, 43~44쪽.
23 같은 책, 62쪽.
24 같은 책, 97쪽에서 재인용.
25 Gerald Nordland, Neo-Dada Goes West, In : *Arts* Magazine 38, May 1962, pp.102~103.
26 페터 뷔르거, 최성만 옮김, 《아방가르드의 이론》, 지식을 만드는 지식, 2009.
27 할 포스터, 이영욱 외(外) 옮김, 《실재의 귀환》(1996), 경성대학교 출판부, 2003, 72쪽.
28 Kevin Power, Polke's Postmodernplay, In : David Thistlewood (ed.), Sigmar Polke : Back To Postmodernity, Liverpool University Press, 1996, pp.101~118 (p.102).

01 폴록

1 로잘린드 크라우스, 최봉림 옮김, 〈텍스트로서의 사진—나무스와 폴록의 경우〉, 《사진, 인덱스, 현대미술》, 궁리, 140~155쪽 (148쪽).
2 Jackson Pollock, My Paintings, Possibilities (New York) I (Winter 1947~1948)

pp.79~83. In : Pepe Karmel & Kirk Varnedoeckson (ed.), *Jackson Pollock: Key Interviews, Articles, and Reviews*. The Museum of Modern Art. New York. 1999. pp.17~18.

3 Jackson Pollock, Application for Guggenheim Fellowship (1947). In : Pepe Karmel & Kirk Varnedoeckson (ed.), *Jackson Pollock: Key Interviews, Articles, and Reviews*. The Museum of Modern Art. New York. 1999. p.17.

4 클레멘트 그린버그, 조주연 옮김, 〈이젤 회화의 위기〉(1948), 《예술과 문화》(1961), 경성대학교 출판부, 2004, 185쪽.

5 Jackson Pollock, Interview with William Wright (1950). In : Pepe Karmel & Kirk Varnedoeckson (ed.), pp.20~23.

6 영국의 유명한 연쇄살인범의 별명(Jack the Ripper)을 패러디한 것이다.

7 Leonhard Emmerling, *Jackson Pollock: 1912~1956*. Taschen. 2003. p.14.

8 Anon, "Chaos, Damn it!", Time 56, No.21 (November 20, 1950). In : Pepe Karmel & Kirk Varnedoeckson (ed.), *Jackson Pollock: Key Interviews, Articles, and Reviews*. The Museum of Modern Art. New York. 1999. p.70.

9 Jackson Pollock, Interview with William Wright. In : Charles Harris & Paul Wood (ed.), *Art in Theory 1900~2000*. Blackwell Publishing. 2003. pp.583~586.

10 Clement Greenberg, Jackson Pollock : Inspiration, Vision, intuitive Entscheidung (1967). In : Ausgewählte Essays und Kritiken (übs, Christopher Hollender, *Verlag der Kunst*. 1997. S.353~361) (S.356).

11 Jackson Pollock, Application for Guggenheim Fellowship (1947). In : Pepe Karmel & Kirk Varnedoeckson (ed.), p.17.

12 클레멘트 그린버그, 〈더 새로운 라오콘을 향하여〉(1940), 위의 책, 325~343쪽 (339쪽).

13 클레멘트 그린버그, 〈모더니즘 회화〉(1960), 위의 책, 344~354쪽 (350쪽).

14 Clement Greenberg, Amerikanische Malerei (1955). In : Ausgewählte Essays und Kritiken (übers, von Christopher Hollender, *Verlag der Kunst*. 1997. pp.194~224) (p.198). (*American-Type Painting*. Partisan Review, Vol. XXII. no. 2. Spring 1955).

15 같은 책, 207쪽.

16 Harold Rosenberg, The American Action Painters, Art News, New York LI, (December 1952, pp.22ff). In: Harold Rosenberg, *The Tradition of the New*. New York. 1959. pp.23~39.

17 같은 곳.

18 같은 곳.

19 Clement Greenberg, How art writing earns its bad name (1962). In: Encounter, December. 1962. pp. 67~70 (p.67).

20 클레멘트 그린버그, 〈'미국형' 회화〉 (1955/1958), 위의 책, 242~265쪽 (253쪽).

21 Rosalind E. Krauss, *The Originality of the Avant-Garde and Other Modernist Myths*. The MIT Press. 1986. p.239.

22 T. J. Clark, *Farewell to an Idea*. Yale University Press. 2001. p.365.

23 Rosalind E. Krauss, p.239.

24 Rosalind E. Krauss, Horizontality, In : Yve-Alain Bois and Rosalind E. Krauss, *Formless: A User's Guide*. The MIT Press. 1997. pp.94~103 (p97).

25 Allan Kaprow, *Essays on the Blurring of Art and Life*. The University of California Press. 1993. pp.1~9 (pp.8~9).

26 Robert Morris, *Continuous Project Altered Daily: The Writings of Robert Morris*. The MIT Press. 1995. pp.41~47 (p.43).

02 앵포르멜

1 Clement Greenberg, Review of Exhibitions of Jean Dubuffet and Jackson Pollock. (The Nation. 1 Feb. 1947). In: Clement Greenberg, *The Collected Essays and Criticism*, Volume 2: Arrogant Purpose, 1945~1949. The University of Chicago Press. 1986. pp.122~125 (p.125).

2 David and Cecile Shapiro, Abstract Expressionism: The Politics of Apoloitical Painting. In: Francis Frascina, *Pollock and After: The Critical Debate*. (2nd. ed.) Routledge. 1985/2000. pp.181~196.

3 할 포스터 외(外), 배수희·신정훈 외(外) 옮김, 《1900년 이후의 미술사》, 세미콜론, 2007, 340쪽.

4 Clement Greenberg, Jean Dubuffet and French Existentialism. (The Nation. 13 July 1946). In : Clement Greenberg, pp.91~92.

5 David Hopkins, *After Modern Art 1945~2000*. The Oxford Universuty Press. 2000. pp.16~18.

6 할 포스터 외, 위의 책, 337쪽에서 재인용.

7 Helen Dudar, Art that can make people laugh and frighten them, too. In : Smithsonian ; Jun 1993, Vol. 24 Issue 3, p78에서 재인용.

8 Jean Dubuffet, Crude Art Preferred to Cultural Art. In : Charles Harrison ; Paul Wood (ed.), *Art in Theory 1900~2000: An Anthology of Changing Ideas*. Blackwell. 1992. pp.605~608.

9 Michel Tapié, *Un art autre : Où il s'agit de Nouveaux Dévidages du Réel*. Gabriel-Giraud et Fils. 1952.

10 Allen S. Weiss, *Shattered Forms : Art Brut, Phantasms, Modernism*. State University of New York Press. 1992. p.8에서 재인용.

11 같은 책, 10쪽에서 재인용.

12 Peter Howard Selz, *The work of Jean Dubuffet*. Museum of Modern Art. 1962. p.78.

13 같은 곳.

14 Georges Bataille, Materialism. In : Georges Bataille, *Visions of Excess: Selected Writings, 1927~1939* (ed. Allan Stoekl). The University of Minnesota Press. 1985. pp.15~16 (p.15).

15 Georges Bataille, Base Materialism and Gnosticism. In : Georges Bataille, pp.45~52.

16 André Malraux, Jean Fautrier : Preface to the Fautrier Exhibition Catalog (1945). In : Kristine Stiles ; Peter Howard Selz (ed.), *Theories and Documents of Contemporary Art: a Sourcebook of Artists' Writings*. The University of California Press. 1996. p.191.

17 Shirley Ann Jordan, *The Art Criticism of Francis Ponge*. W. S. Maney & Son Ltd. 1994. p.61에서 재인용.

18 할 포스터 외, 위의 책, 342쪽.

19 Georges Bataille, The Language of Flowers. In: Georges Bataille, pp.10~14 (p.12).

20 Peter Howard Selz, p.80.

21 Allen S. Weiss, The Primacy of Matter. In: *SubStance*. Vol. 20, No. 2, Issue 65. The University of Wisconsin Press. 1991. pp.21~32 (p.30).

03 색면추상

1 클레멘트 그린버그, 조주연 옮김, 〈이젤 회화의 위기〉(1948), 《예술과 문화》(1961), 경성대학교 출판부, 2004, 184~188쪽 (188쪽).

2 클레멘트 그린버그, 〈'미국형' 회화〉 (1955/1958), 위의 책, 242~265쪽 (260쪽).

3 Barnett Newman, The New American Painting (1958). In: Barnett Newman, *Barnett Newman: Selected Writings and Interviews* (ed. John P. O'Neill). The University of California Press. 1992. 178~180 (p.178).

4 Barnett Newman, Response to Clement Greenberg (1947). 위의 책. pp.161~164 (p.164).

5 Barnett Newman, Statement (1950). In: Barnett Newman, P.178.

6 클레멘트 그린버그, 〈'미국형' 회화〉(1955/1958), 위의 책, 242~265쪽 (262쪽).

7 같은 책, 261쪽.

8 Adolf Gottlieb and Mark Rothko with Barnett Newman, Statement (New York Times. 13 June 1943). In: Herschel Browning Chipp (ed.), *Theories of Modern Art*. The University of California Press. 1968. pp.544~545 (p.544).

9 같은 곳.

10 Yve Alain Bois, *Painting As Model*. The MIT Press. 1990. 187쪽에서 재인용.

11 같은 곳.

12 Barnett Newman, *Barnett Newman : Selected Writings and Interviews*. (ed. John P. O'Neill) University of Calfornia Press. 1992. p.xxviii.

13 Barnett Newman, Interview with Emile de Antonio (1970). In : Barnett Newman, pp.302~308 (p.306).

14 Barnett Newman, Recent American Synagogue Architecture. In : Barnett Newman, pp.180~182 (p.181).

15 Barnett Newman, The Sublime is Now. In : Barnett Newman, pp.170~173 (p.173).

16 Barnett Newman, Statement (1951). In : Barnett Newman, p.178.

17 장-프랑수아 리오타르, 이현복 옮김, 〈숭고와 아방가르드〉, 《지식인의 종언》, 문예출판사, 1993, 209쪽.

18 할 포스터 외, 배수희 · 신정훈 외 옮김, 《1900년 이후의 미술사》, 세미콜론, 2007, 352쪽

19 Mark Rothko, Notes from a conversation with Selden Rodman. (1956). In : Mark Rothko, *Writings on Art: Mark Rothko* (ed. Miguel López-Remiro). 2006. p.119.

20 John Baal-Teshuva, *Rothko 1903~1970: Pictures as Drama*. Tschen. 2009. p.50.

21 James E. B. Breslin, *Mark Rothko: A Biography*. The University of Chicago Press. 1993. 301쪽에서 재인용.

22 Mark Rothko, Notes from a conversation with Selden Rodman (1956). In : Mark Rothko, p.119.

23 Clement Greenberg, After Abstract Expressionism (1962). In : Clement Greenberg ; John O'Brian, *The Collected Essays and Criticism*, Volume 4 : Modernism with a Vengeance, 1557~1969. The University of Chicago Press. 1993. pp.121~133 (p.129).

24 토머스 크로, 조주연 옮김, 《1960년대의 미술》(1996), 현실문화, 2007, 84쪽.

25 Mark Rothko, Notes from a conversation with Selden Rodman (1956). In : Mark Rothko, p.119.

26 할 포스터 외, 위의 책, 366쪽.

04 탈회화적 추상

1 Clement Greenberg, Post Painterly Abstraction (1964). In : Clement Greenberg ; John O'Brian, *The Collected Essays and Criticism*, Volume 4 : Modernism with a Vengeance, 1957~1969. The University of Chicago Press. 1993. pp.192~197 (p.193~194).

2 같은 책, 197쪽.

3 Helen Gardner ; Fred S. Kleiner, *Gardner's Art Through the Ages : The Western Perspective*, Vol.2 Wadsworth. 2006. p.751.

4 클레멘트 그린버그, 조주연 옮김, 〈더 새로운 라오콘을 향하여〉(1940), 《예술과 문화》(1961), 경성대학교 출판부, 2004, 325~343쪽 (339쪽).

5 클레멘트 그린버그, 〈모더니즘 회화〉(1960), 위의 책, 344~354쪽 (350쪽).

6 Clement Greenberg, After Abstract Expressionism (1962). In : Clement Greenberg ; John O'Brian, pp.121~134 (p.129).

7 Michael Fried, Three American Painters : Noland, Olitsky, Stella (1965). In : Michael Fried, *Art and Objecthood*. The University of Chicago Press. 1998. pp.213~265 (p.226).

8 클레멘트 그린버그, 〈모더니즘 회화〉(1960), 위의 책, 353쪽.

9 David Moos, *The Shape of Colour: Excursions in Colour Field Art, 1950~2005*. Art Gallery of Ontario. 2005. 111쪽에서 재인용.

10 Clement Greenberg, After Abstract Expressionism (1962). p.129.

11 Helen Gardner ; Fred S. Kleiner, p.814.

12 Michael Fried, Art and Objecthood (1967). In : Michael Fried, pp.148~172.

13 William Stanley Rubin ; Frank Stella, *Frank Stella: 1970~1987*. MoMA. 1987. p.14.

14 안나 모진스키, 전혜숙 옮김, 《20세기 추상미술의 역사》, 시공사, 1998, 175쪽.

05 미니멀리즘

1 클레멘트 그린버그, 조주연 옮김, 〈모더니즘 회화〉(1960), 《예술과 문화》(1961/1989), 경성대학교 출판부, 2007, 344~354쪽 (350쪽).

2 Michael Fried, Art and Objecthood (1967). In : Michael Fried, *Art and Objecthood*. The University of Chicago Press. 1998. pp.148~172 (p.151).

3 Clement Greenberg, Recentness of Sculpture (1967). In : Gregory Battcock (ed.), *Minimal Art : A Critical Anthology*. The University of California Press. 1968. pp.180~186 (p.183).

4 Michael Fried, Art and Objecthood (1967). In : Michael Fried, p.150.

5 Laura Garrard, *Minimal Art and Artsit In the 1960s and After*. Cescent Moon. 2005. p.19.

6 Donald Judd, Specific Object (1965). In : Donald Judd, *Complete Writings 1959~1975 : Gallery Reviews, Book Reviews, Articles, Letters to the Editor, Reports, Statements, Complaints*. New York University Press. 1975. pp.181~189. (p.181).

7 같은 책, 184쪽.

8 같은 책, 185쪽.

9 Robert Morris, Notes on Scupture 1~3 (1966). In : Charles Harrison ; Paul Wood (ed.), *Art in Theory 1900~2000 : An Antholgy of Changing Ideas*. Blackwell. 1992. pp.828~835.

10 같은 책, 830쪽.

11 같은 책, 832쪽.

12 같은 책, 830쪽.

13 Laura Garrard, 101쪽에서 재인용.

14 같은 곳.

15 같은 책, 102쪽.

16 같은 책, 101쪽.

17 같은 책, 105쪽.

18 Sol LeWitt, Paragraphs on Conceptual Art (1967). In : Charles Harrison ; Paul

Wood (ed.), *Art in Theory 1900~2000: An Antholgy of Changing Ideas*. Blackwell. 1992. pp.846~849 (p.846).

19 같은 책, 848쪽.

20 같은 책, 849쪽.

21 Dan Flavin, *Drei Installationen in Fluoreszierendem Licht*. Wallraf Richartz Museum. 1974. p.116.

22 클레멘트 그린버그, 〈모더니즘 회화〉(1960), 위의 책, 344~354쪽 (350쪽).

23 Clement Greenberg, Recentness of Sculpture (1967). In : Gregory Battcock (ed.), pp.180~186 (p.183).

24 Michael Freid, p.152~153.

25 같은 책, 153쪽.

26 같은 책, 155쪽.

27 같은 책, 160쪽.

06 개념미술

1 Henry Flynt, Concept Art (1961). In : Kristine Stiles; Peter Howard Selz, *Theories and Documents of Contemporary Art : A Sourcebook of Artists' Writings*. The University of California Press. 1996. pp.820~822 (p.820).

2 Marcel Duchamp, Painting...at the Service of the Mind (1946). In: Herschel Browning Chipp (ed.), *Theories of Modern Art : A Source Book by Artists and Critics*. The University of California Press. 1968. pp.392~395 (p.394).

3 토니 고드프리, 전혜숙 옮김, 《개념미술》, 한길아트, 2002, 115쪽에서 재인용.

4 Robert L. Pincus, *On a Scale That Competes With the World : The Art of Edward and Nancy Reddin*. The University of California Press. 1990. p.54.

5 Harold Rosenberg, *The De-Definition of Art*. The University of Chicago Press. 1972. p.59.

6 토니 고드프리, 위의 책, 92쪽.

7 Joseph Kosuth, Untitled Statement (1968). In: Kristine Stiles; Peter Howard Selz (ed.), *Theories and Documents of Contemporary Art: A Sourcebook of Artists' Writings*. The University of California Press. 1996. p.840.

8 Sol LeWitt, Paragraphs on Conceptual Art (1967). In: Charles Harrison; Paul Wood (ed.), *Art in Theory 1900~2000: An Antholgy of Changing Ideas*. Blackwell. 1992. pp.846~849 (p.846).

9 Alexander Alberro, Reconsidering Conceptual Art, 1966~1977. In: Alexander Alberro ; Blake Stimson (ed.), *Conceptual Art : A Critical Anthology*. The MIT Press. 1999. pp.xvi-xxxvii (pp.xvi-xvii).

10 Joseph Kosuth, Art after Philosophy (1969). In : Kristine Stiles ; Peter Howard Selz (ed.), pp.841~846 (pp.842~843).

11 같은 책, 843쪽.

12 같은 곳.

13 Annette W. Balkema; Henk Slager (ed.), *Concepts on the Move*. Editions Rodopi B.V. 2002. p.179.

14 Harold Rosenberg, De-Aestheticization. In: Alexander Albero; Blake Stimson (ed.), *Conceptual Ar : A Critical Anthology*. pp.220~222 (p.220)에서 재인용.

15 할 포스터 외, 배수희 외 옮김, 《1900년 이후의 미술사》, 세미콜론, 2007, 529쪽.

16 Benjamin H. D. Buchloh, Conceptual Art 1962~1969: from the Aesthetic of Administration to the Critique of Institutions. In: Alexander Alberro ; Blake Stimson (ed.), *Conceptual Art: A Critical Anthology*. The MIT Press. 1999. pp.514~537 (p.520).

17 Jerrold E. Seigel, *The Private Worlds of Marcel Duchamp: Desire, Liberation, and the Self in Modern Culture*. The University of California Press. 1995. p.128.

07 팝아트

1 아서 단토, 이성훈 · 김광우 옮김, 《예술의 종말 이후》(1997). 미술문화,

2004, 207쪽.

2 Clement Greenberg; John O'Brian, *The Collected Essays and Criticism*, Volume 3: Affirmations and Refusals, 1950~1956. The University of Chicago Press. 1995. p. xxxii.

3 Clement Greenberg, Post Painterly Abstraction (1964). In: Clement Greenberg; John O'Brian, *The Collected Essays and Criticism*, Volume 4: Modernism with a Vengeance, 1957~1969. The University of Chicago Press. 1993. pp.192~197 (p.197).

4 Donald Judd, Specific Object (1965). In: Donald Judd, *Complete Writings 1959~1975: Gallery Reviews, Book Reviews, Articles, Letters to the Editor, Reports, Statements, Complaints*. New York University Press. 1975. pp.181~189 (p.184).

5 Clement Greenberg, Counter-Avant-Garde (1971). In: Joseph Masheck (ed.), *Marcel Duchamp In Perspective*. Da Capo Press. 1975/2002. pp.122~133 (p.132).

6 Clement Greenberg: Where is the Avant-Garde? (1967). In: Clement Greenberg; John O'Brian, *The Collected Essays and Criticism*, Volume 3: Affirmations and Refusals, 1950~1956. The University of Chicago Press. 1995. pp.(xxxii).

7 Lawrence Alloway, The Arts and Mass *Media. In: Charles Harrison; Paul Wood* (ed.), *Art in Theory 1900~2000*. Blackwell Publishers. 2002, pp.715~717 (p.717).

8 Richard Hamilton, For the Finest Art, Try Pop. In: Charles Harrison; Paul Wood (ed.), *Art in Theory 1900~2000*. Blackwell Publishers. 2002, pp.742~743 (p.743.).

9 할 포스터 외, 배수희·신정훈 외 옮김, 《1900년 이후의 미술사》, 세미콜론, 2007, 390쪽.

10 루시 R. 리퍼드 외, 정상희 옮김, 《팝아트》, 시공사, 2011, 9쪽.

11 Irving Sandler, *The New York School: The Painters and Sculptors of the Fifties*. Harper & Row. 1978. p.186.

12 Clement Greenberg, After Abstract Expressionism (1962). In: Clement Greenberg; John O'Brian, *The Collected Essays and Criticism*, Volume 4:

Modernism with a Vengeance, 1957～1969. The University Of Chicago Press. 1995. pp.121～134 (p.127).

13 할 포스터 외, 위의 책, 461～462쪽.

14 Leo Steinberg, *Other Criteria Other criteria: Confrontations with Twentieth-Century Art*. Oxford University Press. 1975.

15 Bruce Glaser, *Oldenburg Lichtenstein Warhol: A Discussion*. Artforum. February 1966. pp.20～24.

16 할 포스터 외, 위의 책, 447쪽.

17 Roy Lichtenstein, Lecture to the College Art Association (1961). In : Charles Harrison ; Paul Wood (ed.). pp.749～751.

18 할 포스터 외, 위의 책, 447쪽.

19 Gerard Malanga, Andy Warhol : Interviewed by Gerard Malanga (1963). In : Kenneth Goldsmith (ed.), *I'll Be Your Mirror: The Selected Andy Warhol Interviews 1962～1987*. Carroll & Graf Publishers. 2004. pp.47～52 (p.48).

20 David Bourdon, Warhol Interviews Bourdon (1962～1963). In : Kenneth Goldsmith (ed.), pp.6～14 (p.7).

21 Andy Warhol, Interview with Gene Swenson, Art News Nov. 1963. In : Kenneth Goldsmith (ed.), *I'll Be Your Mirror: The Selected Andy Warhol Interviews* 1962-1987. Carroll & Graf Publishers. 2004. pp.15～20 (p.17)

22 Gerard Malanga, Andy Warhol on Automation : An Interview with Gerard Malanga (1964). In : Kenneth Goldsmith (ed.), pp.59～62 (p.61).

23 Andy Warhol and Pat Hackett, *POP ism: The Warhol '60s*. Harcourt Brace Jovanovich. 1980. p.50.

24 G. R. Swenson, What is Pop Art : Answers from 8 Painters, Part 1 (1963). In : Kenneth Goldsmith (ed.), pp.15～20 (p.16).

25 David Bourdon, Warhol Interviews Bourdon (1962～1963). In : Kenneth Goldsmith (ed.), pp.6～14 (p.8).

26 앤디 워홀, 김정신 옮김, 《앤디 워홀의 철학》(1975), 미메시스, 2007, 20쪽.

27 Gretschen Berg, *Andy : My True Story*. Los Angeles Free Press. 17, March 1967.

28 Sylvia Harrison, *Pop Art and the Origins of Post-Modernism*. Cambridge University Press. 2001.

29 아서 단토, 이성훈 옮김, 《예술의 종말 이후》, 미술문화, 2004.

30 할 포스터 외, 위의 책, 486쪽.

31 같은 곳.

32 Thomas Crow, Saturday Disasters : Trace and Reference in Early Warhol. In : Annette Michelson (ed.), *Andy Warhol*. The MIT Press. 2001. pp.49~66 (p.66).

33 할 포스터 외 《1900년 이후 미술사》, 488쪽.

34 할 포스터, 이영욱·조주연·최연희 옮김, 《실재의 귀환》(1996), 경성대학교 출판부, 2003, 211쪽.

35 G. R. Swenson, What is Pop Art : Answers from 8 Painters, Part 1 (1963). In : Kenneth Goldsmith (ed.), pp.15~20 (p.19).

36 자크 라캉, 맹정현·이수련 옮김, 《자크 라캉 세미나11 정신분석의 네 가지 근본 개념》, 새물결, 2008, 83쪽.

37 할 포스터, 《실재의 귀환》, 210쪽.

38 Theodor W. Adorno, *Ästhetische Theorie*. Suhrkamp. 1970. S.201.

08 상황주의 인터내셔널

1 클레멘트 그린버그, 조주연 옮김, 〈모더니즘 회화〉(1960), 《예술과 문화》(1961), 경성대학교 출판부, 2004, 344~359쪽 (352쪽).

2 할 포스터 외, 배수희·신정훈 외 옮김, 《1900년 이후의 미술사》, 세미콜론, 2007, 393쪽.

3 Guy Ernest Debord, Report on the Constructions of Situations and on the Terms of Organization and Action of the International Situationist Tendency (1957). In : Tom McDonough (ed.), *Guy Debord and the Situationist International: Texts and Documents*. The MIT Press. 2002. pp.29~50 (p.44).

4 Ludwig Feuerbach, *Gesammelte Werke: Das Wesen des Christentums*. Akademie

Verlag/Berlin. 2006. S.20.

5 Guy Ernest Debord, *La Société du Spectacle* (1967). 3e Édition (1992). p.10 (§.4).

6 Guy Ernest Debord, *La Société du Spectacle*, p.20 (§.30).

7 Anselm Jappe, *Guy Debord*. Editions Sulliver et Via Valeriano. 1998. p.142.

8 토머스 크로, 조주연 옮김, 《1960년대 미술》(1996), 현실문화, 2007, 65쪽.

9 Stewart Home, *The assault on culture: Utopian Currents from Lettrisme to Class War*. Aporia Press. 1988. 24쪽에서 재인용.

10 토머스 크로, 위의 책, 67쪽.

11 Report on the Constructions of Situations, pp.32~33.

12 Guy Ernest Debord, *La Société du Spectacle*, p.116 (§.190).

13 Guy Ernest Debord, *La Société du Spectacle*, p.116 (§.191).

14 Guy Ernest Debord, *Théorie de la Derivé*. Les Lèvres Nues. Numéro 9. Novembre 1956.

15 Tom McDonough, Situationist Space. In: Tom McDonough (ed.), *Guy Debord and the Situationist International: Texts and Documents*. The MIT Press. 2002. pp.241~266 (p.257).

16 Marc Vachon, From Flâneur to Arpenteur. In: Michelle Kuly; John C. Lehr; John Selwood (ed.), *Prairie Perspectives: Geographical Essays*. The University of Winnipeg. 2004. pp.44~56.

17 Guy Ernest Debord, Introduction to a Critique of Urban Geography (1955). In: Korea Van den Berg. *Foshen im Kulturmanagement*. Tran script Verlag, 2009. pp.23~27 (p.23).

18 Mark Wigley, *Constant's New Babylon: The Hyper-architecture of Desire*. Centrum voor Hedendaagse Kunst. 1998.

19 Guy Ernest Debord, *Le Détournement comme Négation et comme Prélude*. Internationale Situationniste. Numéro 3. Décembre 1959.

20 Jean-François Chabrun, *L'Express*, 8. Octobre 1959.

21 Giuseppe Pinot-Gallizio, *Discourse on Industrial Painting and a Unitary Applicable Art*. Internationale Situationniste. Numéro 3. Décembre, 1959.

22 Sadie Plant, *The Most Radical Gesture: The Situationist International in a Postmodern Age*. Routledge/London. 1992, p.165

23 McKenzie Wark, *50 Years of Recuperation of the Situationist International*. Princeton Architectural Press. 2008. p.10.

09 해프닝

1 Alan Kaprow, The Legacy of Jackson Pollock (1958). In : Jeff Kelly (ed.), *Allan Kaprow: Essays on the Blurring of Art and Life*. The University of California Press. 1993/2003. pp.1~9 (p.1).

2 같은 책, 7쪽.

3 Allan Kaprow, Happenings In the New York Scenes (1961). In : Jeff Kelly (ed.), pp.15~26 (p.16).

4 Alan Kaprow, The Legacy of Jackson Pollock (1958). pp.7~8.

5 같은 책, 8쪽.

6 같은 책, 4쪽.

7 같은 책, 9쪽.

8 Gavim Butt, *After Criticism: New Responses to Art and Performance*. Blackwell. 2005. p.10.

9 Dick Higgins, Intermedia (1966). In : Dick Higgins, *Horizons: The Poetics and Theory of Intermedia*. Southern Illinois University Press. 1984. pp.18~28 (p.22).

10 Allan Kaprow, Assemblages, Environments and Happenings (1966). In : Charles Harrison ; Paul Wood (ed.), *At in Theory 1900~2000: An Antoolog of Changing Ideas*. Blackwell. 2003. pp.717~722.

11 Susan Sontag, Happening : A Radical Juxtaposition (1962). In : Susan Sontag, *Against Interpretation*. Vintage. 2001. pp.263~274 (p.265).

12 Allan Kaprow, Assemblages, Environments and Happenings. In : Charles Harrison ; Paul Wood (ed.), p.718.

13 같은 책, 719쪽.

14 Allan Kaprow, Notes on Total Art (1958). In : Jeff Kelly (ed.), pp.10~12 (pp.11~12).

15 할 포스터 외, 배수희·신정훈 외 옮김, 《1990년 이후의 미술사》, 세미콜론, 2007, 452쪽.

16 Susan Sontag, p.274.

17 Eva Meyer-Hermann ; Andrew Perchuk ; Stephanie Rosenthal (ed.), *Allan Kaprow : Art as Life*. The Getty Research Institute. 2008. 45쪽에서 재인용.

18 Mike Sell, *Avant-Garde Performance and the Limits of Criticism*. The University of Michigan Press. 2005. p.178.

19 Robert Haywood, Critique of Instrumental Labor : Mayer shapiro's and Allan Kaprow's Theory of Avant-Garde Art. In : Benjamin H. D. Buchloh and Judith Rodenbeck (ed.), *Experiments in the Everyday : Allan Kaprow and Robertwatts*. Colimbia University Press. 1999. p.43.

20 Mike Sell, p.170.

21 할 포스터 외, 위의 책, 454쪽.

10 플럭서스

1 George Maciunas, Ned-Dada in Music, Theater, Poetry, Art (1962). In : Charles Harrison ; Paul Wood (ed.), *Art in Theory 1900~2000*. An Anthology of Changing Ideas. 2003. pp.727~729.

2 Williams, Emmett ; Ann Noe (ed.), *Mr. Fluxus : A Collective Portrait of George Maciunas*. Thames and Hudson. 1997. p.40.

3 Hannah Higgins, *Fluxus Experience*. The University of California Press. 2002. p.105.

4 Allan Kaprow, The Real Experiment (1983). In : Allan Kaprow ; Jeff Kelley, *Essays on the Blurring of Art and Life*. The University of California Press. 1993.

pp.201～218 (p.201).

5 Dick Higgins, Fluxus : Theory and Reception. In : Ken Friedman (ed.), *The Fluxus Reader*. Academy Editions. 1998. pp.217～236 (pp.222～223).

6 Hannah Higgins, p.111에서 재인용.

7 Ina Bolm, Boredom and Oblivion. In : Ken Friedman (ed.), *The Fluxus Reader*. Academy Editions. 1998. pp.63～90. (p.77)에서 재인용.

8 George Maciunas, Manifesto on Art. Fluxus Art Amusement (1965). In : Jon Hendrick (ed.), *Fluxus Etc*. Cranberry Academy of Art Museum. 1981. p.9.

9 할 포스터 외, 배수희 외 옮김, 《1900년 이후의 미술사》, 세미콜론, 2007, 463쪽.

10 Jayne Wark, *Radical Gestures: Feminism and Performance Art in North America*. McGill-Queens Univeristy Press. 2006, p.46.

11 Rebecca Schneider, *The Explicit Body in Performance*. Routledge. 1997. p.38.

12 Dick Higgins, *Intermedia*. Something Else Newsletter 1. 1966.

13 Hans Breder ; Klaus-Peter Busse (ed.), *Intermedia : Enacting the Liminal*. Dortmunder Schriften zur Kunst. 2005. p.53.

11 게르하르트 리히터

1 할 포스터 외, 배수희 외 옮김, 《1900년 이후의 미술사》, 세미콜론, 2007, 612쪽.

2 Gerhart Richter, Notiz (1966). In : Dietmar Elger ; Hans Ulrich Obrist (ed.), *Gerhard Richter : Text 1966 bis 2007*. Distributed Art Publisher. 2009. p.46.

3 Catherine C. Fraser ; Dierk O. Hoffman, *Pop Culture Germany! : Media, Arts, And Lifestyle*. ABC-CLIO. 2006. p.310.

4 Peter Sager, *Mit der Farben denken*. Zeit. Nov. 28. 1986에서 재인용.

5 Gerhard Richter, Notes 1964～1965. In : Charles Harrison ; Paul Wood (ed.), *Art in Theory 1900～2000 : An Anthology of Changing Ideas*. Blackwell. 2003. pp.757～760 (p.758).

6 Christine Mehring ; Jeanne Anne Nugent ; Jon L. Seydl (ed.), *Gerhard Richter :*

Early Work, 1951~1972. J. Paul Getty Museum. 2011. p.72.

7 토머스 크로, 조주연 옮김, 《1960년대 미술》(1996), 현실문화, 2007, 134쪽.

8 Gerhard Richter, Interview with Sabine Schutz (1990). In : Hans-Ulrich Obrist (ed.), *The Daily Practice of Painting: Writings an Interviews 1962~1993*. (trans. David Britt) The MIT Press. 1995. p.217.

9 Gerhard Richter, Notes 1964~1965. In : Charles Harrison ; Paul Wood (ed.), pp.757~760 (p.757).

10 Hal Forster, Schein im Sinne Gerhard Richters. In : Dietmar Elger ; Kerstin Küster, *Fotografie und Malerei Malerei als Fotografie*. Acht Texte zu Gerhard Richters Medienstrategie. Walter König. 2011. pp.83~105 (p.95).

11 Gerhard Richter, Notes 1964~1965. In : Charles Harrison ; Paul Wood (ed.), pp.757~760 (p.758).

12 Benjamin H. D. Buchloh, An Interview with Gerhard Richter (1986). In : Benjamin H. D. Buchloh (ed.), *Gerhard Richter*. The Mit Press. 2009. pp.1~34 (p.28).

13 Benjamin H. D. Buchloh, p.40.

14 David Hopkins, *After Modern Art 1945~2000*. Oxford University Press. 2000. p.215.

15 Hans-Ulrich Obrist (ed.), *Gerhard Richter: The Daily Practice of Painting*. p.173.

16 Gerhard Richter, Text for Catalog for Documenta 7, Kasse, 1982. In : Hans-Ulrich Obrist (ed.), *The Daily Practice of Painting*. p.100

17 H. H. Arnason ; Elisabeth C. Mansfield, *History of Modern Art*. (6th edition). Prentice Hal. 2010. p.702.

18 Benjamin H. D. Buchloh, An Interview with Gerhard Richter (1986). p.28

19 같은 책, 18쪽.

12 신표현주의

1 Georg Lukács, Größe und Verfall des Expressionismus. In : Fritz J. Raddatz (hrsg.), *Marxismus und Literatur: eine Dkumentation in drei Bänden II*. Rowohlt. 1969. S.7~42

2 Kristine Stiles ; Peter Howard Selz (ed.), *Theories and Documents of Contemporary Art: a Sourcebook of Artists' Writings*. The University of California Press (April 18, 1995). p.170.

3 Georg Baselitz ; Eugen Schönebeck, Pandemonium Manifesto (1961) In : Charles Harrison : Paul Wood (ed.), *Art in Theory 1900-2000*. An Anthology of Changing Ideas. Blackwell Publishing. 2002. pp.631~635 (p.632)

4 Deborah Wye : Wendy Weitman, *Eye on Europe: Prints, Books & Multiples, 1960 to Now*. The Museum of Modern Art. 2006. p.150.

5 할 포스터 외, 배수희 외 옮김, 《1900년 이후의 미술사》, 세미콜론, 2007, 478쪽.

6 Eric Santner, History beyond the Pleasure Principle : Some Thoughts on the Representation of Trauma. In : Saul Friedlander (ed.), *Probing the Limits of Representation: Nazism and the 'Final Sollution'*. Havard University Press. 1992. pp.143~154 (p.146).

7 Eric Santner, The Trouble with Hitler : Postwar German Aesthetics and the Legacy of Fascism. In : *New German Critique*. No. 57. 1992. pp.5~24.

8 A. R. Penck, Interview by Klaus Ottmanm (1985). http://www.jca-online.com/penck.html

9 Gregory H. Williams, *Permission to Laugh: Humor and Politics in Contemporary German Art*. The University of Chicago Press. 2012. p.41.

10 Philip Guston, *Philip Guston: Tableaux/ Paintings 1947~ 1979*. Hatje Cantz Publishers. 2000. p.44.

11 Christopher Green, *Leger and the Avant-Garde*. Yale University Press. pp.217~218.

12 Hal Foster, *The Return of the Real: The Avant-Garde at the End of the Century*. The MIT

Press. 1996. p.36.

13 Donald B. Kuspit, Flak from the Radicals: The American Case against Current German Paintings. In: Jack Cowart (ed.), *Expressions: New Art from Germany*. Prestel Verlag. 1983. pp.43~55.

14 벤야민 부흘로, 윤난지 편, 〈권력의 형상, 후퇴의 징표: 유럽회화에서 재현의 복귀에 대한 단상〉(1981), 《모더니즘 이후, 미술의 화두》, 눈빛, 1999, 213~152쪽 (214쪽).

15 같은 책, 215쪽.

16 같은 책, 216쪽.

나가기

1 할 포스터, 윤난지 엮음, 〈포스터〉 (1980). In: 《모더니즘 이후, 미술의 화두》, 눈빛, 2000, 253~269쪽 (268쪽).

2 Hal Foster (ed.), *The Anti-Aesthetic: Essays on Postmodern Culture*. The New Press. 1998. p.xii.

3 Rosalind E. Krauss, Sculpture in the Expanded Field. In: Rosalind E. Krauss, *The Originality of the Avant-Garde and Other Modernist Myths*. MIT Press. 1986. pp.279~290 (p.280).

4 Rosalind E. Krauss, pp.279~290 (p.289).

5 Douglas Crimp, Pictures. In: October Vol. 8. Spring, 1979. The MIT Press. pp.75~88 (p.77).

6 Douglas Crimp, Pictures. p.88

7 Douglas Crimp, *About Pictures*. Flash Art n° 88~1978.

8 Douglas Crimp, Pictures. p.88

9 Douglas Crimp, On the Museum's Ruins. In: Hal Foster (ed.), *The Anti-Aesthetic. Essays on Postmodern Culture*. The New Press. 1998. pp.49~64 (p.61).

10 Craig Owens, The Allegorical Impulse: Toward a Theory of Postmodernism.

In: October. Vol. 12. Spring, 1980. The MIT Press. pp.67~86 (p.69).
크레이그 오웬스, 윤난지 엮음, 〈알레고리적 충동: 포스트모더니즘의 이론을 향하여〉(1980), 《모더니즘 이후, 미술의 화두》, 눈빛, 2000, 163~211쪽 (166~167쪽).

11 Craig Owens, The Discourse of Others: Feminists and Postmodernism. In: Hal Foster (ed.), *The Anti-Aesthetic*. pp.65~92 (p.61).

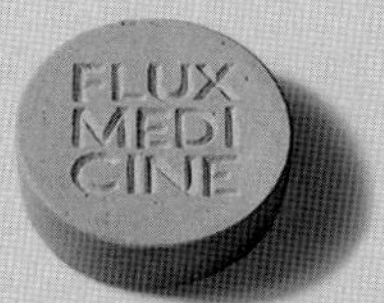
FLUX
MEDI
CINE

진중권의 서양미술사 | **후기 모더니즘과 포스트모더니즘**

Postmodernism

1판 1쇄 발행일 2013년 4월 15일
2판 1쇄 발행일 2021년 5월 10일
2판 3쇄 발행일 2024년 5월 13일

지은이 진중권

발행인 김학원
발행처 (주)휴머니스트출판그룹
출판등록 제313-2007-000007호(2007년 1월 5일)
주소 (03991) 서울시 마포구 동교로23길 76(연남동)
전화 02-335-4422 **팩스** 02-334-3427
저자·독자 서비스 humanist@humanistbooks.com
홈페이지 www.humanistbooks.com
유튜브 youtube.com/user/humanistma **포스트** post.naver.com/hmcv
페이스북 facebook.com/hmcv2001 **인스타그램** @humanist_insta

편집주간 황서현 **편집** 김주원 임미영 **디자인** 김태형
용지 화인페이퍼 **인쇄** 청아디앤피 **제본** 다인바인텍

ISBN 979-11-6080-623-6 03600

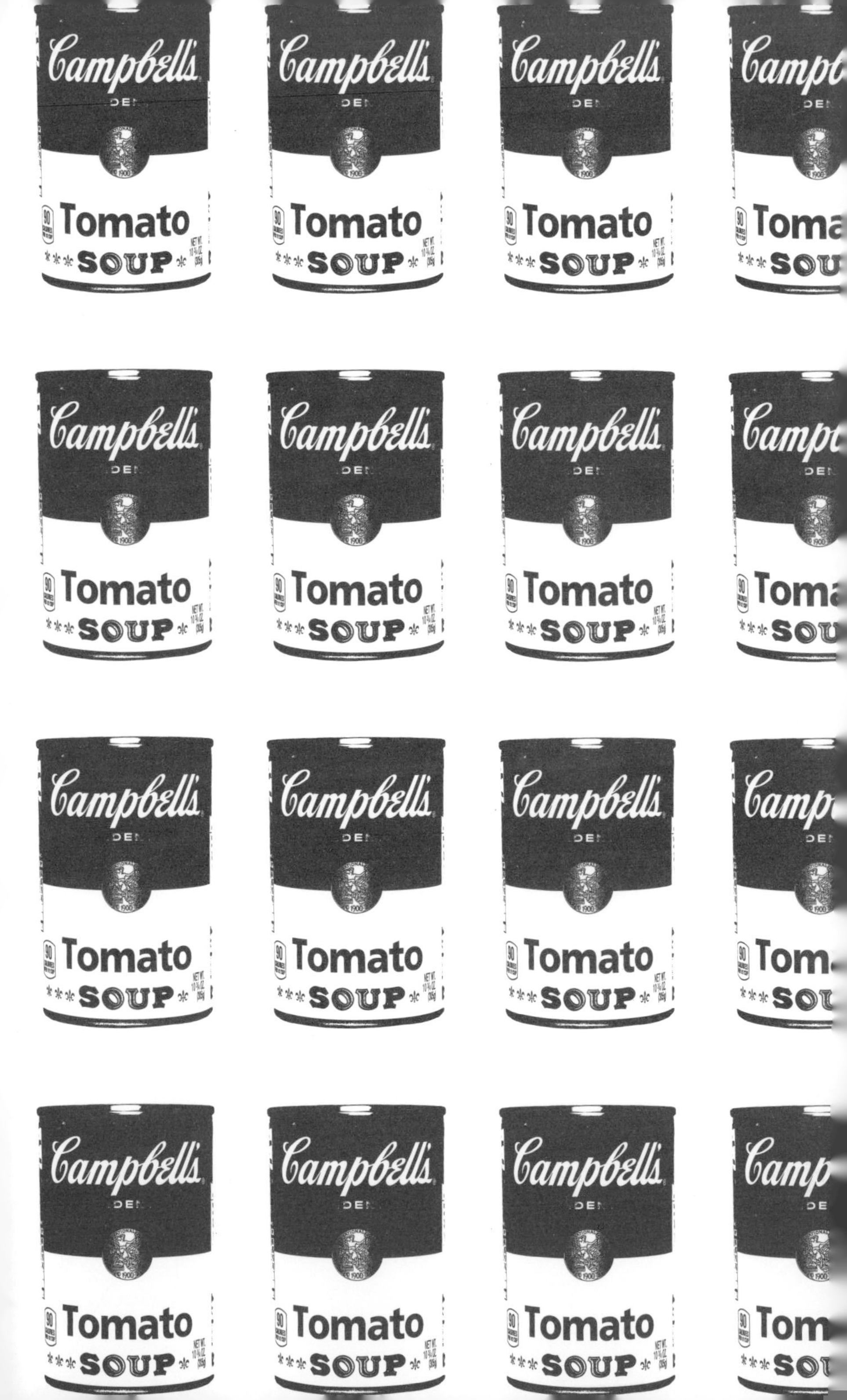
Campbell's
Tomato
SOUP